이러다 정말 죽을 것 같아서

책쓰기를
시작했다

이러다 정말 죽을 것 같아서
책쓰기를 시작했다

초 판 1쇄 2021년 11월 09일

기 획 김도사
지은이 김경화, 김유나, 김보혜, 이창순, 이혜정
펴낸이 류종렬

펴낸곳 미다스북스
총괄실장 명상완
책임편집 이다경
책임진행 김가영, 신은서, 임종익, 박유진

등록 2001년 3월 21일 제2001-000040호
주소 서울시 마포구 양화로 133 서교타워 711호
전화 02) 322-7802~3
팩스 02) 6007-1845
블로그 http://blog.naver.com/midasbooks
전자주소 midasbooks@hanmail.net
페이스북 https://www.facebook.com/midasbooks425

ISBN 978-89-6637-984-2 03190

값 15,000원

미다스북스는 다음세대에게 필요한 지혜와 교양을 생각합니다.

인생의 절벽 앞에서 찾은 지속 가능한 성공과 행복!

이러다 정말 죽을 것 같아서
책쓰기를 시작했다

김도사(김태광) 기획 | 김경화 · 김유나 · 김보혜 · 이창순 · 이혜정 지음

미다스북스

이러다 정말 죽을 것 같아서
책쓰기를 시작했다

'작가,' 부르기만 해도 가슴 떨리는 말이다. 한 달 전, 심장이 터져버릴 것만 같은 순간이 찾아왔다. 다른 사람도 아닌 내가 바로 진짜 작가가 된 것이다.

책을 출간하고 난 뒤, 내 인생은 일반석에서 일등석으로 업그레이드되었다. 아무리 발버둥쳐도 가질 수 없었던 '성공'을 책을 쓰고 난 뒤 쟁취할 수 있었다.

나는 책을 쓰면서 세 가지가 크게 달라졌다.

첫 번째는, 부모님의 자랑거리가 된 것이다. 7급 공무원을 그만두고 네트워크 사업을 하는 딸만 보면 늘 안쓰러운 눈으로 바라보시던 부모님의 어깨가 으쓱해지셨다. 그동안 용돈을 드려도 시큰둥하시던 부모님께서 동네방네 내 책을 선물하시면서 자랑하시는 모습에 그동안 못했던 효도를 다한 것만 같았다.

두 번째는, 스스로 내 인생에 만족하며 살게 된 것이다. 평생 좋아하는 일을 하며 경제활동까지 할 수 있다는 것은 정말 행복한 일이다. 시간과 장소에 구애받지 않고 자유로운 환경 속에서 내가 원할 때 일할 수 있다. 내가 좋아하는 일을 하며 다양한 사람들을 만나 그들과 함께 성장하는 삶을 살아갈 수 있다.

마지막으로 나의 브랜드 가치가 상승하였다. 나의 '위치'가 바뀜으로 더 많은 기회들이 생겨났다. 책을 쓰면서 자연스럽게 독자에서 저자로, 유튜브 구독자에서 유튜버로, 수강생에서 강연자로 위치가 바뀌었다. 그 과정에서 신분 이동을 하게 되었고 전문가로 인정받게 되었다. 누군가를 찾아가서 설명하는 위치에서, 나를 찾아오는 사람들에게 컨설팅을 하는 위치로 바뀐 것이다.

지금까지는 하루종일 일해서 10만 원을 벌면 많이 번다고 생각하며 살아왔다. 하지만 이제는 1시간에 10만 원, 1시간에 100만 원도 넘게 버는 사람이 되었다. 책을 쓰기 전 나의 의식수준은 '내가 할 수 있겠어?'였다. 하지만 언제나 행동하는 것이 이긴다는 사실을 알고 있었던 나는, 망설이지 않고 나에게 찾아온 기회를 빠르게 낚아챘다.

"늦었다고 생각할 때가 가장 빠르다." 과거는 후회해 봤자 소용없지만 앞으로 1년 뒤, 3년 뒤 당신의 인생은 스스로 바꿀 수 있다. 바로 지금 당장 선택하고 실행하면 된다. 나는 올해 초까지만 해도 내가 작가가 되어 있을 것이라고는 상상도 하지 못했다. 하지만 빠르게 결정했고, 책을 쓴 결과 작가가 되었고, 또 다른 누군가에게 동기부여를 하는 사람이 되었다.

시인 칼 샌드버그는 다음과 같이 말했다.

"시간은 인생의 동전이다. 시간은 당신이 가진 유일한 동전이고, 그 동전을 어디에 쓸지는 당신만이 결정할 수 있다. 당신 대신 타인이 그 동전을 써버리지 않도록 주의하길 바란다."

이러다 정말 죽을 것 같아서 책쓰기를 시작했다

당신의 시간을 온전히 당신을 위해 사용하고 당신의 인생을 온전히 만끽하며 더 큰 바다로 나아가길 바란다. 당신은 고귀한 존재이고 원하는 것은 무엇이든 이룰 수 있는 존재이다. 앞으로 당신의 미래가 반짝반짝 빛나는 삶이 되기를 응원한다.

결론은 이것이다. 책을 쓰면 누구나 일등석 티켓을 가질 수 있다!

• CONTENTS

1장
김경화

정말 죽을 것 같아서 책을 쓰기 시작했다

5장

이혜정

책을 쓰기 시작한 후의 인생은 차원이 다르다

1장

김경화

정말 죽을 것 같아서
책을 쓰기 시작했다

김경화

약력 : 〈한책협〉 김태광 코치의 목숨 건 코칭과 의식 수준을 높인 덕분에 책
한 권 읽지 않던 저자가 짧은 기간에 한 권의 개인 저서와 세 권의 공
저를 쓸 수 있었다.

저서 : 『새벽독서의 힘』
『나의 삶을 바꾸는 필사 독서법』(공저)
『의욕 없던 삶이 다시 두근거리는 하루 10분 글쓰기의 힘』(공저)
『나를 사랑하게 되는 자존감 회복 글쓰기 훈련』(공저)

01

어느 날 갑자기 찾아온
마음의 병

사람은 음식이 없어도 얼마 동안은 살고 물이 없어도 얼마 동안은 살지만 꿈 없이는 하루도 살기 어렵다. 나는 꿈 없는 세월을 20여 년 동안이나 가지고 있었으니 얼마나 삶이 한심한지 모르겠다. 어릴 때부터 욕망 자체가 없었다. 왜인지는 모르겠지만 항상 원하는 것이 없었다. 원하는 것이 없으니 특별히 무엇을 사달라고 부모님께 징징대지도 않았고 떼쓰는 것 자체도 몰랐다. 그저 밥만 먹고 큰 것 같았다.

기억에 남는 것은 7살 때쯤인가? 아버지 같은 사람과 결혼한다고 늘했던 말들이 있다. 다 잊고 살고 있다가 결혼 적령기가 되어 신랑 될 사람의 친척 이모를 먼저 만나 신랑을 소개 받았는데 그 남자를 만나서 2개월 만에 결혼했다. 그냥 그 남자가 좋았다. 그 남자의 부모님도 좋았고 누나도 좋았고 그 남자가 당시 돌 된 조카를 예뻐하는 모습을 보고 결혼하기로 결심했다. 신랑은 마음이 선하고 좋은 사람이었다. 가정적이고 나무랄 데 없는 남자였다. 같이 살면서 보니 신랑은 아버지와 많은 면에서 비슷하였다. 돌이켜보면 내가 어릴 때 말했던 '아버지와 같은 사람'과 결혼한다는 것이 이루어졌다.

남편과 같이 살면서 우리는 인삼 농사를 짓기 시작했다. 인삼 농사는 처음에 1~2년, 많게는 3년 동안 땅을 빌려서 그냥 관리만 해야 한다. 도지를 주면서 땅을 관리만 하고 있으니 소득이 없었다. 항상 풀 심고 갈아주고 밭을 판판하게 로터리하면서 메마른 땅을 옥토로 만들어갔다. 그러면서 3~4년째부터 인삼을 심기 시작했다. 인삼 씨 구매부터 자재 구매, 모든 것은 돈을 필요로 했다.

처음에 우리는 가진 것이 없기에 대출 받아서 시작했다. 그 당시만 해도 우리는 인삼 농사를 잘 지어서 부자 될 것을 꿈꾸었다. 그런데 농사 초기 우리는 인삼 농사를 처음 시작하는 시기이기에 농사 방법을 시누네 한테서, 매형한테서 배우면서 심었다. 인삼 심기 시작해서 3~4년 될 때까지 매년 인삼을 심기만 하고 4~5년 후부터는 인삼에서 수익을 얻기 시작했다. 이미 몇 년 동안 빚을 내 시작했기에 첫 수익 나면서 목돈 얼마 정도는 벌었지만 밀린 대출을 갚느라 최저한의 생계비와 또 이듬해 자재 구매 비용과 당해의 농약, 비료 값, 도지를 주고 나니 남는 돈이 없었다. 그러면서 이듬해 또 인삼 심을 준비를 하면서 계속 대출 받고 목돈 나오면 다시 갚고를 반복적으로 했다.

인삼을 심어서 5년 이후부터는 인삼도 잘 키울 수 있었고 인삼밭도 더 많이 임대하고 규모도 커졌다. 인삼 농사를 지으면서 처음에는 잘되리라는 꿈이 있어서 또 우리 자신의 일이라고 생각하면서 했기에 대출 인생도 즐거웠다. 그렇게 키운 인삼이 작은 밭에서 많은 돈이 나올 때가 있었다. 처음 수익 났다고 말할 때가 한 4천만 원 정도 나왔는데 밭에 비례하면 인삼 농사가 잘되어 작은 밭에서 수익이 많이 났다. 인삼을 평생 지으신 80대 중계인 할아버지는 자기 평생에 그런 인삼은 3번 봤다고 했다. 그때까지만 해도 대출 인생이지만 꿈이 있었다. 그 이듬해도 6천만 원의 소득이 났으나 그 다음 해부터는 또 몇 년 동안 농사가 잘 되지 않았다. 어려운 형편이었다. 신랑과 나 그리고 시부모님들이 도와주시면서 시작했던 인삼 농사의 규모는 점점 커졌다. 3~4년 전에 너무 형편이 어려워 2년근 인삼밭 2,200평을 1억에 팔았다. 4년 키우면 2억 되는 인삼을 2년짜리로 팔았으니 손해가 막심했다. 물론 손에 1억의 목돈을 쥐었지만 그 당시 빚이 9천만 원까지 되어서 빚을 절반 정도 갚고 생계비로 조금 남겼다. 팔아버린 인삼밭으로 인해 우리는 의욕마저 잃었다. 정말 자식같이

17

정성 들여 키우던 밭을, 돈이 된다고 생각했던 밭을 팔고 나서 신랑은 막노동을 다니게 되고 나는 공장에 다니기 시작했다. 그러면서 점점 인삼밭에 관심이 적어지고 점점 현대판 노예로 전락되어갔다. 남편이 일하러 가면 나는 가끔 시간 되는 대로 인삼밭에 가서 풀을 매곤 했는데 점점 싫어졌다. 의욕이 넘치던 삶이 차츰 꺼져가기 시작했다.

지나친 가난은 우리의 꿈을 삼켜버렸다. 우리는 맞벌이하지만 갈수록 농사가 더 안 되고 있었다. 그러다 3년 전인가 겨울에 눈이 15센티 이상 엄청나게 일주일 간격으로 두 번이나 내렸다. 해마다 눈이 많이 오지 않았기에 그해도 눈이 올 것을 대비하지 않아 인삼밭 지붕의 90% 이상이 눈으로 다 내려앉았다. 돈이 없는 상황에 자재를 재구매하여 인삼밭을 보수해야 했고 일도 갈 수 없어서 소득이 전혀 없었다.

그렇게 어려운 상황은 최종적으로 우리 꿈을 삼켜버렸다. 그해 우리는 마음에서 피눈물을 흘렸다. 사람이 아무리 계획해도 날씨 변화를 우리가 어찌할 수 없었다. 우리는 그때부터 완전히 내리막길을 걷기 시작했다. 바닥 인생으로 추락하면서 서로 싸울 때도 많았다.

그 상황에서 나는 걸어다니는 시체 같음을 발견했다. 내 눈은 흐려지고 내 삶은 기쁨이 전혀 없었다. 희망도 같이 사라져버렸다.

그 와중에 사기까지 당한 것은 완전히 나를 죽음으로 몰아넣었다. 날마다 죽기를 바랐으나 나는 죽지 않았다. 그래도 교회 다니는 내가 또 자식을 일찍 잃은 부모님을 위해 스스로 죽을 수는 없다. 아이들도 아직 너무 어렸다. 숨이 막혀서 살 수가 없었다. 늘 머리는 편두통에 시달리고 늘 가슴은 답답하고 어떤 출구도 보이지 않고. 그저 날마다 자는 중에 죽게 되기만 기다렸다.

그러나 이튿날 해는 뜨고 나는 살아 있었다. 완전 괴물 꼴이다. 눈은 휑하고 아이들이 하는 행동 하나도 나의 신경을 곤두세우고 내 삶의 짐이 되었다. 나 혼자 살기도 힘든데 아이들까지 챙겨야 하는 일이 너무 힘들고 지쳐서 몇 번이고 그냥 죽고 싶었다. 그런 나의 눈치를 보는 아이들은 나보다 철이 더 들기 시작했다. 엄마의 눈치를 보면서 엄마가 화를 내지 않도록 스스로가 조심하기 시작했다.

항상 집안에서 돈 걱정을 하면서 큰소리가 나고 갈등이 있으니, 내가 어릴 때 원하는 것 하나 없던 삶과 같이 우리 아이들도 장난감 하나를 마음껏 사달라고 하지 못했다. 어쩌다 명절 때 정말 갖고 싶은 것 하나를 사달라고 했다가 금방 안 사줘도 된다고 했다. 그런 상황이 나를 미치게 만들었다. 내가 왜 어렸을 때 꿈도 욕망도 없었는지 알게 되었다. 어렸을 때 우리 집도 가난했던 것이다.

어느새 어른 아이가 된 것이다. 내가 그토록 싫어하던 그 상황이 우리 아이들에게 일어나기 시작했다. 부모가 꿈이 없이 가난하게 살아가니 아이들도 꿈이 없이 그냥 그렇게 밥만 먹고 살아가기 시작했다. 어린아이들이 아이다워야 하는데 벌써부터 기쁨을 잃어가고 있었다. 그저 엄마의 눈치만 보기 시작했다. 아빠는 아침 일찍 일하러 가고 저녁 늦게 들어오고 집에 오며 삶을 피하는 것도 있었고 피곤해서 일찍 잔다. 삶의 고단함을 우리는 그렇게 온몸으로 느끼기 시작했다.

나는 이런 삶이 억울했다. 왜 내가 보기에는 부자들은 별로 일을 하지 않아도 자유롭게 살아가는데 우리는 정신없이 바쁘고 남보다 일찍 일어나서 설쳐도 제대로 살지 못하는지 알 수가 없었다. 날마다 부정적인 생각으로 날마다 부정적인 삶을 끌어당겼다.

그러니 인생이 무엇이고 삶이 무엇인지를 몰랐다. 정말 이 세상이 저주스러웠다. '나는 왜 이 세상에 태어났을까?' '나는 왜 동생 대신 살았을까?' '나는 왜 아직까지도 살아서 숨 쉬고 있는가?' '누가 가르쳐주는 사람이 없는가?'

아침에 일어나서 뜨는 해를 보는 것이 그렇게 괴로울 수가 없었다. 영혼이 있는지도 모르지만 내 몸은 심장이 뛰고 호흡을 하고 있지만 나는 죽어가고 있었다. 병원에 수많은 사람들이 살기 위해 간절하게 지푸라기라도 잡고 있지만 나는 그저 하나님이 나를 데려가기만 기다렸다. 꿈 없는 세월이 점점 이어져가면서 이미 나 스스로가 삶을 포기하고 더 이상 이 세상에 미련도 없었다. 아쉬운 게 하나도 없었다.

'내가 죽어도 자녀들은 누군가가 보살펴주겠지, 정 안 되면 시설에서 애들 돌봐주겠지.'

뉴스에서 가끔 살기 어려워 부모가 아이들과 같이 죽는 뉴스를 보았다. 그럴 때마다 나는 그렇게는 안 할 것이라고 다짐했다. 적어도 자녀들과 함께 죽을 수는 없다. 그들은 나의 소유물이 아닌 다른 독립적인 존재이라고 생각했기 때문이다.

"가난하게 태어난 것은 당신의 잘못이 아니지만, 가난하게 죽는 것은 당신 책임이다."
– 빌 게이츠

02

왜 삶은 내 뜻대로
흘러가지 않을까?

나는 어려서부터 삶이 내 뜻대로 되지 않는 것을 많이 경험했다. 학교 다닐 때 평소에 숙제 검사 잘 하지 않다가 숙제 안 하고 간 날은 선생님 께서 꼭 숙제 검사를 하신다. 그러면 나는 딱 걸려버린다. 그러다 열심히 숙제를 해가면 검사하지도 않는다. 또 학교에서 시험 칠 때 나는 나와서 친구들과 맞춰보면 나도 정답을 선택한 것 같아 안심을 한다. 그런데 시 험지를 받아들면 결과는 생각보다 안 좋고 분명 맞다고 생각했던 것들이 답이 틀리게 체크되어 있었다. 마치 나를 조롱하듯 말이다.

정말 잘살아보자고 시작했던 인삼 농사 역시 마찬가지다. 사람들은 땅이 제일 정직하다고 한다. 그러나 나는 그런 정직함을 믿지 못한다. 땅이 정직해도 하늘은 우리의 계획대로 되지 않는다. 우리가 아무리 애써도 날씨로 인한 피해는 우리가 감당할 수 없다. 계획대로 일을 시작해도 우리는 자연의 법칙을 이길 수 없다. 그럼에도 우리는 늘 자연의 법칙을 무시하거나 순응하지 않을 때가 많다.

성경의 잠언 16장 9절에 "사람이 마음으로 자기의 길을 계획할지라도 그 걸음을 인도하는 자는 여호와니시라."는 문구가 있다. 우리가 아무리 계획을 해도 우리의 계획대로 삶은 흘러가지 않는다. 계획대로 되는 사람은 성공한 사람이다. 그러나 대부분의 사람들은 계획대로 이루어지지 않기에 목표와 계획 자체를 세우지도 않는다. 세워봤자 뜻대로 되지 않으니 쉽게 포기한다.

보통 사람의 의식으로는 그렇다. 그러나 책을 쓰면서 나는 의식 성장에 관한 책들을 많이 보게 되었고 많은 깨달음을 얻었다. 우주의 법칙과 창조의 법칙을 알고 활용하는 사람은 원하는 모든 것을 얻는다. 그것도 짧은 시간에 말이다. 누구는 아등바등해도 이루어지지 않고 누구는 대충 사는 것 같아도 뭐든지 원하는 대로 이루어지는 것 같다.

왜? 그들은 원하는 모든 것을 만들어내고 얻어낼 수 있는가?
그들은 상상 속에서 이미 이루어진 것으로 살고 성공한 끝에서 시작하기 때문이다. 이미 상상 속에서 이루어지고 그 이루어진 느낌이 현실에 나타난다는 것이다. 알게 모르게 우주의 법칙, 창조의 법칙을 활용하고 있다. 우리가 하루 종일 생각하는 것이 우리의 현실에 나타난다. 그들은 긍정적인 것을 생각하고 긍정적인 것은 긍정적인 상황을 끌어온다. 그들은 안 되는 법보다 되게 하는 법을 찾고 선택하고 미루기보다는 바로 바로 행동을 한다. 또 명확한 목표가 있고 그에 따르는 시간과 물질적 투자도 있다. 큰 꿈을 가지고 끈기도 가진다. 시간을 소중히 여기고 시간을 버는 일에 예민해져 있고 오직 원하는 것 한 곳에만 에너지를 집중한다.

그런데 가난한 사람들은 그렇지 않다. 가난한 사람들은 대개 많이 미룬다. 확실한 목표가 없고 무엇을 위해 살아가는지도 모른다. 또 배우려고 하지 않고 시간이 귀한 줄 모르고 자기 비난, 판단, 부정으로 시작해서 주변에, 세상에 정죄하고 판단하고 남이 잘되는 일을 보고 축복 대신 질투하고 세상을 자기와 자기 주변으로 한정지어 보고 있다. 자신들은 엄청 부지런하고 열심히 산다고 생각하지만 제대로 사는 것이 아니다.

가난한 의식으로는 부자가 될 수 없다. 적어도 부자가 되고자 한다면 부만 생각하고 부에 집중하며 부를 말하고 긍정적인 생각을 해야 하고 부자들의 행동을 따라 배워야 한다. 자신의 내면과 겉에 표현하는 것들을 온통 부요와 풍요로 채워야 한다.

인생을 제대로 사는 법을 배우지 않았기에 인생을 제대로 멋지게 살지 못했다. 나는 책을 쓰면서 〈한국책쓰기1인창업코칭협회(이하 한책협)〉에서 인생 공부, 돈 공부, 마음공부, 의식 공부를 배우게 되었다. 인생 1막은 이미 지나갔다. 지나간 과거를 계속 안고 있을 수 없다. 미래는 지금처럼 살고 싶지 않다. 미래는 지금보다 훨씬 더 풍요로운 삶을 누리며 살고 싶다. 그래서 나는 나의 의식을 날마다 고양하고 미래를 위하여 지금 준비하고 있다. 어떤 사람들은 이미 늦었다고 말할 수도 있다. 그러나 지금이라도 의식을 높이지 않으면 더 나이 들어서 지금보다 더 사는 것이 힘들다면 나는 정말 삶을 감당하지 못할 것 같다. 그래서 나는 나의 미래를 지금부터는 예전과 반대 방향으로 창조하고 싶다. 예전의 삶이 힘들고 지친 삶이라면 미래의 나의 삶은 멋지고 자유롭고 풍요롭게 살아가고 싶다. 그러려면 그 모습을 지금 창조해가야 한다.

의식의 중요함을 깨닫고 나 혼자뿐 아니라 세 딸에게도 나는 김도사님의 의식 도서를 필사하게 한다. 처음에는 딸들이 잘 따라 하지 않아서 어르고 달래고 유혹하면서 했다. 그러나 지금 아이들은 이미 의식 도서 필사한 지 4개월째 된다. 지금 아이들은 물론 엄마가 기뻐하면서 하라고 해서 필사하고, 또 용돈을 받으려고 하지만 어느 정도 아이들이 필사를 하다 보면 아이들이 의식이 바뀔 수 있다고 생각된다. 나는 지금까지 나의 낡은 관념으로 아이들을 키워왔기에 나의 의식이 잘못된 것을 알고 의식을 바꾸려고 노력하는 만큼 아이들은 나보다 더 자유롭고 풍요롭게 성장하기를 바란다. 의식을 높여 내면이 충만하고 단단해지기를 바라는 마음이다. 그렇게 성장하면 자녀들은 나보다 삶이 덜 힘들 수도 있다.

의식을 높이려고 노력하고 애쓸수록 자신이 얼마나 잘못 살았는지 날마다 깨닫는다. 잘못된 고정 관념의 껍질을 다 까내고 새롭게 자신의 내면을 새로운 의식으로 무장한다. 그러려면 '새 포도주는 새 부대'에 넣어야 한다. 새로운 의식을 가지면서 지난날의 낡은 의식을 버리지 못하면 아무것도 되지 않는다. 낡은 의식을 자꾸 비우고 버리고 새로운 의식으로 채워나간다. 새로운 의식으로, 새로운 관념으로 세상을 바라보니 세상 모든 것이 나와 하나가 되고 나와 조화를 이루는 것 같았다. 항상 조화롭지 못하던 삶이 새롭게 조화롭게 되어간다.

"나는 날마다 모든 면에서 조금씩 나아지고 있다."
날마다 이 구절을 주문처럼 외운다. 책을 써낸 후부터는 마음의 아픔이 치유가 되고 마음에 많은 것을 허용하고 있기에 삶이 점점 더 풍요로움을 느낀다. 현실은 아직까지 많은 빚을 갚고 있지만 마음이 빚 때문에 안달복달하지 않고 조급하지 않다. 빚에 관해서도 지난날에는 빚 자체가 큰 산이 되어 나의 삶을 누르고 있었고 갚을 수 없다고 지은 한계가 나를 점점 더 힘들게 했다. 그러나 지금은 덤덤하다. 모든 것이 물 흐르듯이 다 잘되어간다고 인식하고 있다. 그러니 마음도 많이 편해졌다.

의식을 높이고 고양하면 모든 부수적인 것들은 스스로 채워진다. 날마다 의식을 높이는 '나는 풍요롭다', '나는 충분하다', '나는 삶이 즐겁다', '나는 천재 작가다', '나는 완벽하다' 이런 말로 자신에게 확언을 한다. '나는 ~하다. I AM ~.'는 현실에 확실하게 나타나게 된다는 것을 깨달았다.

날마다 김도사님의 의식 성장하라는 메시지는 나의 인생을 더욱 높은 단계로 이끌어갔다. 가난한 의식을 가졌던 나는 도사님께 날마다 자극받는다.

"가난한 사람은 자선이 아니라 자극을 받아야 한다."
-김태광의 독설 중에서

자극을 받은 나의 영혼은 날마다 깨어난다.

나는 이 구절의 말씀을 너무 감명 깊게 느끼고 내 삶에 늘 자극을 주고 자극을 받는다.

03

누구를 만나도 채워지지 않는
외로움과 우울감

한국에 시집 와서 중국에 한 번도 가보지 못하였다. 부모님들이 계속 한국에 계셨고 2년 전에 중국에 들어가셨다. 그 후로 부모님 얼굴은 영상통화하는 것으로 서로의 안부를 확인한다. 그전까지는 부모님이 한국에 계셔서 생신 때나 명절 때 갈 수 있고 또 부모님이 옆에 계시다는 생각으로 그래도 마음 한구석은 든든했다.

나는 세상을 살아가면서 친구가 없다. 그들과 어울릴 줄도 몰랐고 어울리려고 해도 가난해서 스스로 열등감에 빠지고 어울리지 못하였다. 어쩌다 친구 모임에 가면 그들은 어디로 여행 갔었니, 어디에 맛집 있니 이런저런 얘기를 한다. 나는 그들과 공감대가 하나도 없다. 이때까지 직장

이러다 정말 죽을 것 같아서 책쓰기를 시작했다

을 온전히 다닌 것도 아니고 농사만 지으면서 정말 좁은 세상에서 허덕이고 있었다.

그나마 처음에는 남편과 같이 농사지었지만 점점 삶이 어려워져서 남편과 같이 일하는 시간이 점점 줄어들었다. 남편은 남편대로 농사일 외에 다른 일을 하고 있었고 나 역시 농사 외에 직장을 다니기도 했다. 직장 다니기 전에는 혼자 들에서 풀매고 다녔다. 항상 혼자였다. 어릴 때부터 혼자 TV만 보면서 살던 습관이 나를 혼자로 만들어버렸다.

교회 다니면서 그나마 교인들을 만나고 있었지만 그렇다고 교인들도 완전히 못 믿는다. 전에 교회 다니면서 믿을 만한 권사님이라서 나의 어려움을 얘기하고 그에게서 위로받기를 원했는데 내가 권사님께 한 말이 돌고 돌아 나에게 다시 돌아와 가슴에 비수를 꽂듯이 내 가슴을 긁었다. 그 후로 나는 교회 다녀도 깊은 관계를 맺지 않는다. 다시 상처받을까 두렵고 또 사람은 믿을 만한 존재가 아니라 오직 하나님만 믿을 만한 존재라고 하기에 사람을 너무 깊이 믿지 않기로 했다. 혼자인 시간을 즐기기도 했다. 적어도 다른 사람에게 상처는 받지 않으니까.

그래서 나는 사람이 아닌 하나님을 찾기로 했다. 성경을 5번 읽어가면서 나는 하나님이 직접 나에게 '내가 너를 사랑하노라'고 말해주시기를 원했다. 아니면 어떤 형상으로 나타나서 '너는 인생을 이렇게 살아라. 그러면 성공한다.' 이런 조언을 해주시는 하나님을 찾았다. 말씀을 읽어도 어떤 것이 느낌이고 감정이고 마음에서 나오는 것인지 알지 못하였다. 하나님은 높은 보좌 위에서 나를 심판하려고 내려보는 분이신 줄로 알고 있었다.

이전에 살던 지역의 교회를 다닐 때, 그 목사님은 늘 심판의 하나님에 관하여 설교하셨다. 그때 그 목사님 설교로 나는 죽은 뒤에 심판이 있을까 봐 걱정하고 염려하고 두려워하였다. 그때 나는 사랑의 하나님을 갈망했었다. 성경에 나온 하나님은 나의 하나님이 아닌 특정한 아브라함의 하나님, 야곱의 하나님, 요셉의 하나님, 모세의 하나님. 이렇게 특별히 선택된 자만 볼 수 있는 하나님인 줄 알았다.

그러나 그런 하나님은 계시지 않았다. 나는 어떻게 하면 하나님을 찾을까? 하나님만 찾으면 다른 무엇으로도 채우지 못하는 내면을 채울 수가 있을 것 같았다.

내가 찾는 하나님은 도대체 누구일까? 어떤 모습일까? 어떤 사랑일까?

도대체 나는 무엇을 원하려고 교회에 다니고 십일조를 하고 예배 시간 준수하고 그랬는지 알 수 없다. 나는 계속 찾았다. 간절한 통성기도도 해보았다. 찬양도 해보았다. 그러나 나는 머리로 아는 성경 속 하나님을 찾지 못하였다. 왜 다른 사람들은 하나님이 말씀하신다, 하나님을 만났다고 하는데 나는 만날 수가 없을까?

내가 제일 힘든 것은 기도해도 응답 없고 교회 나가도 마음 편하지 않을 때, 즉 하나님이 나의 죄로 나를 버리셨다는 느낌이 들 때였다. 나는 숨이 붙어 있는 자체가 힘들었다. 살아서 숨 쉬는 것이 완전 고역이었다.

내가 그토록 바라던 하나님을 〈한책협〉 다니면서 알아가게 되었다. 의식 성장에 관한 책을 읽으면서 나는 내가 바라는 하나님 형상을 온전히 알게 되었다. 나는 내가 찾은 하나님으로 나의 내면을 충만하게 하고 있다. 날마다 새벽 독서와 필사로 의식이 점점 더 고양되고 있다.

날마다 성장하는 자신을 바라보면서 늦었다고 생각하는 이 시기 〈한책협〉을 만나서 더 이상 늦지 않게 되었다. 위로 올라갈 일들이 남았다. 앞으로 수평 전진이 아닌 위로 상승하는 것이다. 의식을 높이면서 삶의 여러 가지 어려운 일들이 이해가 갔다. 감정이 다스려져갔다. 모난 부분은 다듬어져갔다. 내면에 충만함이 있고 풍요로움이 있다. 내면에 있던 결핍의 감정은 날마다 쓰레기를 버리듯 버리고 있다.

의식을 높이면서 점점 더 자신감이 붙고 점점 더 원하는 것에 집중할 수 있다. 나의 책을 보면서 상담 요청하는 독자도 있었다. 나는 내가 아는 선에서 그에게 조금이나마 도움이 되기를 바라면서 아낌없이 얘기해 드렸다. 김도사님, 권대표님이 본인이 아는 지혜와 지식 경험을 아낌없

31

이 제자들에게 나누어주듯이 나도 아낌없이 마음을 나눠드렸다.

〈한책협〉은 나에게 삶에 의욕을 충만하게 채워주는 곳이다. 어디 다른 데 가서 이곳만 한 충만함을 느낄 수가 없다. 그래서 나에게는 더 이상 멘토 사냥이 필요 없다. 〈한책협〉 한 곳만으로도 나를 충분히 성장시킬 수 있기 때문이다. 많은 사람들이 〈한책협〉을 만나서 서로에게 동기 부여되고 동기 부여해주고 같이 성장한다. 많은 사람들이 삶을 바꾸고 있고 삶이 더 멋지게 나아가고 있다. 『신과 나눈 이야기』를 필사하면서 나는 〈한책협〉의 사명도 어느 정도 깨달을 수가 있었고, 또 나 역시 다른 사람보다 의식을 먼저 높여서 전 지구 인류의 낮은 의식 차원을 높이는 데 동조하는 한 사람이라는 것을 깨달았다. 인류의 의식이 높아지면 지구에 다른 변화가 일어난다.

주변에 보면 많은 사람들이 삶의 문제로 힘들어하는 것을 볼 수 있다. 그들은 내가 그랬듯이 방법도 모르고 방향도 모른다. 그러나 나는 이미 겪어본 사람이다. 나는 이제 의식을 높이는 것만이 전부임을 알고 있다. 그들도 나처럼 책을 쓰고 의식을 높여서 원하는 삶을 살아갈 수 있었으면 좋겠다. 의식을 높여서 들뜬 마음으로 책을 쓸 때 원고는 술술 잘 써진다. 항상 기분 좋은 느낌을 유지하도록 의식을 높여서 기분 좋은 최고의 삶을 살아가는 것이 내가 바라는 것이고 신이 바라는 것이다. 신은 우

32
이러다 정말 죽을 것 같아서 책쓰기를 시작했다

리가 행복하게 살기를 원한다. 이 세상은 그렇게 고통스럽지 않다. 이 세상은 살 만하고 기쁨이 있는 곳이다. 지금 이곳이 천국이다. 나의 마음이 천국이니 어딜 가도 천국이다. 직장 생활이 고달파도 천국이다. 의식 성장 책을 읽을 수 있는 곳이 천국이다. 작가로서 나의 목소리를 내는 것이 천국의 삶이다.

책을 쓰고 나서 삶이 너무 재미있다. 현실은 그대로인데 내가 어떻게 보느냐에 따라 천국과 지옥이 이뤄진다. 내가 천국으로 보면 천국이다. 내가 정의하는 대로 나와 세상은 만들어져간다. 행복하다고 정의하면 행복해지고 멋진 삶을 창조하는 창조자라고 생각하면 멋진 삶이 펼쳐진다.

세상을 바라보는 나의 마음은 즐겁다. 죽지 못해 살아가던 나와는 결별하였다. 지금 의식을 높이고 의식의 일정한 단계에 이르러 날마다 성장하면 아름다운 미래가 펼쳐진다.

나는 내가 가난하게 살아가는 이유가 낮고 가난한 의식 때문이라는 것을 깨달았다. 새벽 3시부터 의식 성장 도서들을 읽으면서, 출퇴근길에는 김도사님의 의식 성장 유튜브를 들으면서 틈틈이 시간을 이용하여 의식을 높이기에 오늘도 의식 성장에 온 전신의 힘을 쏟는다.

'의식이 전부'인 만큼 목숨 걸고 의식 세계를 넓혀간다.

04

내 안의 어린아이가
울고 있었다

사람들은 누구나 다 내면에 어린아이가 있다. 어떤 사람은 그 어린아이를 아직도 꽁꽁 숨기고, 어떤 사람은 그 아이를 인정하고 달래주고 내면의 어린아이와 같이 성장해 나가기도 한다. 나에게도 어린아이가 있다. 마음속 제일 깊은 곳에 꽁꽁 숨겨두었다. 혹시 드러날까 불안하고 염려스러웠다. 그러나 주변 사람들은 내면의 그 어린아이를 알고 있다. 그 아이는 늘 부정적이었고 자신에 대해, 사회에 대해 분노의 감정을 갖고 있었다. 너무나 많은 한이 있었다.

우리가 어느 정도 컸을 때 엄마가 무심코 나에게 한 말이 있다.

"너네 할아버지는 너 낳았을 때는 병원에 오지도 않았으면서 니 동생 아들을 낳았다고 병원에 뭐 많이 사가지고 오셨더라."

"너 낳고 나서 한 번 임신했는데 유산이 되어서 나중에 니 동생 낳으려고 보약 먹고 임신했다."

이런 말들에 나는 여자아이로 태어난 것이 아주 잘못됐다고 생각했다.

그렇게 성장하면서 내가 자신이 싫어진 것은 아마 초등학교 5학년 때쯤인가 싶다. 그때는 여름 방학이었는데 무슨 행사를 한다고 많은 사람들이 모였다. 학교마다 동네마다 사람들이 선택되어 시가지를 돌면서 북 치고 행진하면서 무슨 행사를 하는 날이었던 것 같았다. 우리는 흰색 와이셔츠에 흰색 바지를 입고 북을 맸던 것 같았다. 그날 아침 일찍부터 행사로 인해 들떠 있었지만 배가 사르르 아팠다. 그래도 대형 행사에 참여하는 기분이 좋았다.

그렇게 몇 시간째 북 치고 행진하면서 많은 무리들이 움직이고 있었다. 점심시간이 되어서 행사 참여자들을 위해 점심 식사가 제공되고 우리 행렬은 냉면을 먹었다. 그때 냉면 다 먹고 나는 너무 지쳐서 땅바닥에 퍼질러 앉아버렸다. 그때 지나가던 할머니가 나에게 다가와 빨리 집에 가서 엄마한테 얘기하라고 한다.

"애야, 너 월경하는구나. 빨리 엄마한테 가서 얘기해라."

나는 그 소리 듣고 혹시 큰 병에 걸렸나 싶어서 울면서 집에 갔다. 엄마를 찾아서 엄마한테 "어떤 할머니가 '월경'을 한다고 급히 엄마에게 말하라고 했습니다."라고 얘기드렸다. 마당에서 일하던 엄마는 바지를 보더니 얼른 바지를 벗고 옷을 갈아입으라 했다. 흰 바지가 빨간 바지가 되었다. 나는 죽을병에 걸렸나 싶어서 울상이 되어 엄마에게 물었다.

"뭐냐고, 나 죽냐고." 엄마는 그제야 말해주었다. "월경이라 한다. 이제는 어른이 되어가는 것이다. 엄마도 네가 그렇게 빨리할 줄은 몰랐었다." 어릴 때 아기는 어떻게 태어나냐고 물었을 때 엄마는 "애들이 뭘 그런 걸 물어보냐"고 대답했다. 그때까지 '월경'이란 말은 한 번도 들어보지 못했다. 그때 그 당시만 해도 성에 대해 얘기하는 것을 엄마는 입에 담지 못할 것들로 생각했다.

나는 수치를 당한 자신이 너무나 싫었고 그것을 알려주지 않은 엄마가 미웠다. 그때부터 나는 엄마에 대해 마음을 닫았던 것 같았다. 스스로 여자아이임이 싫어서 치마는 절대 안 입었다. 머리도 항상 남자들처럼 짧게 잘랐고, 옷도 항상 남자들처럼 입었다. 나의 성 정체성을 부정하면서 나는 남자라고 착각하기를 원했다. 수치스럽고 창피한 어린아이를 꼭꼭 숨겨놓고 어른이 되어버렸다.

　어릴 때부터 늘 아들과 또 주변 아이들과 비교당하면서 컸다. 비교당하면서 커온 나는 사는 것이 재미없었다. 그때 컬러 TV가 나온 지 얼마 안 되었다. 나는 날마다 TV에만 빠져 있었다. 숙제하기도 싫고 공부하기도 싫고, 비교당하면서 자란 나는 모든 것이 싫어졌다. 날마다 자신을 죽여갔다. 남들과 의견이 다를 때도 나는 좋은 게 좋다고 나의 소리를 내지 않았고 학교에서도 있어도 그만 없어도 그만인 사람으로 살고 있었다. 보통 중고등학교 여자아이들은 수다도 많이 떨고 있었으나 나는 늘 그들과 같이 있고 싶지 않았다. 그럴수록 더욱 TV에만 빠져 들어갔다. 나는 입도 점점 더 다물어갔고 마음도 점점 더 닫아갔다. 제일 의미 있어야 할 학창 생활은 아무 의미 없이 흘러갔다. 기억에 남는 것도 없다.

　스스로를 자꾸 죽여가니 가슴 한구석에 분노만 쌓여갔다. 나는 삶을 살아가기를 포기했다. 어차피 아무것도 할 수 없는 나는 꿈도 꿀 수 없었다. 이런 내가 결혼해서 내가 아닌 남편이나 아이, 시어른들까지 신경 쓸 여유가 없었다. 삶을 살아가는 것이 그렇게 힘이 들었다. 날마다 세상 다 잃은 기분이다. 지금에 와서 보면 그렇게 죽을 것같이 힘든 상황이 아닌데도 죽어가기만 했지 살아가려고 하지 않았던 나는 살아가는 게 힘들어서 밭에서 엉엉 울 때도 많았다.

37

이런 삶을 해결할 방법도 모르고 도와줄 사람도 없었다. 답답하기만 했다.

1년 전 나에게 다문화 혜택으로 아이들 따로 부모 따로 심리 상담을 1년 정도 받을 수 있는 기회가 생겨났다. 그때 나는 『2억 빚을 진 내게 우주님이 가르쳐준 운이 풀리는 말버릇』이란 책을 읽었는데, 책 안에 어린 아이가 쪼그리고 있는 모습을 보는 주인공의 모습이 있다. 내 속에도 어린아이가 쪼그리고 앉아 울고 있음을 그때에야 깨달았다. 심리 상담을 하면서 점점 자신 속에 꼭꼭 숨겨둔 그 수치스러움에 비교당함에 절망하는 12살 여자아이를 드러내기 시작했다. 상담 과정 중 한 과정으로 내면아이를 인정해주고 달래주는 프로그램이 있었다. 그 당시 우리는 4명이 함께 집단 상담을 했었다. 네 명 모두 내면에는 각자의 어린아이가 있었다. 그 울고 있는 어린아이들을 끄집어내면서 각자 부모에 대한 미움과 분노가 조금씩 치유되어갔다. 우리는 그 과정을 몇 주 했다. 점점 자신을 드러내고 자신을 토닥거려주고 자신에게 '괜찮아'를 해주면서 우리는 내면아이를 달래주었다. 이때, 〈한국석세스라이프스쿨〉에서는 권동희 대표님께서 우리 작가들에게 '나 드러내기'를 하라고 자꾸 이끌어주셨다. 거기서 나를 드러내면서 또 심리 상담을 같이 받으니 내 안에 수치스러워하던 아이는 이미 그것이 지난 과거이고 그 아이의 잘못이 아니란 것을 인정하면서 성숙해지고 나 스스로도 마음이 점점 편안해졌다. 자신에

이러다 정말 죽을 것 같아서 책쓰기를 시작했다

대한 미움과 싫음이 사라졌고 나도 무엇인가 창조주께서 다 목적이 있으셔서 지으신 위대한 존재라는 것을 받아들이기로 했다.

나는 김도사님을 만나서 의식 성장을 하면서 내가 나의 부모를 선택해서 부모의 자녀로 태어났고 부모 역시 사랑은 있으나 표현이 서툴러서 그러한 것임을 깨달았다. 자신을 스스로 용서하니 모든 것이 수용되고 모든 영혼을 새롭게 보기 시작했다. 나의 변화된 의식으로 세상을 바라보니 회색이었던 세상이 이처럼 아름다워 보일 수가 없다.

〈한책협〉을 만나 '나 드러내기'를 하면서 치유되었다. 아픔이 사라지니 행복함을 느끼고 감사가 저절로 나온다. 날마다 삶이 감사하고 또 감사한다. 할 일 많음에 감사하고 부모라는 책임에 감사하고 자녀라는 책임에 감사한다. 사소한 작은 일에 감사하기 시작했고 마음도 얼굴도 많이 편해졌다. 게다가 작가가 되어 나의 이름이 들어간 책 4권이 세상에 나오고 또 다섯 번째 책을 집필하고 있으니 삶이 너무 충만함을 느낀다.

나는 내가 더 이상 싫지 않았다. 나를 비난하지도 않았다. 나는 그저 나다. 있는 그대로 인정해주고 지금은 '나' 스스로를 칭찬해준다.

나는 우주에서 아주 용감한 존재여서 지구에 영적 성장을 위해 체험하러 왔다. 아직은 회사에 갇혀 사는 현실이지만 이왕 선택한 것에 대해 즐겁게 놀이처럼 한다. 나의 진정한 꿈을 실현하기 위해 오늘도 열심히 즐겁게 신나게 살고 있다.

 이 모든 변화는 1년 안에 일어난 것이다. 의식의 변화이다. 새로운 의식을 받아들인 결과다. 여러분도 내면아이를 한번 달래보고 인정해주면 그 아이는 금세 멋진 거인으로 커져 있을 것이라고 믿는다. 내면아이가 인정되고 치유되니 나는 행복하다.

05

문득 작가가 되고 싶다는 꿈이
내게로 다가왔다

나는 학교 때부터 글짓기는 잘 못하는 편이다. 일기도 적어본 적이 없다. 무엇인가 쓰는 것을 어려워했다. 그래서 작가라는 꿈조차도 가지지 못한다고 생각했다. 그러면서 글짓기 잘하는 학생들을 부러워했다. '작가는 아무나 하나? 태어날 때부터 글 잘 쓰는 사람으로 태어나야 작가가 되지.' 이런 한계는 나를 책과 멀어지게 한 원인이다. 30대까지 성경 말고는 책을 읽어본 경험이 별로 없는데 40대에 들어서면서 가끔 한 권씩 읽기 시작했다.

그러던 중 김도사님의 "성공해서 책을 쓰는 것이 아니라 책을 써야 성공한다."라는 말씀을 듣게 되었다.

　나는 이 말씀을 들은 것이 우연이 아니라고 생각한다. 비록 가난한 현실에 살면서 아무리 무기력하고 절망 속에 살아도 항상 성공하고 싶은 욕망을 가슴 깊은 곳에 갖고 있었다. 성공하는 길을 몰랐는데 책을 쓰는 것이 성공으로 가는 길이라고 확실히 이야기해준다. 김도사님 유튜브를 보면 볼수록 책을 쓰는 길 밖에는 다른 어떤 길이 없을 것 같았다. 남의 책을 읽으면 독자이고 나의 책을 쓰면 저자이다. 언제까지 남의 책을 읽고 남에게 인세를 올려줄 것인가? 자기 계발의 끝은 책쓰기라 한다. 언제까지 '죽기 전에 책 한 권 써보는 게 소원이다'를 말할 것인가? 죽기 전에 책 한 권 쓰기가 소원이라면 지금 바로 하라.

　나는 책을 쓰고 성공하고 싶다는 욕망에 제대로 불을 붙였다. 무기력한 가슴이 다시 뛰기 시작했다. 나는 책을 써서 자신을 퍼스널 브랜딩하여 성공의 길에 빨리 갈 수 있다는 김도사님 말씀에 한번 책을 써보고 죽어도 죽고 싶었다. 상황이 간절하니 더 이상 남편의 눈치를 안 보기로 했다. 대출 인생에 책 한 권 써보고 그것을 갚기 위해 삶이 더 힘들지라도 나는 그렇게 하고 싶었다. 늘 남에게 양보하고 손해를 받고 사기 당하는 것이 나의 모습이었기에 김도사란 사람한테 사기당해 보고 싶었다. 그는 자신의 책쓰기 코칭을 받으면 한 달에서 두 달 안에 책을 써낼 수 있다고 하셨다. '그게 가능한가? 나는 대졸도 아닌데.'

그러면서도 김도사님의 유튜브는 나를 끌어당기는 힘이 있었다. 그것은 김도사님이 외치는 '의식 성장'이다. '의식 성장'은 나에게 완전히 다른 세상을 알려주었다. 모든 것이 의식의 문제이고 가난도 질병도 풍요도 모든 것이 의식의 문제라고 한다. '의식이 전부이다'를 외치는 김도사님께 한번 삶을 걸어보고 싶었다.

그래서 늘 김도사님 유튜브를 자동 재생으로 들으면서 결국 마음속에서는 이미 '책을 쓰고 싶다'는 의식이 태어났고 자라고 있었다. 드디어 저지르는 단계에 오고 말았다.

책쓰기 과정 등록 후 〈한책협〉의 세계는 내가 아는 세계와 다르다는 것을 알기 시작했다. 그곳에서 모두를 천재 작가로 불러주셨다. 일일 특강에 처음 갔는데 천재 작가라 해서 '난 아직 글도 못 써봤는데.'라고 의아해했다. 특강을 들으면서 나에게 선택의 확신을 준 것은 김도사님의 "카톡이나 댓글 달 줄 아는 사람이면 다 작가로 만들어줄 수 있습니다."라는 말이었다. 또 "나 김도사는 수강생에게 목숨 걸고 코칭합니다."라는 말씀이었다.

'이 말은 또 무슨 말인가? 왜 목숨 걸고 코칭하는가?' 한 번도 목숨 건다는 말을 들어보지 못했는데 김도사님은 자신 있게, 확실하게 말씀하신다. 나는 그 한마디만 믿고 등록을 결정했다.

책쓰기 과정을 등록하고 나는 나 자신이 그동안 얼마나 게으르게 살았는지 알게 되었다. 수강생으로 아무것도 모르고 SNS 활동도 잘 몰라서 나는 카페 스탭으로 지원하면 많은 것을 배울 수 있다는 면에서 스탭을 신청하였다. 하루에 댓글을 어느 정도 이상 달라고 한다. 처음에 스탭할 때 하루 종일 댓글 다는 게 너무 힘들었다. SNS를 처음 접하기에 모든 것을 하나하나 배우면서 시작했다. 댓글도 달고 과제도 해야 했고 추천 도서들을 읽어야 했고 또 밭의 일도 해야 했고 가정도 자녀도 돌봐야 했다. 하루하루가 너무 바쁘지만 우리는 다 해낼 수 있다고 권동희 대표(한국석세스라이프스쿨, 위닝북스 대표)님이 말씀하신다. 결국 나는 다 해냈다. 댓글뿐만 아니라 포스팅도 잘 올렸다. 책을 쓰는 과정과 책을 쓴 후에도 거의 6개월 동안 스탭을 했다. 스탭 일을 하는 동안 나는 많은 동기 부여를 받고 동기 부여 해주고 했었다.

이 모습이 내가 처음 〈한책협〉을 찾았을 때의 커다란 긍정적 에너지를 느낄 수 있는 모습이었다. 내가 선임 작가님들께 사랑받고 관심받고 응원받았듯이 나도 후배 작가님들에게 관심 주고 응원하고 동기 부여 해주며 우리는 〈한책협〉 카페에서 어마어마하게 성장해가고 있었다.

〈한책협〉에 오신 작가님들은 다 자신을 변화시키고 책을 써서 자신의 삶을 바꾸고자 찾아오신 분들이다. 그들의 후기들을 읽어보면 삶은 어떤 위치에 있든지 다 힘들다는 것이다. 각자 처한 위치에서 대응 방법이 다르기 때문이다.

우리는 〈한책협〉에서 책을 쓰는 방법 외에 더 소중한 것을 배워가고 깨달아가고 있었다. '의식이 전부이다'를 외치는 김도사님께 배워 의식 성장을 하는 많은 작가님들은 책 한 권 쓰는 것으로 끝나지 않았다. 김도사님의 배려와 도움으로 많은 공저들을 써냈고 또 개인 저서 몇 권 이상씩 써내고 강의하고 방송 출연하고 여러 가지 삶의 변화들을 〈한책협〉에서 볼 수 있다. 〈한책협〉은 성공으로 가는 우리들만의 기지이다. 빠르게 성공하는 모든 기술을 배우고 활용하고 1인 창업가가 되기에 충분한 가르침을 받고 또 자신의 책을 홍보하고 한다.

나는 이 거대한 긍정 에너지에 접하면 늘 기분이 좋다. 주변 사람들은 자기만 성장하지 않을 뿐 옆에 있는 사람도 못 하게 눈치 주고 방해한다. 그러나 〈한책협〉은 온전히 긍정만 있는 곳이다. 내가 무엇을 해도 응원해주고 관심 가져준다. 나는 늘 〈한책협〉에서 힘을 얻고 세상을 살아가는 지혜와 믿음, 삶을 배워가고 인생 2막을 대비하는 인생 공부, 마음공부, 의식 공부, 돈 공부를 하고 있다.

평생 자신을 위한 투자 한 번 해보지 못한 나는 책쓰기 과정에 등록한 후부터 이 세상을 살아가는 것이 즐겁다. 책을 써내고 작가가 된 후에는 무기력한 삶이 아니라 활력 넘치는 삶을 살아가면서 지치지를 않는다.

보는 눈이 달라지고 있었다. 나와 가족만 눈에 보이던 것이 사회가 보이고 국가가 보이고 지구가 보이고 우주가 보였다. 드디어 나 자신이 보였다. 나는 우주 중에 존재하는 위대한 영혼임을 보게 되었다. 앞을 보고 달려가는 것이 아니라 무한대로 높은 위를 보며 성장해가고 있었다.

책쓰기를 선택한 것은 정말 잘한 일이었다. 사람이 독자에서 저자로 위치를 바꾸니 책을 보는 방법도 평범한 독자들과 다르고 보는 책도 일반 책이 아닌 의식 성장 도서들이며 이런 책을 볼수록 평범한 사람들이었던 작가님들은 하나씩 빛을 발하고 있다.

우리는 책을 써서 상위 0.1퍼센트의 리더가 되어간다. 날마다 성장하고 날마다 작가의 관점에서 세상을 바라본다. 남의 눈치에 맞춰 '나'도 없이 살아가던 내가 이제 나의 소리를 내기 시작했고 많은 변화를 일으켜 주변을 변화시켜가고 있다. 책을 써내서 결과를 만들어낸 성취감은 우리를 더 큰 성공으로 이끌어간다. 아무리 박사라고 해도 책을 쓰지 않으면 책을 쓴 고졸이 더 인기가 많다. 우리는 작가의 삶을 살며 새로운 것을 창조하고 눈에 보이지 않는 것을 눈에 보이도록 창조하는 창조자다.

책을 쓰는 것이 자기계발의 끝인 줄 안다. 한 권의 책이 출간된 후부터는 자신감이 넘친다. 책쓰기를 통해 나는 이미 스스로의 한계를 벗어버리고 자신과의 싸움에서 승리한 자유로운 영혼으로 되었다. 한 권보다 두 권, 또 네 권을 써낸 그 자신감은 날마다 성공한 삶을 살아가도록 자신을 자극하고 있다. 무한한 긍정 에너지를 얻으면서 나는 더 당당하게 다섯 번째 책을 써나간다. 첫 책 『새벽독서의 힘』을 써냈을 때만 해도 스스로 작가임을 자꾸 잊어버리고 이전의 삶으로 돌아가려는 기미가 보였지만 책을 네 권 써보니 이제는 당당하게 '나는 작가입니다.'라고 말할 수 있다.

이 모든 것은 여러 번의 공저의 기회를 주신 김도사님 덕분이다. 공저의 기회는 김도사님의 제자들에 대한 사랑과 배려이다.

감사합니다. 사랑합니다. 나의 멘토님.

06

인생 절벽에서 〈한책협〉의
김도사를 만난 건 행운이었다

인생을 살아가면서 당신은 무엇을 위해서 살아가십니까? 나는 살아가면서 아무것도 잘하는 게 없는 나 혼자만 이 세상살이가 힘든 줄 알았다. 그래서 나만 죽을 것 같고 나만 힘들어서 못 살아갈 것 같았다. 꿈도 없었고 가지려고도 생각하지 않았었다. 내가 아무리 노력해도 내 삶은 바뀔 줄 몰랐다. 나는 부지런하게 성실하게 살아가도 인생을 잘 못 살아가는 데 대한 회의감으로 가득 찼고 나의 존재의 이유를 몰랐다. 나는 그렇게 내 삶을 포기하고 있었다.

'도대체 왜 죽지 않고 살아가야 하는가?'

'무엇을 위해 살아가는가?'

꿈 없는 나날들이 이어지니 삶은 점점 더 바닥으로 떨어지기 시작했다. 원하는 것이 있어야 이루어지는데 원하는 것 자체가 없으니 아무것도 이루어질 수가 없다. 마음속에는 가난 탈출이 용암같이 끓고 있지만 스스로 자신은 '아무것도 할 수 없다'는 한계 속에 가두어두고 나를 변화시키려고 하지 않았다. 모든 것이 귀찮고 모든 것이 싫었다. 다른 사람들에게는 숨을 쉬는 게 축복일 수 있었겠지만 나는 숨 쉬기조차 고역이었다. 나는 날마다 마음속에서 전쟁을 하고 있으니 얼마나 힘들었는지. 내면 한구석에는 경제적 자유를 간절히 바라면서도 자신을 변화시키려고 하지 않은 현실, 그보다도 변화시킬 만한 힘과 용기가 없었다. 돈에 대한 갈급함도 늘 있으면서 입과 귀로는 '돈을 사랑하는 것이 일만 악의 뿌리다'를 보고 듣고 외치고 "돈이 없어도 돼. 그까짓 돈을 안 벌어도 돼."라고 하면서 삶을 포기해갔다.

날마다 갈 길을 몰라 헤매면서 방황하는 삶, 그저 포기하는 삶은 나를 부정하고 최종적으로 '나'라는 존재를 사라지게 만들었다. 그러면서도 내면에서는 누군가가 나를 건져주는 하나님이 나타나서 나에게 살아가는 이유를 가르쳐주기를 원했다. 하나님이 너는 이렇게 살라고 나에게 직접 음성으로 소명을 알려주시기를 간절히 바랐다. 하나님이 그렇게 살라고 하면 살 수 있을 것 같았다. 나는 스스로를 못 믿어도 전능하신 하나님이 그렇게 살라고 방향을 제시하면 살아갈 수 있을 것 같았다. 그런데 나는 그 대답을 듣지 못하였다. 하나님이 계속 신호를 보내줘도 나는 알 수가 없었다.

이 시기 나에게 우연처럼 나타난 한 분의 '하나님' 사자가 계신다. 집안일 하면서 여자 북튜버가 책 소개하는 유튜브 영상을 자동 플레이해서 듣는 중에 갑자기 남자의 목소리가 들렸다. "어? 왜 남자 목소리지? 누구지? 그분의 영상 하나를 보고 나서 두 번째 영상이 자동으로 플레이되었다. 두 번째 영상은 내 혼을 뺏어갔다. 항상 북튜버들의 영상을 볼 때는 나를 만족시키지 못했다. 그런데 그 남자의 "성공해서 책을 쓰는 것이 아니라 책을 써서 성공한다"는 말이 나를 사로잡았다. 나는 그분의 영상에 꽂혀버렸다. 아무것도 할 줄 모르는 나에게도 성공할 수 있는 방법이 있는 것 같았다. 그분이 바로 〈한책협〉 김도사(김태광) 코치이다.

나는 그분의 영상을 하나하나 보면서 자연히 북튜버 영상에서 김도사 유튜브 영상으로 바꾸어버렸다. 김도사님 유튜브 중에 나를 100퍼센트 끌어당긴 것은 '의식'이라는 단어였다. 내가 본 김도사님 유튜브 영상은 늘 '의식 상승, 의식 확장, 의식 고양' 이런 말을 하고 있었다. 의식이 무엇인지 모르는 나에게 그 단어가 갈급했다. 들을수록 의식에 대해 알고 싶고 의식을 바꾸어야 삶이 바뀜을 알 수가 있었다. 그래서 나는 걸어 다니는 시체의 삶을 정리하고 싶어졌다. 나는 내 삶을 바꾸고 싶었다. 나도 폼나게 사람답게 잘나가게 살아보고 싶었다. 성공이란 걸 한번 해보고 싶었다.

　계속 김도사님 유튜브 영상을 보니 2020년 6월 20일 저녁 2시간의 '의식 특강'이 있음을 알게 되었다. 6월 20일은 2시간의 '의식 특강', 6월 21일은 5시간의 '책쓰기 특강'이 있었다. 특강비는 같았다. 나는 저울질해봤다. '2시간짜리가 나을까? 5시간짜리가 나을까?'

　결국 두 가지 다 하고 싶었지만 1박 2일을 나를 위해 쓸 수가 없었다. 그러다가 2시간짜리 '의식 특강'을 신청했다. 영상에 도사님 전화번호가 나오길래 그 번호로 한번 문의해보았는데 나는 깜짝 놀랐다. 100억대 부자가 나와 같은 가난한 사람에게 문자를 했다. 그것도 몇 분 안에. 그리고 직접 전화하셨다. 두 가지에 대해 상세하게 알려주셨다. 나는 평생 100억대 부자와 처음으로 통화하고 이제껏 내가 아는 살기 싫은 세상보다는 더 멋진 인생을 살아가는 다른 세상이 있음을 알게 되었다.

　나는 너무 가슴 설레서 원래도 잘 못하는 말을 더 더듬었다.

　그렇게 해서 '의식 특강'을 신청하고 가기로 했는데 차편을 알아보니 구미에서 분당까지 차편이 불편했다. 그래서 그만 차편이 불편해서 '의식 특강'을 취소하려고 했다. 그런데 한참 있다가 도사님께 또 연락이 왔다. 나보고 SRT 열차 타고 수서역에서 내려서 전화 주라고 한다. SRT는 들어보지도 못했는데, 상세하게 앱을 깔아보라고 가르쳐주기에 알려준

대로 앱을 다운 받고 표를 예매했다. 처음으로 SRT라는 열차를 알게 됐다. 그래서 김천구미역에서 20일 저녁 수서로 출발했다. SRT 열차를 타 본 결과 2시간이 안 되어 수서까지 도착할 수 있었다. 너무나 멋지고 좋은 열차였다.

그날 '의식 특강'을 들으면서 나는 내가 가난한 것은 가난한 의식을 가졌기 때문임을 알게 되었다. 나는 내 삶을 바꾸려면 나의 가난한 의식을 바꾸어야 함을 알았다.

그때부터 나는 김도사님 유튜브로 삶에 대해 살아갈 의욕을 불러일으키게 되었다. 유튜브를 듣다 보니 책쓰기를 해야겠다고 결심하게 되었다. '책을 써서 성공하고' 싶었다. 계속 머뭇거리다가 결국 2개월 뒤 '책쓰기 일일특강'을 신청하였다.

2개월 뒤에 떨리는 마음으로 일찍 〈한책협〉에 갔는데 마침 도사님과 코치님 한 분이 막 식사하러 가시는 것 같았다. '의식 특강' 때 한 번 본 얼굴이었는데도 가슴이 떨려서 막 흥분하고 있었다. 오후 특강 시간에 나의 자리는 제일 앞자리 중심 자리였다. 나는 머리를 쳐들고 도사님을 보느라 정신없었다. 자체 발광이었다. 도사님 매력에 푹 빠져서 강의를 듣고 1교시 지나서 많은 사람들이 책쓰기 과정을 신청했다. 어찌할까? 어떻게 할까? 애간장이 탔다. 중간중간 많은 사람들이 신청했다. 벌써 몇 명이 되었다. 나는 성공하고 싶었다. 그래서 중간에 도사님과의 상담 시간이 있었는데 상담을 하면서 도사님의 기(氣)를 느낄 수 있었다. 나는 '책쓰기 과정'을 정말 하고 싶다고 얘기했다. 그래서 결국 등록하였다. 평생 가난하게 살아왔던 나는 나에 대한 투자를 전혀 하지 못하였다. 5천 원짜리, 만 원짜리 옷도 감지덕지다. 이번에는 내 삶을 바꾸고자 하는 욕망이 나를 삼켜버렸다. 그렇게 자신에게 투자하기로 했다. 등록하고 집에 올 때 나는 또 걱정이 앞섰다. '남편한테 어떻게 얘기하지.' 남편은 벌써 내가 등록한 것을 알고 "등록했냐"고 계속 물어본다. 나는 등록 안 했다고 말할 수 없어서 사실대로 말했다.

그렇게 책쓰기 과정에 등록하면서 그 외에 〈한책협〉의 명품 강의들이 많아서 거의 모든 강의를 다 수강하였다. 그때부터는 도사님이 하라는 대로만 하기로 했다. 내가 나를 못 믿으니 성공한 사람을 믿을 수밖에 없었다. 그러면서 '의식이 전부다'라는 김도사님의 뜻을 받아들이고 도사님이 추천해주시는 모든 책들을 구매했다. 나는 그 책들을 보면서 나 자신이 너무 잘못 살았음을 깨달았다. 책을 보고 가슴에 와닿는 좋은 구절들을 필사하면서 나는 갈급한 의식 성장 공부를 하게 되었다. 결과 첫 책 『새벽독서의 힘』이 수료 후 3주 만에 출판 계약을 하게 되었다. 원고 A4 115페이지. 와, 내가 생각해도 이상한 일이 일어났다. 나는 어떻게 원고를 썼는지도 몰랐다. 그것도 3주 만에.

출판 계약하면서 나는 가슴이 너무 뛰어서 잠을 자지 못했다. 책 한 권

안 읽던 내가 작가가 되다니? 꿈과 같은 이야기였다. 중국에서 태어나서 고졸 출신인 내가 작가가 되는 것이나. 그때부터 김도사님은 니의 '하나님'이 되었다. 늘 김도사님만 따라가고 그의 추천 도서들을 보면서 1년 동안 나는 새롭게 태어나 작가라는 새로운 희망을 가지고 꿈을 가지게 되었다.

나는 하나님이 내 손을 잡아주셔서 삶을 멋지게 살고 싶었는데 하나님이 김도사님이라는 사자를 나에게 보내주셨다. 그전에도 하나님은 보내주셨지만 나는 알지 못했다. 나는 보지만 맹인이었고 듣지만 귀머거리였다. 하나님의 사자 김도사님을 만나서 나는 행복해지기 시작했다. 책을 읽고 쓰는 것이 너무 행복하다. 어떤 때는 김도사님이 추천해주시는 책이 너무 행복해서 시도 때도 없이 책 추천해주셔서 고맙다는 인사를 드렸다.

지금 생각해보니 김도사님과의 만남은 간절하게 나를 구원해줄 이를 바랐기 때문에 우주는 나를 중심으로 나에게 최고로 적합한 사람을 보내주신 것이었다.

'짠' 하고 나타나주신 김도사님, 늘 감사합니다.

07

책을 쓰면서 파란만장했던
인생의 방향이 정해졌다

고속도로를 달릴 때 보면 어떤 지역의 터널은 엄청 길다. 예전에 나는 그 터널에 들어가면서 나갈 때까지 숨을 쉬어보지 않기로 해본 적이 있다. 숨을 안 쉬다 보니 숨이 넘어갈 것 같았다. 다시 숨을 쉬면서 무리한 도전을 했다고 생각했다.

인생 터널도 마찬가지다. 짧으면 좋겠지만 어떤 때는 긴 터널이 나올 수도 있다. 사람들이 살아가면서 그동안 해온 생각과 말과 행동으로 그 터널의 길이가 길어지고 짧아진다.

TV에서 가끔은 아픈 아이들을 위한 후원 광고를 하는 것을 볼 수 있다. 나는 그런 아이들을 보면서 가슴이 많이 아프다. 나의 선에서 아주 조금의 기부도 하고 있지만 내가 많은 후원을 할 수 없는 것이 안타깝다. 아픈 사람을 보면서 가슴 아파 하는 마음은 신성이다. 내가 하나님이라 해도 나로 인하여 가슴이 많이 아프셨을 것이다. 자신이 만들어놓은 최고의 존재가 창조한 의도와 맞지 않게 삶을 제대로 살아가지 못하고 있었으니 얼마나 가슴이 아프셨을까 싶다. 잘 살아가라고 행복하게 살아가라고 능력도 다 주었건만 그 능력을 활용하지 못하고 잠에 취해서 살아가니 말이다.

20여 년 동안 꿈 없이 방황하는 삶을 살아왔다. 중간중간 꿈을 가졌다가도 그 꿈을 포기하고 최종적으로 꿈이 없이 살아왔다. 긴 시간 동안의 방황은 나에게 있어 더없이 긴 터널을 만들어냈다. 나는 지금 그 터널을 지나가고 있고 터널 끝에 보이는 밝은 빛을 바라보고 앞으로 내달리고 있다.

마음의 가난은 나로 하여금 마음의 병을 얻게 하였다. 늘 절망 속에서 일어설 힘을 갖지 못하고 모든 것이 귀찮아서 잠만 자고 있었다. 어두운 나의 삶에 한 줄기 희망이 되어준 〈한책협〉 김도사님, 그를 만난 것은 나의 인생에 커다란 변화를 일으켰다. 나는 김도사님과의 만남으로 인해 오랫동안 죽었던 영혼이 다시 숨을 쉬기 시작했다. 차가운, 얼어붙은 가슴에 다시 뜨겁게 불을 붙이고 삶에 설렘을 느끼며 살아가고 있다.

책을 쓰면서 나는 나 자신에게도 거인이 잠자고 있었음을 확실히 깨닫고 거인을 흔들어 깨웠다. 내가 너무 오랜 시간 자고 있으니 하나님은 김도사라는 사자를 보내어 잠자는 거인을 깨우게 한 것이다. 날마다 유튜브 영상으로 나를 자극하고 내가 일어나 움직이도록 채찍질하였다. 처음에는 병든 삶에서 뛰쳐 일어나기가 힘들었다. 그래도 계속적으로 자극을 받으니 반응을 하기 시작했다. 점점 의식을 높이면서 책을 써내고 지금은 사람다운 사람으로 살아가고 있다.

이제야 드디어 인생을 살아가는 것 같은 느낌으로 매일 새벽마다 설렌다. 그동안 먹고 자는 짐승 같은 삶은 삶을 살았다. 삶이라고 말할 수조차 없다. 나를 사랑하지 않으니 부모, 형제, 자녀를 사랑할 줄 모른다. 그동안 아이들에게 최고의 사랑을 주지 못한 것이 미안하다. 이제 깨달았으니 아이들을 최대한 많이 안아주고 이때까지 잘 자라준 아이들에게 감사를 한다. 남편에게도 많이 미안하다. 늘 귀찮고 힘들어 지쳐가는 마음으로 대하니 남편에게도 못된 짓을 했던 것이다. 나 자신에게 제일 많이 미안하다. 세월 낭비하고 이제야 남들은 벌써 은퇴하는 40대에 나는 직장 생활을 제대로 해야 했고 삶을 제대로 살기로 마음먹었다.

두 괴물이 싸우고 있는데 내가 밥 주는 쪽이 이긴다고 하는 우화를 책에서 보았다. 한 발짝씩 내디딜 때마다 예전의 습관들이 나를 안주하라고 붙잡고 있다. 그냥 예전처럼 귀찮아하고 아무것도 하지 말라고 한다. 만사 귀찮아하고 모든 변화를 싫어하는 것이 나라고 속삭인다. 나는 나

57

다워야 한다고 말이다. 그러나 이제 나는 예전의 내가 아니다. 이미 바라보는 시각이 예전과 다르다. 그냥 안주하고 있으면 안 되는 줄 알고 있다. 나는 예전에도 날마다 전쟁하고 지금도 날마다 전쟁을 하고 있다. 예전에는 부정에게 밥을 줘서 부정이 나의 삶을 삼켜버렸지만 지금은 긍정에게 밥을 주어 긍정이 이기게 한다. 긍정이 이겨나가니 부정이 힘없이 물러선다.

모든 선택은 내가 한 것이다. 과거도 미래도 다 내가 선택하는 것이다. 나는 나의 잘못된 선택으로 지금의 삶이 이루어졌음을 안다. 그러기에 온전히 자신의 삶을 바꾸고자 새로운 길을 선택했다. 주변 사람들은 '작가가 아무나 되나' 하면서 비난하고 비아냥거린다. 두렵고 떨리는 새로운 길을 가는 것은 책쓰기계 구루 김도사님을 만났기에 가능하다. 이끌어주는 강한 손에 이끌려 나는 지금 새로운 세계로 나아가고 있다. 새롭게 도전을 하니 가슴이 날마다 설렌다. 이제는 온전히 멘토를 믿기에, 새로운 길이 승리의 길인 줄 알기에 더 이상은 모르는 세계가 두렵지 않다. 김도사님은 나에게 확실하게 영향을 끼친 사람이다. 삶을 완전히 뒤집을 수 있는 용기를 주셨다.

내가 그토록 김도사님을 찬양할 정도로 얘기하는 것은 삶의 변화를 확실히 느끼기 때문이다. 이때까지 나의 삶을 바꾸도록 영향을 끼친 사람은 없었다. 스스로 '할 수 없다'는 감옥에 나를 가둬놓았다. 이제야 가둬놓은 자신을 스스로 풀어줘야 함을 깨달았다. 나의 인생은 내가 만들어낸다. 즐거운 인생이든 괴로운 인생이든 다 나의 선택에 달렸다는 것을 알게 되었다.

내가 원하는 것을 끌어당길 줄 알게 되었고 그것을 이루는 방법을 알게 되었다. 날마다 한 가지씩 행동을 하면서 그동안 미루어왔던 것들을 하나씩 이루어간다. 고정 관념은 생각하고 말하고 행동하라고 하지만 현재는 행동하고 말하고 생각한다.

미뤘던 일도 하나씩 해나가니 짐이 줄어들고 있다. 늘 마음속에 품고 있어서 무거웠는데 하나씩 해나가고 지워버리니 지고 갈 짐들이 날마다 줄어든다.

점점 생각이 가벼워지고 물 흐르듯이 흘러가게 한다. 모든 것이 순조롭게 되어간다.

그동안 왜 나만 겪는 고난이냐고 불평했던 것들이 이제는 그 고난이 변형된 축복이고 나의 삶의 경험임을 알게 되었다. 내가 잘살았든지 못살았든지 다 지금의 나를 만들었음을 깨닫고 더 이상 나 스스로를 원망하지 않는다.

이제는 내가 바라는 것들을 향해 나아간다. 에너지를 더 이상 분산시키지 않고 한 곳에 집중한다. 많은 할 것들 중 우선순위를 정한다. 글쓰기가 항상 우선이다. 어두운 나의 삶에 한줄기 희망이 되어준 〈한책협〉

김도사님, 그를 만난 것은 나의 인생에 가장 큰 축복이다. 나는 김도사님과의 만남으로 인해 인생을 살아김을 느낄 수 있다. 차갑게 얼어붙은 가슴에 다시 뜨겁게 불을 붙이고 삶에 설렘을 느끼며 살아가고 있다.

책을 쓰면서 나는 나 자신에게도 거인이 잠자고 있었음을 확실히 깨닫고 거인을 흔들어 깨웠다. 내가 너무 오랜 시간 자고 있으니 하나님은 김도사라는 사자를 보내어 잠자는 거인을 깨우게 한 것이다. 날마다 유튜브 영상으로 나를 자극하고 내가 일어나 움직이도록 채찍질하였다. 처음에는 병든 삶에서 뛰쳐 일어나기가 힘들었다. 그래도 계속적으로 자극을 받으니 반응을 하기 시작했다. 점점 의식을 높이면서 책을 써내고 지금은 사람다운 사람으로 살아가고 있음에 작가가 되기 위해 원고를 썼고, 작가의 입장에서 나의 소리를 세상에 내기 위해 작가의 일상으로 글을 쓰고 기록하기 시작했다.

기록은 작가의 일상이라고 권대표님이 말씀해주셨다. 유튜브도 기록으로 찍으니 마음에 부담이 없다. 모든 삶을 이제는 작가의 입장에서 관찰하고 삶의 모든 순간이 책을 쓰는 데 사례가 된다.

꿈도 없이 하던 방황은 더 이상 없다. 방황할 시간이 아까움을 안다. 내가 내 삶의 주인공이 되고 이끌려가는 자에서 이끌어가는 자가 되었다. 나는 남의 눈치로 내 삶을 살고 싶지 않다. 나의 방식대로 나의 열정으로 내 삶을 살아가고 있다. 독자에서 저자로 위치를 바꾸니 삶의 모든 것이 즐겁고 감사하다. 날마다 에너지가 넘친다. 의욕이 넘치고 자신이 좋아하는 일들을 한다. 꿈이 있으니 현대판 노예의 직장 생활도 지겹지 않다. 오히려 꿈을 이루는 수단 중 하나라고 생각된다. 예전에 몸과 의식이 다 속박되었지만 지금은 의식은 자유롭다. 나의 상상은 무한대로 뻗어나갈 수 있다. 작업 중에도 나의 의식은 작가임을 인식하고 모든 순간을 나에게 맞게 내가 원하는 것이 이미 이루어졌음을 상상하고 있다.

'나는 작가다', '나는 하나님의 딸이다'를 외치면서 늘 나의 정체성을 인식하고 있다.

08

책을 쓰면서 나 자신을 사랑하는
방법을 깨달았다

"너는 마음을 다하고 정성을 다하고 뜻을 다하고 힘을 다하여 주 너의
하나님을 사랑하라."
　―마가복음 12장 30절

성경에는 이와 유사한 말씀들이 많다. 나는 성경을 많이 좋아하는 편
이다. 가끔 이 말씀이 생각난다. 나는 이 말씀을 기억하고 있지만 참뜻을
몰랐었다.

왜 이 말씀이 반복적으로 나에게 나타나는지, 어떻게 하는 것이 마음
을 다하고 정성을 다하고 뜻을 다하고 힘을 다하여 주 너의 하나님을 사

랑하라는 것인지 알 수가 없었다. 스스로 자신을 사랑할 줄 모르니 나 외에 다른 것들은 더욱 사랑할 수가 없었다. 살면서 항상 '사랑'이 무슨 뜻일까 궁금했다.

성경에서 말하는 사랑은 아주 구체적이다. 고린도전서 13장 말씀과 성경 전체가 사랑에 대한, 마음에 대한 드라마라고 말한다. 성경의 스토리들을 알고 머리로는 기억하고 있지만 가슴으로는 모르고 있었다. 사랑하는 마음은 훈련인가? 자기희생인가? 의도를 가진 것인가?

고린도전서 13장
"사랑은 오래참고 온유하며 투기하는 자가 되지 아니하며 자랑하지 아니하며 교만하지 아니하며 무례히 행치 아니하며 자기의 유익을 구치 아니하며 성내지 아니하며 진리와 함께 기뻐하고 모든 것을 참으며 모든 것을 믿으며 모든 것을 바라며 모든 것을 견디느니라."

나는 이 '사랑'으로 나를 채우고 싶었다. 이 '사랑'으로 나를 채우면 무엇이든지 할 수 있을 것 같았다. 늘 기부하고 싶은 마음, 늘 도와주고 싶은 마음이 생기고 실천하려고 하는 것도 사랑을 얻으려는 것인 것 같다. 그러나 나는 책을 쓰면서 사랑을 알아갔다. 사랑은 얻는 것이 아니라 주는 것이다.

63

나에게 있어서 사랑은 실천하는 것이다.

사랑은 자기 자신을 용서하는 것이다.

사랑은 먼저 자신을 인정하고 자신을 기뻐하는 것이다.

사랑은 자신의 원하는 것을 허용하는 것이다.

사랑은 더 이상 스스로 판단하지 않고 정죄하지 않고 비난하지 않고 스스로 감싸주는 것이다.

나는 남편과 같이 살면서 '사랑한다'는 말을 서로 잘 못했다. 초기는 그냥 '좋아한다'로 사랑 표현을 해왔다. 어떤 책에서 표현하지 않으면 다른 사람들은 잘 모른다고 했다. 그래서 아이들에게 먼저 '사랑한다'는 말을 써왔다. 나는 아이들을 안아주면서 일부러 '사랑해'나 '엄마가 사랑하는 거 알지?' 이렇게 말했다. 나는 남에게 사랑의 마음이 있지만 그것을 다 표현해내지 못한다. 늘 다른 사람의 사랑은 사랑이고 나의 사랑은 사랑이 아닌 것 같았다. 분명 기부하기를 좋아하고 불쌍한 사람을 돕기도 하지만 나는 나의 모든 사랑의 행동을 부정하였다. 그런 행동은 사랑이 맞다. 왜 나는 나의 사랑 행동을 부정할까?

왜 내가 하는 것은 사랑이라 생각되지 않을까?

왜 남이 표현하는 사랑은 사랑이고 내가 표현하는 것은 단순히 선한 행동이라 느껴질까?

나는 나를 부정하고 있었다. 나의 모든 것을 부정하고 있었다. 모든 좋은 것에 노출시키지 않고 나는 일만 하다가 죽어도 되는 존재라고 생각했다. 나는 희생해야 하는 존재로 자신을 만들어갔다. '자존(自存)'감 나는 이 한자를 사용한다. 자존, 자신이 존재조차 없으니 자존감이 어디 있었으랴? 또 없는 자신의 무엇을 자기 스스로 존중하고 존귀하게(自尊) 여길 수 있는가?

책을 쓰면서 나는 알게 되었다. 나는 자신이 존재하지 않는 상태에서 존재하는 상태로 드러나기 시작했다. 드러난 자신이 얼마나 존귀한 존재인지 알아갔다. 〈한책협〉의 김도사님은 '의식이 전부이다'를 입에 달고 사신다. 때문에 〈한책협〉의 많은 작가님들은 '의식 성장'에 힘을 쓰고 노력하고 책도 의식 성장에 도움 되는 도사님 추천서를 많이 본다.

이런 의식 성장에 대한 노력이 있기에 책 쓸 줄 모르는 사람들이 김도사님 만나서 책을 2~3주 안에 써내는 기적이 이뤄진다. 나만 해도 독서할 줄조차 모르던 내가 수료 후 3주 만에 A4 115페이지를 써낼 수 있었던 것은 내가 글을 잘 써서 써낸 것이 아니다. 오직 의식이 성장했기 때문에 써낼 수 있었던 것이다. '할 수 있다'는 믿음 덕분이다.

의식 성장이 이뤄지면 자신의 존재를 깨닫고 정체성을 알아간다. 의식 성장 도서들을 보면서 자기 자신을 다시 재정의한다. '나는 존재하지 않는다'에서 '나는 존재한다'로, '나는 할 수 없다'에서 '할 수 있다'로, '나는 바보다'에서 '나는 천재 작가다'로.

날마다 자신에 대한 긍정 확언으로 존재하는 자신에게 힘을 주고 자신을 존재하는 것만으로도 인정한다.

나는 이제 삶이 뭔가 이해가 된다.

나는 행복한 체험을 통해 살아가면서 지혜와 사랑과 깨달음을 얻고 영적인 성장을 이루기 위해서 이 세상에 왔다. 지금 나의 삶은 영적인 것들을 추구하기 위한 호기심으로 가득 차 있다. 그 방면에 파고들고 싶고 의식 성장에 관한 책을 읽으면서 나의 정체성을 바로 세워간다. 나의 존재와 신이 나에게 원하는 것이 무엇인지, 나는 어떻게 살아가는 것인지 지금 그 속으로 깊이 빠져들어가고 있다.

지금의 삶은 순간순간 감사하다. 불평불만을 할 시간이 없다. 다른 사람들을 비난하고 판단할 여유가 없다. 나는 내가 원하는 것에 집중하고 이루고자 하는 데 집중하기 때문에 시간이 너무 소중함을 깨달았다.

이제 나는 다른 사람의 눈치를 보지 않는다. 남의 기대와 바람으로 살지 않는다. 나는 나대로 나의 존재 방식대로 당당하고 떳떳하게 살아간다. 삶이 힘들지 않고 오히려 의욕이 생긴다. 나는 이미 원하는 것을 이루어봤다. 첫 책을 써내길 원했고 그 원함으로 『새벽독서의 힘』과 『나의 삶을 바꾸는 필사독서법』과 그 외 공저 2권을 출간하였다. 이제는 명확한 목표를 세우고 명확한 방향으로 가고 있다. 주변 환경에 흔들리지 않을 자신감이 생겨났다.

　순간순간 습관적으로 부정적인 생각들이 머리를 들지만 그런 생각이 부정적인 것을 알아차리고 스스로를 부정적인 상황에 그냥 내버려두지 않는다. 매일 의식 성장에 관련 책을 읽으면서 죽음에 대해 알아가기 시작했다. 책들을 통해 본 죽음 뒤 저편에는 아름답고 순수한 에너지가 있고 그곳에는 심판이 없고 벌도 없다. 지옥도 심판도 없다면 더 이상은 두려울 것도 걱정할 것도 없다.

　이 지구에 올 때 우리는 삶을 미리 계획하고 오지만 자궁 속에서 태어나는 순간 우리는 자기 스스로와의 약속을 다 잊고 만다. 그러면서 부모나 주변으로부터 자신이 왜 지구별에 태어나서 무엇을 위해 살아가는지를 제대로 배우지 못하고 잘못된 고정 관념으로 교육받고 자란다. 높은 차원의 존재이지만, 체험하기 위해 낮은 차원에 온 것이라 다 살아가는데 힘이 든다. 그러나 의식을 고양하여 우주의 법칙과 자연의 법칙과 창조의 법칙을 배우고 있는 지금은 나도 부모님도 모든 것이 하나이며 모든 것이 나의 거울임을 안다. 나와 관계되는 모든 존재들을 수용할 수 있다. 나를 수용하는 것이 사랑의 기본임을 깨달았다.

이러다 정말 죽을 것 같아서 책쓰기를 시작했다

1장_정말 죽을 것 같아서 책을 쓰기 시작했다_김경화

2장

김유나

책을 쓰면서
누군가에 대한
미움이 사라졌다

김유나

약력 : 한국법인영업인협회 대표, ABC엔터테인먼트 소속작가, 동기부여가

저서 : 『절대 배신하지 않는 영업의 기술』, 『버킷리스트27』(공저)

01

하마터면 불행할 뻔했다

꿈도 희망도 없이 자포자기로 살아가는 사람을 옆에서 지켜보는 것이 얼마나 고통스러운 일인지 모른다. 나는 20대 초반까지는 어느 것 하나 부족함 없이 누리고 살았다. 크게 사업을 하시던 아버지와 자신의 분야에서 인정받는 어머니가 계셨기 때문이다. 맞벌이를 하는 집안의 외동딸로 자라서였을까. 부모님은 항상 미안해하시며 늘 좋은 것으로 내가 원하는 것으로 빈자리를 채워주셨다. 부모님이 하라는 대로, 학교에서 하라는 대로만 하면 내가 원하는 대로 할 수 있으니 걱정이 없었다.

자녀가 다니는 학교에 무조건 관심을 가져야 한다는 아버지 덕분에 부모님이 필요한 학교의 행사에도 빠짐없이 참석해주셨다. 엄하고 보수적인 아버지와 개방적이고 자유로운 어머니 사이에서 갈피를 못 잡을 때도 있었다. 적당한 선 안에서 균형만 잘 잡으면 나는 큰 문제가 없었다. 그러나 고등학생 때 너무 엄격한 아버지와 나는 약간의 마찰이 생겼고 나는 아버지를 벗어나야겠다는 생각을 했다.

그리고 죽어도 미국에 가서 공부를 하겠다고 외쳤고 아버지는 강력하게 반대했다. 어머니의 설득으로 나는 결국 미국으로 유학을 떠났다. 난생 처음 부모님의 품 안에서 벗어난 것만으로도 자유를 느꼈다. 친구들을 새로 만드는 것도 즐거웠고 학교생활도 행복했다. 내가 주도권을 잡고 내 생활을 할 수 있다는 것이 꿈만 같았다. 어디로든 여행을 떠나고 파티를 즐기고 맛있는 것을 먹고 마냥 즐거웠다. 아무런 걱정 없이 행복한 날의 연속이었다.

추수감사절에 몇 되지 않는 한국 사람들은 모여서 파티를 하기로 했다. 내가 있던 곳은 한국 사람이 별로 없는 곳이었다. 그중에서도 단기 어학연수로 온 한국인이 6명 정도였고, 유학생은 5명 정도로 아주 소수의 인원이었다. 우리는 기숙사에서 신나게 파티를 열었고 미친 듯이 놀았다. 파티가 무르익고 다들 조금씩 취기가 오르기 시작했다. 이런저런 이야기들을 하며 서로들에 대해 알아가고 있었다.

눈인사만 하던 오빠와 여러 이야기를 하다 오빠가 물었다.

"유나나 다른 애들은 알바 같은 거 안 해?"

"아, 알바 안 하죠. 학생비자는 알바가 불법이잖아요. 또 아빠가 돈 쓰는 법을 알면 알바는 굳이 안 해도 되는 거라고. 알바할 시간에 공부하래요. 오빠는 알바하세요?"

"응, 낮에는 한국인 아저씨가 하는 세탁소에서 일하고 밤에는 바에서 일하지. 불법이기는 하지만 여기 있는 동안 생활하려면 알바를 안 하면 불가능하지. 너희처럼 돈 많은 부모가 있는 게 아니라서 너희들 무리처럼 생활하기는 힘들지."

"저희 무리요?"

"니들 맨날 몰려다니면서 여행 다니고 파티하고 먹고 싶은 것, 하고 싶은 것, 사고 싶은 것 다 하고 다니잖아."

"아, 오빠도 같이 다니고 싶었구나. 앞으로는 연락할게요."

"야, 나처럼 돈 없는 사람들은 즐기고 살 여유 같은 거 없어. 오늘은 세탁소 문 닫아서 인사나 하려고 온 거야. 너희와 같이 놀기에는 우리 같은 부류는 거리감이 느껴져. 그리고 괜히 내가 더 작아 보이기도 하고. 뭐 내 자존심일 수도 있지. 어쨌든 너희랑 자주 어울리거나 할 일은 없을 것 같아. 오늘은 잘 먹고 잘 놀다 간다."

나는 그 순간 살짝 화도 나고 어안이 벙벙했다. 따지고 묻고 싶은 게 한두 개가 아니었다. 이해할 수 없는 열등감을 가지고 세상의 모든 짐을 다 짊어지고 사는 사람이라는 생각이 들었다. 저런 사람과 어울리면 나도 같이 찌질해 보일 것 같아 더 이상 그 오빠와 어울리는 일은 없었다. 그 후로도 여러 가지 추억들을 쌓아가며 시간이 지났고 나는 한국에 돌아왔다. 집으로 돌아왔을 때 나는 적잖은 충격을 받을 수밖에 없었다. 내가 없는 동안 단 한 번도 내색하지 않았던 우리 집의 형편을 알아버렸다. 아버지는 친하다고 믿었던 두 친구에게 사기를 당했고 그 여파로 수십억 원의 빚을 지고 사업은 부도가 났다. 오랜만에 보는 딸에게 밥을 해줄 쌀 한 톨조차 없는 지경이었다. 그 상황을 믿고 싶지 않았다. 믿을 수도 없었다. 집에는 날마다 사람들이 찾아오고 집 앞을 서성이는 사람들을 봤다. 초인종 소리에, 전화벨 소리에도 가슴이 두근거리고 두려웠다. 인정하고 싶지 않았지만 눈앞에 펼쳐진 현실이었기에 나는 당장이라도 일자리를 구해야 했다.

그때부터 나는 하루에 서너 가지의 일을 하기 시작했다. 하루가 어떻게 지나가는지도 모르는 채로 매일 쳇바퀴 도는 생활을 해나갔다. 늘 무언가에 쫓기는 마음과 지친 몸으로 잠자리에 들었다. 고작 몇 시간 자는 그 시간도 아까웠을 정도였다. 문득 미국에서 만났던 그 오빠와의 대화가 기억났다. 내가 그 상황이 아니었기에 그리고 나는 그렇게 살지 않을 것이라는 확신에 열등감에 똘똘 뭉친 멍청이라 흉을 봤다. 그런데 나의 매일이 그 오빠처럼 변해가고 있었고 자연스레 사람들과 연락을 끊게 되고 여유 따위는 없는 삶을 살아가고 있었다. 아침에 눈 뜨면 걸려올 독촉 전화와 하루하루 먹고살 문제를 걱정해야 하는 나에게는 더 이상 꿈도 미래도 없었다.

엎친 데 덮친 격으로 극한의 스트레스를 받은 엄마는 뇌졸중이라는 진단을 받게 되고 그로 인한 합병증들이 오기 시작했다. 생활비에 빚까지 갚기도 버거운 상황에 병원비까지 짊어져야 하는 내 상황에 앞이 더 깜깜해졌다. 원하지 않았어도 모든 상황을 만든 사람은 아버지인데 엄마가 편찮으신 것도 싫었다. 그 상황에서 자신의 모든 걸 내려놓고 고속도로에 차를 끌고 뛰어드는 아버지를 볼 때는 미칠 것만 같았다. 한없이 무기력하게 지내는 아버지를 볼 때마다 화가 나고 원망스러웠다. 주변 사람들마저도 등을 돌리고 떠나갈 때는 이제는 죽어 없어져도 괜찮겠다는 생각이 들었다.

일이라고는 해본 적 없던 내가 졸지에 가장이 되었고 돈 버는 기계가 되어 살고 있었다. 한 푼이라도 더 준다는 곳이 있으면 마다하지 않고 달려갔다. 한번은 눈에 띄게 돈을 많이 준다는 곳이 있어 면접을 보러 갔는데 유흥업소였다. 정말 귀가 솔깃할 정도의 돈을 벌게 해주겠다고 했다. 어두컴컴한 장소와 조금만 더 달래면 내가 넘어갈 것 같아 미친 듯이 뛰어나왔다. 지금까지 세상 물정 모르고 큰 내가 한심스러웠고 그 자리까지 다녀왔다는 것에 모욕감까지 들었다. 아픈 엄마를 붙잡고 미친 듯이 울었다. 왜 이 지경이 될 때까지 아무런 조치도 취하지 않았는지 왜 날 이렇게 힘들게 하느냐고. 내가 어디까지 갔다 왔는지 아느냐고 소리 지르며 엄마의 마음을 후벼파고 상처를 줬다. 그렇게 뒤늦게 찾아온 가난을 온몸으로 흠뻑 맞으며 나는 눈만 뜨고 숨만 쉬며 일만 하는 노예가 되어 있었다.

시간이 흘러도 나의 삶은 나아질 기미가 전혀 보이지 않았다. 어느 날 나와 가장 친한 친구와 편의점 앞에서 만나게 되었다. 내 친구도 20살이 되던 해 아버지가 급작스럽게 쓰러져서 그리 좋은 환경은 아니었다. 대학에 입학하자마자 휴학과 복학을 밥 먹듯이 하며 알바를 해서 생계를 책임지고 있었다. 한참을 세상을 욕하고 삶을 비관하는 이야기를 하다 문득 비슷한 처지에 있는 그 친구의 모습은 나와는 다르게 밝은 느낌이었다.

"넌 맨날 돈 걱정에 일만 하는데 안 힘드냐? 거의 10년째 그렇게 힘들게 생활하는데 뭐가 좋다고 그렇게 해맑아?"

"야, 나도 힘들지. 처음에 3년 정도는 정말 왜 사나 싶을 정도로 내 머릿속이 마음속이 지하 땅굴을 파고 들어앉아 있더라. 그런데 가족은커녕 주변 사람들도 내 아픔에는 관심이 없더라고. 계속 땅굴 파다 보면 몸도 마음도 피폐해질 것 같아서 그냥 웃기로 했어. 답답해도 웃고 슬퍼도 웃고 미칠 것 같을 때는 더 웃고. 해탈의 지경에 이르렀다고나 할까. 그러니까 덜 힘들더라. 어차피 벌어진 일에 획기적으로 해결될 방법이 없으면 그냥 즐기는 편이 그나마 속이라도 편해. 언제나 끝날지 모르는 고생길이지만 너도 그냥 즐겨. 우리가 한숨 쉬고 힘들어해도 세상은 안 변해. 웃어. 알았지? 그리고 이거는 내가 주는 선물이야. 진짜 책 사는 거 아까워하는데 읽고 있으면 기적적으로 기분이 좋아지거나 하지는 않지만 마음이 담담해지고 적어도 우울해지지는 않더라고. 언니가 주는 거니까 다 읽고 독후감 써라.”

그때 나에게 친구가 준 책은 론다 번의 『시크릿』이었다. 겉으로 보기에 가녀리고 왜소했던 내 친구의 모습이 그토록 커 보인 적이 없었다. 내가 친구처럼 힘든 환경을 먼저 겪었다면 누군가에게 저런 말을 해줄 수 있는 사람이 될 수 있을까 하는 생각이 들었다. 나는 내 환경을 탓하고 나만 슬프고 힘든 거 알아주지 않는다고 투정만 부렸다고 생각하니 어쩐지 부끄러웠다. 친구의 진심어린 조언은 내게 힘이 되었다. 『시크릿』 또한 한동안 내게 최고의 책이 되어 힘들 때마다 펼쳐보며 희망을 걸었다. 나의 인생은 지독한 가난으로 그깟 우울함으로 하마터면 불행할 뻔했다.

"부정적인 생각보다 긍정적인 생각이 백 배는 강력하다는 것이 과학적으로 입증됐다는 사실을 알아야 한다. 이를 깨닫는 것만으로도 단숨에 걱정이 상당히 줄어들 것이다."

– 론다 번, 『시크릿』 중에서

이러다 정말 죽을 것 같아서 책쓰기를 시작했다

02

책을 쓰면서 누군가에 대한
미움이 사라졌다

그러지 말아야지 하면서도 어쩔 수 없는 것이 사람 마음이라 했던가? 한번 토라지면 그 마음을 돌리는 데 몇십 배의 시간이 필요하다. 토라지는 건 순간인데 말이다. 어떻게 하면 미워하는 마음을 조금이라도 줄일 수 있을까?

고등학교 때부터 지금까지 나와 가장 친한 사이로 남아 있는 친구가 있다. 그 친구와 나는 고등학교 때 학원에서 처음 만나 친구가 되었다. 친구와 나는 학교가 달라 매일 저녁 학원에서만 만날 수 있었다. 학교 친구들보다 학원에서 만난 그 친구와 더 친해질 수 있었던 것은 통하는 부분이 많아서였을 것이다. 우리는 항상 하교 후에 약속을 잡아 떡볶이도

사 먹고 서점도 다니고 자율학습 땡땡이치고 경복궁에 샌드위치 사들고 힐링을 즐기며 많은 시간을 그 친구와 함께했다. 학교에서도 서로 휴대폰 문자를 주고받으며 이야기를 하기도 하고 먼저 끝나는 사람이 서로의 학교 앞에 가서 기다렸다 같이 학원에 가기도 했다.

그렇게 우정을 한껏 쌓아가며 지내던 어느 날부터인가 내가 느끼기에 그 친구가 나를 대하는 태도가 달라지고 함께 만나는 시간이 점점 줄어든다는 생각이 들었다. 학교에서 할 일이 많은가 보다 생각하고 있던 찰나 지나가는 길에 나와 같은 아파트에 살고 있는 친구를 만나게 되었다. 그리고 그 친구가 나에게 말했다.

"유나, 어디 가냐? 요즘 기원이 만나기 힘들지 않냐? 걔 요즘 바쁠 거다. 연애하느라."

"무슨 소리야? 기원이가 연애를 한다니. 난 그런 얘기 못 들었는데? 가끔 만나는 것도 아니고 맨날 학원에서 만나는데 기원이는 나한테 아무 얘기 안 했는데."

"그러냐? 난 아는 줄 알았지. 걔 까치똥이랑 사귀잖아."

"까치똥이 누구야? 우리 학원 애야?"

"응, 성진이 몰라? 나랑 다니는 키 크고 잘생긴 애."

"성진이라면 두 달 전엔가 새로 들어온 애? 근데 걔가 왜 까치똥이야?"

"지하철역에 그렇게 비둘기가 많은데 하필이면 기원이랑 손잡고 걸어

이러다 정말 죽을 것 같아서 책쓰기를 시작했다

가다 까치가 싼 똥을 머리에 맞았대. 그래서 까치똥이야."

"응, 까치똥이 기원이랑 같은 학교 다니잖아."

"걔네 둘이 사귄다고? 언제부터? 나 그런 말 진짜 못 들었는데. 왜 나한테 얘기 안 했지? 얘기하면 누가 잡아먹나?"

"아! 맞다. 기원이가 너한테 아직 얘기하지 말라고 했는데. 오늘 들은 건 그냥 모른 척해주라. 괜히 나만 입 싼 놈 됐네. 난 진짜 기원이가 너한테 벌써 얘기한 줄 알아서 얘기한 건데 아직 몰랐나 보네. 암튼 모른 척해라."

나는 뭔가 뒤통수를 세게 맞은 기분이 들었다. 그날 오후에 학원에서 기원이를 만나 은근히 떠보며 그 이야기를 해주기를 바랐지만 기원이는 단 한마디도 남자친구에 대해 이야기해주지 않았다. 나는 그때부터 그 친구가 조금씩 미워지기 시작했다. 남자친구가 생긴 것에 대한 미움이 아닌 나에게 솔직하지 못하고 왜인지 모르지만 숨겨가며 연애를 하는 것이 못마땅했다. 나도 충분히 축하해줄 수 있고 잘되길 바라줄 수 있는데 그런 행동을 보니 자꾸 섭섭해지고 속상한 마음이 지속되다 보니 나도 모르게 다른 친구들과 함께 그 친구를 왕따를 시키고 있었다.

지금 생각하면 너무나 유치하지만 학원에서 친구들과 쉬는 시간에 기원이만 빼놓고 간식을 사러 가거나 물어보는 질문에 대답을 하지 않고 하원도 같이 하지 않는 유치한 왕따를 시작했다. 마음은 그렇지 않았지만 한 달가량 그렇게 모른 척하는 채로 시간이 지났을까 학원 수업 시간에 몰래 기원이가 쪽지를 건네줬다.

'이따 수업 끝나고 1층에서 잠깐 얘기 좀 할래?'

나는 수업 시간 동안 수없이 고민했다. 1층으로 내려갈지 말지 어떤 이야기를 해야 할지 어색해진 사이만큼이나 딱히 할 말이 없었다. 수업이 끝나고 1층의 학원 건물 뒤편에서 그 친구는 나를 기다리고 있었다.

"유나야, 먼저 내가 성진이랑 사귄다고 말 못 한 건 정말 미안해. 남자친구 사귀어보는 게 처음이다 보니 부끄럽기도 하고 너한테 어떻게 말해야 하나 고민하다 말할 기회를 놓쳤던 것 같아. 사실은 너한테 제일 먼저 말하고 싶었는데 다른 친구한테 성진이랑 같이 손잡고 걸어가다 걸렸거든. 그래서 걔가 먼저 알게 된 거야. 너랑 사이가 이렇게 되고 학원을 끊을까 말까도 엄청 고민했는데 그럼 정말 너랑 더 이상 만나지 못하고 친구가 될 수 없을까 봐 고민하다가 말로는 어떻게 설명할 수 없어서 매일매일 너에게 하고 싶었던 말을 쓰다 보니 한 권의 노트가 만들어지더라. 고3이 이런 거 만들고 있을 때는 아닌데 자율학습 시간에 감독 선생님 눈치 봐가며 나름 내 마음을 담았어. 버리지 말고 읽어줬음 좋겠어. 근데 넌 나랑 정말 끝까지 얘기도 안 하고 헤어질 셈이었어?"

"아, 고마워. 나도 너한테 몇 번이나 이야기해보려고 했는데 그게 잘

안 되더라. 제일 친한 친구라고 생각했는데 다른 친구는 벌써 너에 대해 알고 있는데 나는 너에 대해 모르고 있다고 생각하니 화가 좀 나더라고. 너도 알잖아. 나 소유욕도 강하고 솔직한 거 좋아하는 사람이잖아. 늦었지만 남자친구 생긴 거 축하해. 잘되어가고 있는 거지? 걔가 속상하게 하면 얘기해. 내가 혼내줄게. 그리고 나도 본의 아니게 왕따 시킨 거 진짜 미안하게 생각해. 노트는 집에 가서 잘 읽어볼게."

그렇게 우리는 다시 세상에서 가장 친한 친구가 되었다. 집에 가서 그 친구가 선물로 준 노트를 읽으며 한 달여의 시간 동안 그 친구의 하루를 그려볼 수 있었다. 나를 생각하는 마음이 담겨 있었고 또 나에 대한 원망도 힘듦도 모두 담겨 있었다. 그 친구는 왕따를 당했을 때 나를 미워하기보다 나를 이해하려고 했었다는 것에 많이 미안했다. 지금 생각해보면 그 친구는 그 노트를 쓰며 미움과 분노를 다스렸던 것 같다.

내가 글을 쓰기 시작하면서 생각해보니 나의 친구는 미움을 다스리는 법이 글을 써내려가는 것이라는 걸 미리 알았나 보다. 내가 글을 쓰기 시작하면서 고객과의 트러블이나 사랑하는 사람과의 싸움에서도 마음을 가라앉히고 미워하는 마음을 내려놓을 수 있었기 때문이다. 일을 하다 보면 정말 여러 가지의 형태로 미움을 가지게 하는 사람들이 나타나고 사랑하는 사람과도 별일 아닌 이유로 크게 다투는 때가 있다. 예전에는

2장_책을 쓰면서 누군가에 대한 미움이 사라졌다_김유나

그럴 때면 미움의 마음이 점점 커져 복수심에 하지 않아야 할 말이나 행동을 하여 상처를 주고 마음을 아프게 했다.

사랑하기 때문에 미움이 생기는 것이라 생각했는데 사랑을 받으려는 마음의 조급함 때문에 미움이 생기고 그 미움이 쌓여가는 것이다. 누군가를 자꾸 미워하다 보니 내 발목에 커다란 쇠구슬이 달린 족쇄가 채워지는 것 같았다. 그 큰 족쇄는 나를 앞으로 나가지 못하게 막고 있는 것이다. 미움은 계속 자라고 힘도 세져서 나를 갉아 먹는 해충으로 변해간다. 내가 성인군자처럼 모든 사람을 너그럽게 받아들일 수는 없지만 미워하는 마음을 오래 간직할 필요가 없다는 것을 깨달았다. 미움이라는 감정은 좀벌레와 같아서 내 몸 안에 들어오면 나를 갉아먹어 몸과 마음을 피폐하게 만들 뿐이었다.

내가 작가가 되고 글을 써내려가면서 나는 미워하는 마음이 생길 때 차분히 앉아 커피를 마시며 노트북 앞에 앉는 버릇이 생겼다. 피폐했던 내 몸과 마음이 정리가 되고 그런 상황마저도 나에게는 글을 쓰게 하는 원동력이 된다. 그 미움이라는 족쇄가 나의 이야기의 주제가 되기도 하기 때문이다. 나에게 미움을 준 사람들에게 더 열정적으로 복수하는 방법 또한 글을 써내는 것이다. 내가 백 번 말로 상대방을 욕하고 깔아뭉개기보다는 한 글자, 한 구절, 한 문단이 상대에게 나의 말을 훨씬 잘 어필해줄 수 있기 때문이다.

미움을 글로 순화하니 내 마음이 즐거워지고 더 이상 미움의 대상이 아닌 이해하고 보듬어줘야 하는 상대로 마음에 남아 오히려 더 사랑해주려고 노력하는 내 모습을 발견한다. 이렇게 글을 쓰며 나의 마음이 바뀌니 모든 상황과 관계가 즐겁기만 하다. 어떤 대단한 명상을 하고 기도를 해야만 미움을 버릴 수 있는 것은 아니다. 작은 노트북 화면 앞에 앉아 마주한 상황을 그대로 적어 내려가면 된다. 그 작은 행동 하나에 내 마음 속의 미움이 사라진다.

지금 이 책을 읽고 있는 당신 역시 당신의 마음속에 미움이 가득 차 있다면 책을 쓰라고 권하고 싶다. 엉뚱한 곳에서 미움을 달래려 하지만 자신이 가지고 있는 미움을 진정으로 달래줄 곳은 어디에도 없다. 사람들에게 내 마음을 털어놓아도 내가 듣고 싶은 답이 나오지 않으면 실망만하게 된다. 미움의 시작이 어디서부터인지 어떻게 미움을 내려놓을 수 있을지는 오로지 자기 자신만이 알고 있고 해결할 수 있기 때문이다.

03

분노를 떨쳐버리는 데는
글쓰기가 제격이다

'아, 진짜!!! 오늘따라 되는 일이 하나도 없네. 내가 이따위 꼴 보자고 일하나. 확 때려칠까!! 나갈 돈만 없었어도 내가 진작에 그만뒀다. 아우! 성질나!! 술이나 마시러 가야겠다.'

어느 날 아침부터 저녁까지 좋지 않은 소식들이 내 귀에 박힌다. 정말 어렵게 성공했던 고액 계약인데 상황이 좋지 않아 계약을 해지했다는 통보를 받았다. 머릿속이 여간 복잡한 게 아니다. 고객과 통화를 시도하지만 전화를 받지 않는다. 한참 후에 문자로 미안하다고 상황이 좋지 않다며 나중에 잘되면 다시 가입해주겠단다. 정말 말도 안 되는 일을 되게 만든 노력이 모두 헛수고가 됐다. 일만 열심히 한 쪼다가 된 기분이다. 조심스레 내가 뱉어내야 할 환수금을 대략 계산해본다. 계산이 나오자마자 갑자기 머리가 어지럽고 속이 메스껍다. 화가 나고 분노가 치밀어 오른다. 이 환수금을 메꾸려면 토 나오게 일해야 된다는 생각이 든다.

가방에 서류를 주섬주섬 챙기고 처음 상담하는 고객을 만나러 간다. 환수에 대한 생각으로 머릿속이 가득 차 있어 길을 잘못 들었다. 10분만 가면 목적지 도달하는 데 40분이 더 걸렸다. 혼자 차 안에서 분노에 차올라 욕도 해보고 소리도 질러본다. 그리고 다시 돈에 얽매이지 않고 고객에게 최선을 다하자고 착한 마음을 먹는다. 조울증에 걸린 사람처럼 좋았다 나빴다 하는 감정의 널뛰기를 하며 도착했다. 별로 사람이 살 것 같지 않은 시골 동네 막다른 골목 제일 끝 가정집이 보인다. 나는 집에서 하는 상담을 좋아하지 않는다. 집에서 상담을 할 때 고객들은 나의 이야기에 집중할 수 있는 환경이 되지 않기 때문이다.

고객님 집 현관 앞에서 초인종을 찾을 수가 없다. 우렁차게 계십니까를 연달아 외치니 안쪽에서 들어오라고 한다. 조심스레 현관에서 신발을 벗으려는 순간 중년의 남성분이 팬티 바람으로 나온다. 이 상황이 너무나 당황스럽고 뛰쳐나가고 싶지만 아무렇지 않은 척 이야기한다.

"안녕하세요, 고객님. 재무 컨설턴트 김유나입니다. 오늘 약속 잊지 않으셨죠? 제가 들어가야 하는데 옷은 좀 입어주시겠어요?"

'영업하면서 별의 별 미친 사람들이 많다는 이야기를 들었는데 여기도 있구나. 내가 여자라는 것을 뻔히 목소리 듣고 알았을 텐데 저런 차림으

89

2장_책을 쓰면서 누군가에 대한 미움이 사라졌다_김유나

로 나올 생각을 하지? 그냥 도망갈까? 아니야. 별일이나 있겠어? 사모님도 같이 상담한다고 했으니 괜찮을 거야. 환수금 갚으려면 열심히 하자!'

기다리는 동안 이런저런 생각을 하다 보니 갑자기 두렵기도 하고 무섭기도 하고 별별 생각이 다 들었다. 중년의 고객님이 옷을 주섬주섬 입고 나오신다. 그런데 어디에도 사모님은 안 계신다. 급한 일이 있어 외출하셨다고 하며 이야기해보라고 한다. 늘 하던 대로 상담을 시작하는데 갑자기 고객님이 음료라도 갖다 주겠다며 일어서신다. 별로 마실 게 없다고 콜라를 한잔 건네주고 자신은 막걸리를 계속 들이킨다. 나는 속으로 고객이 설명을 듣든 말든 빨리 끝내고 나가야겠다고 다짐한다. 그런데 갑자기 고객이 질문을 한다.

"어이, 아가씨. 대체 무슨 생각으로 여기 들어왔어요? 나 아까 빤쓰 차림인 거 봤잖아요? 그런데 겁도 없이 들어올 생각을 했어요?"

"아, 그러게요. 저는 고객님께 좋은 내용을 알려드리고 싶었고 이미 약속된 상담이라서요. 그리고 제가 겁이 좀 없죠?"

웃으면서 대답은 했지만 이런 상황에서 박차고 나가지도 못하는 내가 참으로 싫었다. 고객님은 점점 취기가 오르는 것 같았다.

"내가 아무리 나이가 많이 들었어도 남잔데, 내가 맘먹고 아가씨한테 어떻게 좀 해볼라고 하면 어쩌려고 그래요? 요즘 세상이 얼마나 무서운데. 아까 오전에 요구르트 아줌마는 냅다 도망가던데. 안 무서워요? 여기는 동네에 어르신들만 살아서 무슨 일이 일어나도 몰라요. 내가 뭘 하겠다는 건 아니고. 아가씨가 너무 당돌해서 궁금했어요."

"네, 고객님이 그러실 분이 아니라는 것을 알기 때문에 들어왔어요. 오늘 제가 설명한 내용은 기억하시죠? 사모님께 전달 잘해주시고 혹시나 기억이 안 나는 부분이 있으면 저한테 연락주시고 사모님과 상의하셔서 다음 상담 일자 알려주세요. 시간이 좀 더 있다면 상세하게 설명해드릴텐데 제가 이후에 또 상담이 잡혀 있어서 오늘은 이만 가보겠습니다. 연락 부탁드립니다."

원래대로는 이야기할 것이 참 많았지만 서둘러 마무리하고 얼른 자리를 뜨려는데 또 말을 시킨다.

"왜 내가 준 콜라 안 마셔요? 다른 거 줄까요? 준 사람 성의도 있는데 얼른 다 마셔요."

가끔 뉴스 같은데 보면 남이 주는 음료는 함부로 마시지 말라는 기사를 본 적이 있었다. 그래서 놔두고 있었는데 고객은 계속 마시길 권유하고 쳐다보길래 컵을 들고 현관까지 갔다. 신발을 신고 콜라를 원샷하고 인사를 하고 후다닥 뛰어나왔다. 혹시나 내가 쓰러져도 집 밖에서 쓰러지려고 말이다. 다행이 콜라에는 별 이상이 없었고 나는 일단 차를 끌고 그 주변을 벗어났다. 아침부터 상했던 기분이 그 고객을 만난 이후로 한층 더 나빠졌다. 상황을 해결할 방법이 없음에 그리고 고객 앞에서 끝까지 착한 척한 내 모습이 떠오르며 분노로 변하기 시작했다. 나는 그날 친

91

2장_책을 쓰면서 누군가에 대한 미움이 사라졌다_김유나

구와 함께 술을 진탕 먹고 뻗은 것으로 분노의 하루를 마감했다.

　무슨 이유로든 분노에 휩싸이면 사람들은 억압적인 태도를 취할 수밖에 없게 된다. 험한 말과 과도한 행동을 하기도 하고 심하게는 폭력이나 살인, 방화 같은 극단적인 사건을 저지르게도 만든다. 이러한 분노는 질투, 두려움, 원한, 잔소리, 크고 작은 시비 등 여러 가지 원인에서 시작되고 대부분은 부정적인 결과를 낳고 끝난다. 그렇다고 해서 억지로 화를 참는 것도 좋은 대처는 아니다. 마음속에 꾹꾹 눌러 담은 화는 스트레스가 되어 여러 신체 증상으로 나타나기도 하고, 정서적으로는 우울감이나 불안감 등으로 표현되기도 한다.

　사회생활을 하다 보면 분노가 쌓이고 감정을 주체할 수 없는 경우가 빈번하게 나타난다. 나 역시 그런 분노를 자주 경험하고 그럴 때마다 나는 거의 대부분을 술로 해결했다. 그런데 분노를 술로 달래다 보면 감정이 더 격해져 꼭 후회하는 일을 만들곤 했다. 분노를 다스리는 방법에 대한 책도 읽어보고 운동을 해보기도 했지만 마음을 다스리는 일은 쉽지 않았다. 하지만 결국에 나는 분노를 다스리는 방법을 찾고야 말았다.

　그것은 바로 글을 쓰는 것이다. 글을 쓸 때는 뭔가 대단한 준비가 필요하지도 않다. 그저 노트북이나 무선 키보드만 있다면 내가 있는 그곳이 글을 쓰는 작업실이 된다. 예전에는 수다나 떨며 커피를 마시러 가던 커피숍도, 차가 막혀 짜증이 나는 잠깐의 시간도, 화장실에 앉아 있는 그

공간마저도 나의 작업실이 된다.

　어떤 사람들은 말한다. 글을 쓰면 머리 쥐어 짜내느라 더 스트레스 받아서 화가 나지 않느냐고 한다. 절대로 그렇지 않다. 처음 내가 〈한책협〉에 책쓰기 과정에 등록했을 때까지만 해도 나는 책을 쓴 나를 홍보하기 위한 수단이라 생각했다. 글을 쓴다는 것이 나의 마음을 알아주고 보듬어줄 거라는 생각은 조금도 하지 않았다. 뜻밖에도 나의 오늘 하루의 일상을 글로 쓰고 내 경험을 끄적이니 책이 만들어졌다. 책이 출간되고 나의 영역에서 몸값이 올라가고 나 스스로의 가치가 업그레이드되었음을 느낀다. 글을 쓰는 동안은 스트레스보다는 나를 돌아보는 시간이 되었고 반성하는 시간이 되기도 했다. 〈한책협〉의 김도사님이 단순히 글쓰기만 가르쳐주시는 것이 아니라 내가 글을 쓰기 위해 갖춰야 할 마음가짐과 의식까지 성장하게 만들어주신 덕분에 더더욱 글쓰기가 나의 분노를 떨쳐버리는 데 큰 힘이 된 것이기도 하다.

　글을 쓴다는 것이 나에게 얼마나 큰 변화를 가져올지 글쓰기의 힘이 얼마나 위대한지 그때는 생각하지 못했다. 모든 상황들을 글로 하나씩 풀어나가다 보면 분노에 쌓여 있던 검은 감정들이 조금씩 누그러진다. 마음이 누그러지니 짜증 섞인 말투가 사라지고 칼날처럼 곤두섰던 감정이 씻겨 내려간다. 또한 내가 한 행동이나 상황에 대해 미처 생각하지 못했던 부분들의 대응 방안이나 해결책을 글을 쓰다 찾게 된다. 비슷한 상황이 생기면 그것을 잘 헤쳐나갈 수 있는 좋은 답안이 되기도 한다.

글을 쓰고 난 뒤로 내가 분노의 감정이 조절되고 화가 줄어들다 보니 소중한 내 아이에게도 내가 사랑하는 사람에게도 웃으며 대할 수 있다. 또 고객을 상대하는 나의 자세가 편안해지고 상담 스킬마저도 좋아졌다. 지속적으로 생각을 하고 좋은 단어나 문장을 찾아다니다 보니 대화의 기술까지 향상되었다. 나는 요즘 분노를 참아내지 못하거나 혹은 참기만 하고 제대로 표현할 줄 모르는 지인들에게 글을 쓸 것을 강력하게 어필하고 다닌다.

내가 경험해봤고 느껴봤기에 제대로 말할 수 있다. 글쓰기보다 더 좋은 분노조절장애 약은 세상에 없다.

04

책을 쓰면서 마음속 복잡한 계산을
내려놓는 법을 배웠다

마음속 복잡한 계산과 집착을 내려놓는 것은 절대 쉽지 않다. 경쟁에 쫓기고 시간에 쫓기고 나 하나 살기도 벅차다. 내 안의 갈등과 짜증은 마음속을 복잡하게 만들고 부조리와 폭력을 만들어 동정 없는 세상을 만들어버린다. 그럴수록 인생은 더 괴롭고 힘든 시간을 돌고 돈다. 내 삶인데 뜻대로 되지도 않고 마음이 복잡하고 하나부터 열까지 계산하게 된다. 마음이 싱숭생숭하고 안절부절못하고 일도 손에 잡히지 않는다.

살아오면서 수많은 위기와 고통을 접하면서 살아가고 있다. 재정적으로나 시간적으로 넉넉했다면 근사한 여행이라도 떠나 도피라도 하고 싶지만 현실적으로는 불가능하다. 흐트러지는 마음으로 모든 일에 집중하

95

기도 쉽지 않다. 생각은 계속 꼬리에 꼬리를 물고 결론도 나지 않고 처음 제자리로만 돌아가려 한다. 세상을 있는 그대로 보는 것도 사람을 생긴 그대로 사랑하는 것도 너무나 어려워졌다. 나의 생각과 다르게 펼쳐지는 사건들이 생길 때마다 마음이 더 복잡해진다.

작년 말 오래전 알게 된 지인의 카카오톡 프로필을 보게 됐다. 나와 다르게 럭셔리한 삶을 살고 있는 모습을 보게 되었다. 잘살고 있는 모습이 보기 좋아 안부 인사를 전했다. 얼마 후 얼굴 한번 보자는 연락으로 답장이 왔다. 우리는 분위기 좋은 카페에서 만나기로 약속을 하고 들뜬 마음으로 약속 장소로 향했다. 만나자마자 너무나 반가워 서로 인사를 하고 신나게 이야기꽃을 피우기 시작했다. 예전에는 나처럼 보험 영업을 하던 사람이었는데 직업을 전향하고 돈을 많이 벌었다고 했다.

"이제 보험은 한물갔잖아요. 나랑도 안 맞는 것 같고 그래서 보험 하다가 대학교 때부터 친했던 선배랑 사업도 했었어요. 한 1년 했는데 망해서 엄청 힘들었죠. 그 선배도 저도 거의 벼랑 끝까지 갔었어요."

"그래도 잘 해결됐나 보네. 지금 잘살고 있으면 됐지 뭐."

"그 선배가 그래도 사업에 대한 머리가 있어서 진짜 마지막이다 믿고 사업을 시작했는데 그게 지금 대박이 나서 이제는 회장님이 되고 저는 본부장이 된 거죠."

"무슨 일을 하는데 돈을 그렇게 많이 벌어?"

"쉽게 말하면 경영 컨설팅인데 언니도 궁금하면 우리 회사 설명회 한 번 놀러와요."

나는 궁금했다. 나도 돈은 적지 않게 벌고 있는데 인생이 바뀔 정도로 돈을 번 사람들은 대체 어떻게 돈을 버는지 말이다. 그래서 나는 그 회사의 설명회를 가보기로 했다. 아주 멋진 장소에서 회사 설명회를 하고 근사한 점심까지 대접한다고 했다. 주변에서는 괜히 그런데 가서 마음 들뜨고 사기일지도 모르니 조심하라고 신신당부를 했다. 설명회에 도착하니 많은 사람들이 모여 있었다. 설명회가 시작되고 회장이라는 사람이 13번의 사업 실패 이후 사업이 성공에 이르게 된 이유부터 투자가 곧 성공할 수 있는 발판이 되어 돈을 많이 벌 수 있다는 내용의 5시간에 걸친 긴 강의를 했다. 나는 귀가 솔깃해지고 나도 편하게 돈을 많이 벌고 싶다는 생각이 번쩍 들었다. 강의가 끝나고 본부장과 함께 점심을 먹으러 자리를 옮겼다.

"언니, 설명회 어땠어요? 제가 한 달에 들어오는 수익이 4천만 원씩 들어와요. 제가 어디 가서 이렇게 벌어보겠어요. 회장님이 열심히 일하는 것도 좋지만 많이 벌어서 인생을 즐기면서 살아야 된다는 마인드가 있어서 그런지 매년 해외여행 분기별로 직원들하고 같이 다녀요. 진짜 럭셔리 패키지로 다니고 그래요. 언니도 이제 좀 즐기면서 살아야죠. 돈만 모으는 게 전부가 아니라 잘 벌고 마음껏 쓰고 그럼 좋잖아요."

"그럼 너무 좋지. 그런데 나는 투자 같은 거 생각도 안 해봤어. 10년 전에 100만 원으로 아는 사람이 사라고 해서 사봤던 주식 투자가 전부야. 내가 투자라고 하면 치를 떨잖아. 아빠가 친구 믿고 투자했다가 쫄딱 망해서 투자는 생각도 안 했거든. 그래서 솔깃하기도 한데 무섭기도 해."

"언니, 강요는 아니에요. 저도 진짜 힘들었는데 이제 좀 편하게 살고 있으니 이런 얘기도 하죠. 고민해볼 만한 가치는 있는 투자니까 들어보라고 한 거예요. 오늘은 나랑 밥 맛있게 먹고 커피 한잔하면서 수익 구조랑 우리 회사가 하는 일 정확하게 얘기해줄게요."

그때 나는 정신 똑바로 차리고 투자를 하지 말아야 했다. 바보 같고 멍청한 짓을 저지른 것이다. 그동안 빚 갚고 열심히 모은 돈을 몽땅 투자했다. 그때까지는 커다란 꿈에 부풀어 있었다. 매달 꼬박꼬박 이자 받아서 나도 즐기면서 살고 내 딸래미에게도 좋은 거 해주고 차도 사고 일도 좀 편하게 하고 싶었다. 투자를 하고 초반 몇 달은 삶의 질이 달라질 정도로 꼬박꼬박 이자가 들어왔고 물욕의 풍요로움도 느껴가며 나도 이제 부자가 될 수 있는 방법을 찾았다고 외쳤다.

그러다 올해 중순부터 갑자기 이자가 들어오지 않더니 투자한 그 회사의 계좌가 묶이고 경찰의 압수수색이 들어갔다는 연락을 받았다. 본부장을 맡은 동생은 절대 큰일이 아니라고 경찰 조사가 끝나면 원금과 이자를 모두 지급한다고 했다. 통장은 텅 비어버렸고 이자를 받지 못하면서 생활의 재정이 금가기 시작했다. 겨우겨우 갚았는데 또다시 빚이 생기기 시작했다. 누구를 탓할 수도 없었고 내가 만든 이 선택의 끔찍함에 치를 떨었다.

그렇게 멘탈이 흔들리기 시작할 때 나는 〈한책협〉을 알게 되었고 친구 카드를 빌려 등록했다. 내가 투자를 하지 않았더라면 친구에게 돈을 빌릴 일도 없었을 것이고 모았던 돈으로 수강할 수 있었을 텐데 여러 명에게 피해를 주게 된 그 상황이 너무 싫었다. 곧 해결될 거라던 그 회사의 수사는 지금 검찰에까지 넘어가고 이자는 고사하고 원금을 돌려받을 시간마저 더 멀어졌다. 다시금 나는 빚이 생기기 시작했다. 이자만 믿고 6개월 후의 원금 보장을 확신하며 그 동안 참아왔던 물욕이 폭발해 흥청망청 써댔던 결과가 너무 비참했다. 빚에 그렇게 치였는데 또다시 나는 빚의 구렁텅이로 빠졌다.

지금도 나는 카드가 연체되어 내 업무가 끝나고 야간에 알바를 해서 조금씩 카드빚을 갚고 있다. 세상을 살면서 일확천금은 절대 없는 거라는 것을 진짜 제대로 깨달았다. 노력 없이 돈을 번다는 것은 절대로 있을 수 없는 일이라는 걸 말이다. 그러나 내가 주저앉지 않을 수 있었던 것은 〈한책협〉의 김도사님의 글쓰기 가르침뿐 아니라 인생을 향한 가르침이 매우 큰 도움이 되었기 때문이다. 계속적으로 김도사님의 유튜브를 보며 글을 쓸 수 있는 환경을 만들고 나의 정신 상태를 바로 세우기 위해 몰두했다. 내가 첫 책을 쓸 때도 나는 마음이 매우 복잡했고 이 책을 내서 빨리 영업에 도움이 되기를 바라는 마음이었다.

하루 종일 머릿속에 빚을 갚아야 한다는 생각, 내가 빚을 갚지 않았을 때 일어날 일, 투자한 회사에 대한 원망과 또 미친 듯이 돈을 벌어야 한다는 여유 없는 삶에 대해서만 생각하며 내 스스로 내 안에 지속적인 고통의 프레임을 씌웠다. 나와 같은 상황을 맞이하면 머릿속이 복잡해지고 무엇을 하든 계산적이 되어버리고 하는 일마다 집중이 되지 않아 삶이 피폐해지고 일을 그르치는 경우도 많을 것이다.

하지만 나는 글을 쓰면서부터 마음속의 복잡함을 내려놓을 수 있었다. 글을 쓰며 나를 하나씩 풀어놓을 때마다 나의 마음이 한결 가벼워졌다. 왜 나만 이런 힘든 상황의 연속인지 불평하며 원망만 하며 보내왔던 과거와 달리 지금은 글을 쓰면서 나를 달래고 나를 어루만져준다. 무거운 생각과 마음을 내려놓고 아무리 생각해도 결론 나지 않은 계산 따위는 잊어버릴 수 있게 해준다. 복잡하고 계산적인 생각만으로 나의 의식을 밑바닥으로 끌어내리고 문제의 본질과 상관없이 나는 늘 실패한 인생이라고 생각하며 살아왔다면 지금은 과거의 실패와 경험이 글을 쓰는 재료가 된다. 안절부절못하는 내가 아니라 삶의 방향을 만들어가고 빚이라는 고통을 짐이 아닌 또 한 번 내가 힘차게 박차고 뛰어야 할 시간이라고 생각할 수 있게 만들어주는 것이 글쓰기이며 지금 약간은 힘겨운 내 삶에 활력소가 된다.

나는 내 나이의 인생을 산 사람치고 꽤나 파란만장하게 삶을 살고 있다. 놀이동산의 롤러코스터보다 더 변화무쌍한 굴곡을 버텨내고 있는 것 같다. 긴 터널에도 끝은 있다고 한다. 길고 어두운 터널을 눈이 침침해질 때까지 달리고 나면 환한 세상을 볼 수 있다. 어두운 터널을 끝까지 달려 완주한 사람은 성공의 빛이 더 크게 오랫동안 빛날 거라고 한다.

내 주변의 사람들이 내게 말한다. 지금 빚 갚기도 모자란 상황에서 또 빚을 내어 글쓰기를 배운다는 게 상식적으로 이해가 되는 행동이냐고. 뭐 그런 걸 그렇게 돈을 내고 배우냐고. 아직도 정신 못 차렸다고 한다. 하지만 나는 당당하게 이야기할 수 있다. 지금 하는 투자는 곧 내게 큰 성공으로 반짝반짝 빛나게 돌아올 것이라고. 글쓰기를 배우며 새로운 나로 성장해가고 있기 때문에.

05

타인에 대한 열등감이 사라지자
이루고 싶은 꿈이 생겼다

    열등감이란 도대체 무엇일까? 타인과 자신을 비교하여 내가 남보다 부족하다며 자신의 열등함을 인지했을 때 생기는 감정이라고 한다. 열등감은 발전의 동기가 되기도 하지만 몰락의 도화선이 되기도 하고 열등감이 심하면 타인보다 자신의 모든 면이 극복할 수 없을 정도로 떨어진다고 생각해서 열등감 콤플렉스가 될 수 있다고 한다. 열등감이라는 용어를 만든 심리학자 알프레드 아들러는 올바른 열등감과 보상을 통해 인격을 만들어나가는 것이 중요하다고 했다.

    보통 내성적이거나 자존심이 낮은 사람들이 열등감을 많이 가진다고 생각하기 쉽지만 의외로 외향적이고 호전적이며 높은 자부심의 소유자가 높은 열등감을 가지는 경우도 많다고 한다. 어떤 인간이든지 살면서 열등감을 한 번도 느끼지 않는다는 것은 불가능한 일이다. 아무리 능력이 출중한 사람이라고 해도 자신보다 더 많은 부, 명예, 권력 등을 가진 사람이 있다는 인식을 하면 상대에 대해 열등감을 느끼기 마련이다. 열등감을 해소하기 위한 노력을 하여 그 사람을 능가하려고 안간힘을 쓴다. 그래서 성공한 사람들 중에는 젊은 시절에 자신보다 더 나은 사람들에 대한 열등감을 품고 살았던 이들이 많다. 또한 어린 시절에 부모에게서 인정받지 못하는 환경에서 자란 사람들에게 뒤늦은 의존 욕구와 열등감이 생기게 마련이다.

열등감에 젖어 있는 자신의 모습을 본 적이 있는가? 바보 같은 콤플렉스에 갇혀 나의 시간을 얼마나 허비했는지 모른다. 내가 어릴 적 나의 아버지는 내게는 신과 같은 존재였고 커다란 버팀목이었고 큰 산이었다. 항상 아버지에게 잘하는 모습을 보여줘야 한다는 깊은 강박관념이 있었다. 항상 친절하고 다정한 아버지였지만 나는 한 번도 아버지에게 칭찬을 받아본 적이 없었다. 나는 어린 시절에는 항상 아버지의 칭찬을 갈구하며 자랐다. 우리 집의 최고 권력자인 아버지에게 인정을 받고 칭찬을 듣는 것이 나를 멋진 사람으로 만드는 방법이라고 생각했다.

내가 칭찬받고 인정받고자 하는 행동 하나하나에도 아버지는 학생으로서 당연한 행동을 한 것이라 말해줄 뿐이었다. 무척이나 섭섭했지만 내가 더 완벽하게 잘해내야겠다는 생각만 했다. 피아노 대회에서 1등으로 상을 타도, 수학경시대회에서 금상을 받아도, 영어 말하기 대회에서 상을 탔을 때도 학생이기에 당연히 받아야 될 결과라고 말씀하셨다. 내가 처음으로 영어 말하기 대회에 나가기 위해 밤새도록 녹음을 하고 예선에서 떨어졌을 때 나의 아버지는 위로는커녕 세상에는 나보다 더 잘하는 사람이 많다는 것을 기억하고 더 열심히 하라고 했다. 예선에서 탈락한 것보다 아버지의 말씀에 더 마음이 아팠다.

고등학교 때 나의 진로에 대해서 진지하게 생각했을 때의 일이다. 우연히 TV를 보다가 외교관에 대한 직업을 알게 됐고 정말 멋진 직업이라는 생각에 나는 외교관이 되기로 결심했다. 그렇게 마음먹자마자 외교관이 될 수 있는 방법을 찾고 어떻게 공부해야 할지 고민했다. 학교 선생님들에게 질문도 해보고 정치외교학과에 다니는 대학생 언니 오빠들을 만나 조언도 구했다. 양재동에 있는 외교센터를 구경하기도 하고 내 나름대로 공부에 대한 계획을 짜놓기도 했다. 공부에 대해 크게 관심이 없었던 나는 외교관이라는 꿈을 세우고 학업에 매진할 계획도 만들어가며 공부를 했다.

어느 주말 아침 바쁜 아버지와 오랜만에 아침 식사를 같이 하며 이야기를 했다.

"요즘 학교생활은 재밌고? 공부는 잘되니? 뭐가 되고 싶어? 꿈이 있어? 가고 싶은 대학교는 있니?"

아버지의 끝없는 질문에 정신이 혼미했지만 지금까지 내가 만들어놓은 계획을 이야기했다.

"아빠, 내가 우연히 TV 보다가 외교관이라는 직업이 매력적이더라구. 그래서 내가 조금 알아봤는데 Y대 정치외교학과에 들어가면 도움이 많이 될 거라고 하더라고. 그래서 나도 열심히 한번 해보려고."

"Y대 정치외교학과? 거기는 아무나 가는 줄 아니? 너처럼 공부해서는 택도 없어. 애들이 거기 들어가려고 얼마나 이를 악물고 하는데."

아버지의 한마디에 나는 더 이상 아버지와 대화를 이어나갈 수 없었다. 언제나 칭찬을 해주시는 분은 아니었지만 그래도 딸이 가진 꿈을 응원은 해주실 줄 알았다. 처음으로 진지하게 가져본 내 꿈을 그렇게 산산조각 내는 모습에 많이 서운했고 자신감마저도 사라졌다. 그때부터 더욱 나는 내가 잘하는 것이 없다고 생각했다. 나의 열등감을 더 심하게 만드는 이유 중에는 항상 비교가 있었기 때문이다. 누가 나에게 칭찬을 하면 의심이 들었고 나보다 하나라도 잘하는 사람을 봐도 잘했다는 말 한마디를 할 수 없었다. 타인을 칭찬하는 그 한마디에 내가 지는 것 같은 질투가 활활 타올랐기 때문이다.

내가 좋아하지 않는 사람, 나보다 멋진 것을 가지고 있는 사람, 나보다 더 많이 사랑받는 사람들이 싫었다. 그래서 뒤에서 그 사람들을 흉보고 욕하는 것을 즐겼다. 그 사람들을 욕하면서 내가 조금 더 우월한 사람이라고 착각의 늪에 빠져 살았다. 마음의 병을 끌어안고 고단한 인생을 즐겁다고 살아온 것이다.

이런 어린 시절을 가졌던 내가 나와 타인에 대한 열등감을 스스로 치유한다는 것은 꽤 어려운 일이었다. 늘 부정적인 생각 때문에 나는 실수나 다른 사람과 비교 당하지 않기 위해서 소극적으로 행동할 수밖에 없었다. 다른 사람의 소신 있는 발언이나 행동에 같이 묻어갈 뿐 나의 소신을 말한 적은 없다. 그런 행동이 자꾸 쌓일수록 열등감이 더 커지는 악순환을 반복할 수밖에 없었다. 나의 마음속에 자리 잡아 끈질기게 나를 괴롭히는 열등감은 지속적으로 나를 괴롭히는 악한 감정으로 내 머리와 가슴에 온통 색칠되어 있었다. 이렇게 깊숙이 자리 잡아온 열등감을 떨쳐낸 게 불과 4개월도 채 되지 않았다.

그렇다. 남들이 뭐라고 하든 상관하지 말고 나만이 가질 수 있는 고유한 빛깔을 찾고 확언으로 내 목소리를 내면 내 주변의 사람들이 "될성부른 나무는 떡잎부터 알아본다는데 너는 안 되는 놈이야."라고 말하더라도 나 스스로에게 자신감이 생길 수 있다. 나 자신에게 분명히 내가 이루고자 하는 꿈이 있고 그 꿈을 이뤄야 하는 이유가 있기 때문이다. 과거에 나는 칭찬에 목말라 있었고 비교 당하는 삶이 지속되다 보니 열등감이 병이라 생각하지 않고 못난 내 성격이 문제라고 생각했다.

하지만 이제는 나의 의식이 가치가 있어졌고 그것을 깨닫게 해주신 나만의 멘토이자 스승님이신 김도사님을 만나 나도 특별할 수 있는 사람이라 생각하며 자신감을 되찾을 수 있었다. 김도사님의 뼈 때리는 독설에 마음이 아프기도 했지만 나같이 못난 열등감을 가진 닳고 닳은 어른에게도 가장 멋지고 풍성한 칭찬으로 나의 부정적이고 가난한 마음의 의식을 성장시켜주신 유일무이한 분이시다. 칭찬은 고래도 춤추게 한다는 말이 있듯이 칭찬은 열등감을 치유하는 가장 좋은 방법이라 생각한다.

불과 4개월에 열등감을 극복했다고 하면 아무도 믿지 않을 것이다. 지금도 열등감을 극복해나가는 과정에 있기는 하지만 과거에 칭찬을 갈구하며 타인과의 비교로 얼룩져 지냈던 시절의 나는 보이지 않는다. 글을 써가면서도 진짜 내가 해낼 수 있을까 의심이 들기도 했고 완성할 거라고는 기대도 하지 않았는데 나의 책이 출간되었고 대형 서점에 꼿꼿이 세워져 있는 나의 책을 보니 가슴이 벅차올랐다. 나 스스로 나를 보는 시선이 달라졌고 나를 향하는 사람들의 대우도 달라졌다. 내가 열등감을 잠시 내려놓고 칭찬을 등에 업으면 뭐든지 해낼 수 있는 사람이라는 강한 자신감이 생겼다. 지금까지는 꿈을 이루어내는 방법을 몰라 헤매었고 제대로 된 방향을 잡아주는 등대가 없어 이리저리 휘둘렸다.

　책을 쓰고 나서 나에게는 자신감도 생겼고 타인과의 비교에서도 벗어날 수 있었다. 비교할 타인보다 내가 더 멋진 사람이라는 것을 깨달았다. 글을 씀으로 인해 나를 알았고 마음의 병을 고쳤고 내면의 소리를 깊이 들을 수 있는 마음가짐을 장착했다. 이제는 이루고 싶은 꿈이 생겼다. 그동안은 입으로만 떠벌리며 꾸었던 꿈이지만 이제는 진짜 이룰 수 있고 해낼 수 있는 꿈을 말이다.

06

그 어떤 순간에서만큼은
내 편이 되어줄 것

나는 단 한 번도 내가 나 자신에게 내 편이 되어줄 것을 권한 적이 없다. "가재는 게 편"이라는 말이 진짜로 맞는 말이라면 가장 든든한 내 편은 다른 어느 누군가가 아니라 바로 나 자신이어야 할 것이다. 누구도 나와 비슷한 사람은 없을 것이기 때문이다. 내가 나를 편든다는 게 쉬운 일이 아니다. 나를 제일 잘 아는 사람은 나 자신이기 때문에 나에게만큼은 가장 가혹한 심판자가 된다. 다른 사람의 이야기였다면 '야, 그래도 너는 뭐라도 했으니 됐다고 털어버려.'라고 얘기할 부분에서조차 나 자신에게는 '너는 핑계를 대고 아무 것도 안 하지 않았냐'고 호통을 치고 나를 괴롭힌다. 그런 이야기를 듣고 있는 나의 마음은 또 한없이 쪼그라든다. 다른 사람들이 하는 말은 나를 잘 몰라서 하는 말이라고 생각 없이 넘길 수 있다. 하지만 내가 하는 내 얘기 앞에서는 도저히 도망칠 방법이 없다.

그러나 반대로 멍청한 실수나 잘못을 했을 때에는 나는 내 편에 섰던 것 같다. '이 멍청아, 왜 그랬어, 네가 사람이냐.' 그렇게 한참을 다그치면서도 '그래, 어쩔 수 없던 상황이었던 것뿐이야. 내가 그러고 싶어서 그랬던 것도 아니잖아. 사람이 살다 보면 실수할 수도 있지.' 그렇게 내 스스로를 다독이며 내 편에 선다. 나에 대해서 나는 가장 편파적인 심판관이 된다. 오프라 윈프리는 "내 편에 서주는 사람이 없어 보이는 때도 있지만, 언제나 내 옆에서 묵묵히 나를 지켜주는 영원한 내 편이 하나 있는데 그것은 바로 나 자신이다."라고 말했다. 나 자신은 나를 배신할 일도 없고 언제나 나에게 무한 신뢰를 주지만 정작 그런 나 자신에 대해 인지하지 못하기 때문이라고 했다.

나는 40여 년이 넘는 인생을 살면서 파란만장하고 롤러코스터 같은 인생이었지만 그래도 참 다행이라고 생각하며 살 수 있는 것은 나와 가깝게 지내는 사람들은 적어도 내 편이라는 것이다. 물론 나쁜 마음으로 나에게 다가왔던 사람들도 많지만 지금까지 내게 남아 있는 몇 안 되는 소중한 사람들은 언제나 나의 편이다. 누군가 무조건 내 편이 되어준다는 것은 정말로 대단한 삶의 가치다. 그래서 그 사람들에게 항상 감사한 마음을 가지며 살고 있다. 그런데 더 대단한 일은 나 자신이 내 편이 되는 것이다. 하지만 정작 나는 항상 나 자신에게 편이 되어주지 못했다. 힘이 들었던 시기에는 내가 못나서 상황을 이렇게 힘들게 이끌어나가는 거라 생각했고 조금이나마 행복했던 시기에는 주변에 좋은 사람들이 있기 때문이라고 생각하며 살았다.

자존감이 낮은 사람일수록 자신을 제대로 보지 못하고 모든 것을 왜곡하기 때문에 스스로의 편을 들 수가 없다. 카를 융은 우리 인간은 끔찍할 정도로 완고한 보수주의자이기에 "웬만해서는 변화하려 하지 않는다"고 말했다. 변화는 누군가의 명령이나 지시에 의해서가 아니라 스스로 절박함을 느끼고 어려움을 알아차려야 비로소 가능해진다고 했다. 그래서였을까. 내가 책을 쓰는 과정을 듣고 글을 쓰기 시작하면서 나에게는 수많은 변화가 일어나기 시작했다.

항상 나 스스로에게 더 엄격한 잣대를 기준으로 대고 스스로를 괴롭히는 나쁜 버릇을 고치기 시작했다. 자존감이 낮아 항상 다른 사람의 기준에서 나를 평가하던 내가 글을 쓰고 책을 출판하면서 저기 지하 바닥에 굴러다니던 나의 자존감을 찾아 높은 상공 위에 띄웠다는 것이다. 게다가 어떤 힘든 일이 나타나도 가장 먼저 나는 남의 편이 아니라 내 편이 되어 들어주고 내 손을 잡아주고 내 편이 되어주는 주인공이 되기 시작했다.

얼마 전 세상에 하나뿐인 나의 사랑스런 딸과 오랜만에 만나 즐거운 시간을 보냈다. 내 눈에는 아직도 천진난만 꼬마의 모습으로만 보이는 귀엽고 사랑스러운 딸이다. 체육공원에서 신나게 인라인을 타고 놀다 맛있는 점심을 먹고 커피를 좋아하는 엄마를 위해 이쁜 카페에 가게 되었다. 요즘 아이들이 우리 때와는 다르게 많이 빠르다는 것은 알고 있었지만 가치관이나 생각이 우리와는 다르다는 것을 한 번 더 깨달았다. 초등학교 1학년과 하는 대화치고는 상당히 고퀄리티의 대화가 이루어졌다. 카페에 앉아 서로의 안부를 묻고 학교 친구들 이야기와 엄마 글 쓰는 이야기를 한참 하던 도중에 딸이 나에게 물었다.

"엄마, 엄마는 VIP야??"

"응? 그게 무슨 말이야?"

"내가 유튜브를 보다가 VIP라는 걸 알게 됐는데 VIP는 멋진 대접도 받고 좋은 것도 다 가질 수 있고 하고 싶은 것도 마음껏 누리고 살 수 있는 거래. 난 VIP가 되고 싶은데 혹시 엄마가 VIP면 나도 VIP가 되는 건가 궁금해서."

"그래? 유튜브에서 어떤 것을 봤길래 VIP라는 것이 나왔을까?"

"채널은 정확히 기억 안 나는데 VIP는 좋은 거잖아. 엄마가 VIP면 나도 될 수 있는 거야?"

"아~ 응, 엄마는 VIP니까 사랑하는 내 딸도 VIP가 될 수 있지. 엄마의 소중한 딸이 진짜로 이루어졌다고 생각하면 이루어진 거니까 너는 VIP 맞아."

"그래? 그럼 친구들한테 엄마랑 나랑은 VIP라고 자랑해야겠다. 그럼 아빠는 VIP야?"

"아빠가 어떻게 믿고 있느냐에 따라 될 수도 안 될 수도 있어. 엄마는 항상 엄마가 원하는 것이 모두 이루어졌다고 생각하면서 엄마가 원하는 일을 열심히 하고 있지."

"그럼 아빠한테는 이루어졌다고 믿으라고 해야겠다. 나도 엄마처럼 이루어졌다고 생각하고 받아쓰기랑 유튜브 찍는 연습해야지. 그럼 다 이루어지는 거지, 엄마?"

"그럼, 우리 딸은 VIP니까."

"엄마는 VIP 작가고 나는 VIP 유튜버가 되어야겠어."

엄마와 초등학교 1학년 딸의 대화치고는 많은 생각을 하게 하는 대화였다. 솔직히 아이에게 저 질문을 딱 듣고 어떻게 대답해줘야 할지 잠시 망설였다. 예전의 나였다면 딸아이가 저렇게 얘기했을 때 과거의 가난한 의식과 낮은 자존감으로 아이에게 역시 실망을 주는 대답을 해줬을 것이다. 그런데 나는 너무나 달라져 있었다. 작가 엄마임을 무척이나 자랑스러워하는 딸을 위해 뭔가 조금 더 멋있고 정말 세상을 살면서 도움이 되는 대답을 해주고 싶었다. 그러다 문득 '이미 이루어졌다고 상상하라.'라는 〈한책협〉의 김도사님 말씀이 떠오르면서 꿈 많은 딸에게 멋있는 대답을 해줄 수 있었다.

이렇게 멋지게 대답을 생각해낼 수 있었던 것은 그동안 김도사님과 권대표님의 의식 성장에 대한 가르침이 엄청나게 큰 도움이 되었기 때문이다. 부모의 인생을 보면서 자라는 아이를 행복하고 성공한 사람으로 키우려면 내가 그런 사람이 되어야 한다. 나도 아이를 육아하면서 나의 자존감은 항상 바닥에 있었고 다른 사람들의 눈치를 보느라 정작 나 자신을 돌보지 못했다. 이것만큼은 닮지 않았으면 하며 내 아이는 자존감이 넘치는 아이로 키우고자 노력했는데 엄마의 가치관과 의식이 달라지면 가르치려고 노력하지 않아도 아이 스스로 받아들인다. 내 딸이 엄마를 대단한 사람이라 생각하고 자랑스러워해주니까 새삼 기분이 좋았다.

글을 쓰다 보면 모든 것이 내 위주의 이야기로 이어지다 보니 나를 돌아보게 되고 내가 얼마나 나 스스로에게 모질고 박하게 대했는지 알게되었다. 이제는 영업을 할 때도 사람들과 관계를 맺을 때도 나는 마음속으로 정해놓은 나는 내 편이라는 기준을 두고 있으니 어떤 상황이 오더라도 나를 지킬 수 있다. 나조차도 나의 가능성에 대해서 믿어주지 않고외부의 잣대로 나를 평가하게 되면 나조차도 내 편이 되어주지 못한다. 들짐승이 들끓는 외로운 공간에서 나조차도 나를 들짐승의 먹이로 가져다 바치는 꼴이 되는 것이다. 누군가 나를 비난할지라도 나 스스로가 내 편이 되어 나를 지켜주어야겠다는 생각을 시작한 것은 글쓰기를 시작하고 나서다. 글쓰기는 다른 이들에게도 공감할 수 있고 도움이 될 수 있는 이야기를 전해주지만 그 글을 쓰고 있는 나 자신에게도 아주 큰 도움이 되었기 때문이다.

또한 글을 쓰고 책을 출판하고 나니 자신감 있고 멋진 모습으로 나를 바라보는 내 책이 나의 편이 되어주고 나를 뒷받침해준다. 내 삶의 주인공은 나라고 하지 않던가. 다른 사람들 눈치나 보며 스스로에게 가혹하기 이전에 언제나 가장 먼저 나를 안아주고 쓰다듬어주는 자신 있는 사람이 되었다.

책을 쓰고 나는 굳이 타인에게 좋은 사람이 되려 애쓰지 않아도 되는, 나 스스로에게 가장 좋은 사람인 나는 내 편이 되었다.

07

책을 쓰면서 진짜 내가 좋아하는
일을 찾게 되었다

예전에 어느 강연에서 철학가가 말했다.

"원하는 걸 하는 사람의 얼굴은 핑크빛으로 빛나요. 예뻐요. 진짜 산이 좋아서 오르는 사람과 예비군 훈련으로 산을 오르는 사람의 표정은 달라요. 내가 무엇을 할 수 있을까? 내가 무엇을 원할까? 그것을 하는 사람이 주인인 거예요. 주인으로 살 것인가? 노예로 살 것인가? 이게 만만하지 않아요. 우리는 대부분 배부른 노예를 선택해요."

주위를 둘러보면 자신이 정말로 좋아하는 일 혹은 자신에게 맞는 일을 하는 사람들이 꽤나 많다. 그런 사람들은 정말로 행복한 사람들이다. 이런 사람들은 얼굴에 생기가 돌고 얼굴만 봐도 진짜 행복하게 사는 것이

이러다 정말 죽을 것 같아서 책쓰기를 시작했다

무엇인지 알 수 있게 해준다. 하지만 어쩔 수 없이 일을 하는 사람들은 열정이나 활기를 찾아볼 수 없다. 누구 하나 잘못 건드리기만 해도 폭발할 것 같은 표정으로 행복이라고는 어느 곳에서도 찾아볼 수 없는 얼굴로 주변 사람들까지 전염되게 만든다.

영업을 하기 전부터도 나는 수없이 많은 직업들을 경험했지만 내가 하고 싶은 일이나 내가 좋아하는 일을 해본 적은 없었기도 했다. 무조건 조금이라도 돈을 더 많이 주는 곳만 찾아다니는 그저 살아가기 위한 수단으로만 일을 했으니까. 가끔 직업의 세계 같은 TV 프로그램을 보고 있을 때면 자신의 직업에 만족해하고 행복해하고 즐겁게 일하는 모습이 신기하기도 부럽기도 했다. 하지만 영업을 하는 당장은 내가 하고 있는 일이 내 천직이고 좋아하는 일이라 여겨야 한다는 마음이 조금 더 지배적이었다.

왜냐하면 내가 처음 보험 영업을 시작한 이유는 단순히 돈을 벌기 위해서였고 아직은 내가 원하는 만큼의 성공에는 못 미치기 때문이다. 처음 영업을 시작했을 때는 예비군이 산을 오르는 모습과 비슷했을지도 모르겠다. 스트레스도 많고 마음의 상처도 많이 받는 직업이지만 견뎌낸 것은 직장인보다 큰돈을 벌 수 있다는 그 이유 하나뿐이었다. 영업은 하면 할수록 어렵기도 쉽기도 한 일이라 슬럼프가 자주 오기도 한다. 돈을 많이 벌 수 있어 좋은 직업이기는 하지만 언젠가는 꼭 내가 진짜 좋아서 하는 일을 해보고 싶다는 생각은 항상 마음에 품고 있었다.

그런데 내가 진짜 하고 싶은 일을 이렇게 빨리 찾게 될 줄은 몰랐다. 앞으로 몇 년간은 더 영업에 매진하고 여유 있을 때가 되면 내가 좋아하는 일을 찾아보자 했었는데 말이다. 나를 조금 더 홍보하기 위해서 나는 책 쓰기 과정을 시작했다. 내가 하고 있는 일이 영업이다 보니 영업에 대해서 내가 알고 있는 것을 나누어주고 싶어 열심히 글을 썼다. 글을 쓰는 그 순간이 너무 행복했다. 일을 마치고 글을 쓸 때면 복잡했던 마음을 정리할 수 있게 도와주고 사람들에게서 치였던 스트레스가 풀리기도 했다. 나처럼 독서가 어렵고 글쓰기를 싫어하는 사람이 글을 쓰면서 행복을 느낀다니 직업을 다시 생각해봐야 하나 할 정도였다.

예전에 내가 영상 번역 일을 할 때만 해도 나는 아주 우수한 번역가는 아니었다. 영상 번역가를 시작할 때만 해도 나는 미국 드라마 〈프렌즈〉, 〈24〉, 〈CSI 시리즈〉 같은 영상을 번역하고 싶어서 시작했다. 그러나 나의 예상은 정확하게 빗나갔다. 처음부터 그런 유명 드라마를 초보인 나에게 주지도 않을 뿐더러 번역을 하는 시간보다 '스파팅' 다른 말로 하면 '호흡 나누기'에 소요되는 시간이 너무나 길었다. 게다가 정해져 있는 글자 수 안에 맞춘 대사를 만들어내야 하는 것이 너무 힘들었고 외국의 문화를 우리나라 문화의 코드로 맞추는 것 또한 힘들었다. 초보 번역가들이 늘 하던 얘기가 있었다.

"진짜 초보 번역가는 열정 페이로 일하는 거야. 시간당 페이 100원인 것 같아. 정말 이 일을 좋아하지 않으면 끝까지 해낼 수 없는 직업이야. 무작정 주는 대로 받아서 일하며 시간을 보내다 보면 언젠가는 우리도 열정 페이에서 벗어나 인정받는 날이 올 거야."

그저 외국 영화 보면서 재능기부를 할 때는 즐거웠던 일이 돈을 받고 일을 하려니 더 이상 즐겁지 않았다. '나는 역시 글로 밥 먹고 살기는 힘들 것 같아.'라는 생각을 엄청 많이 했던 시기가 번역을 하던 그때였던 것 같다. 그래서인지 나는 글을 쓰는 것에 더 두려움을 느끼기도 했다.

그러던 내가 글을 쓰면서 나의 성공했던 영업 방식이나 나의 생각을 쓰며 영업에 힘들어하는 사람들을 도와주고 싶다는 생각을 하고 말았다. 그런 생각을 갖자마자 나는 더 글쓰기에 집중하며 내가 해야 될 일이 그리고 하고 싶은 일이 무엇인지 정확하게 깨닫는 계기가 되었다. 영업이라는 세계는 주변에서 적극적으로 도움을 주지도 않을 뿐더러 혼자 살아남아야 하는 외로운 세계이기 때문에 작은 도움도 큰 성과를 이룰 수 있는 조언이 되기 때문이다.

꼭 하고 싶은 일이라 생각하고 글을 썼기 때문인지 책이 출판되고 주변에서는 내 책을 읽고 나에게 영업에 대한 조언을 구하기 시작했다. 그런 사람들의 이야기를 들어주고 동기 부여를 해주니 사람들이 너무나 좋아했다. 나는 문득 내가 알고 있는 지식이나 경험을 사람들에게 공유하고 싶다는 생각이 들었다. 좋은 기회가 생겨 책이 출간되자마자 힘들어하는 영업인이나 비슷한 환경에 처한 사람들에게 동기 부여를 줄 수 있는 강의를 할 수 있게 되었다. 나는 원래 낯가림이 심한 편이라 사람들 앞에 나서는 것도 좋아하지 않고 먼저 사람들에게 다가가는 것도 어렵다. 그래서 강의에 대한 두려움이 조금 많이 있었다. 그런 내가 멋진 자리에 갈 수 있게 힘을 실어주고 용기를 준 사람은 다름 아닌 위닝북스의 권동희 대표님이다.

위닝북스의 권동희 대표는 책을 쓰고 성공자의 위치가 되어 행복한 삶을 살고 있는 나의 롤모델이자 멋진 작가 엄마이다. 권동희 대표는 어릴 적부터 이야기하는 것이 즐거워 막연히 강연가가 되고 싶다는 생각을 했다고 한다. 열심히 회사생활을 하던 중 늦기 전에 꿈을 이뤄야겠다는 생각에 학업을 더 할지 책을 쓸 것인지 고민을 무척 많이 했다고 한다. 별로 특별히 대단한 것이 없는데 책을 어떻게 쓸지 고민하고 있을 때 김도사님을 만났고 주제부터 베스트셀러가 되는 방법까지 가르침을 받아 『나는 워킹홀리데이로 인생의 모든 것을 배웠다』를 출간하였다.

그리고 권동희 대표의 인생이 달라지기 시작했다. 독자의 위치에서 저자의 위치로 신분이 상승했고 책을 보고 여기저기서 강의 요청이 쇄도하기 시작했다. 청년들에게 드림워커의 롤모델이 된 것이다. 그녀의 경험이 사람들에게 큰 동기 부여가 되고 비슷한 꿈을 꾸는 사람들에게 도움이 된 것이다. 그저 단지 자신의 이야기를 책 속에 쓰기 시작하고 그녀는 꿈을 이룬 성공자가 됐다.

나는 같은 여자로서 권동희 대표를 보며 많은 것을 깨닫고 반성하기도 한다. 그녀는 세 아이의 엄마이자 작가이자 강연가, 유튜버로 또 출판사의 대표로 모든 것을 해내는 열정과 성공자의 의식을 가지고 있다. 작고 가녀린 그녀는 자신의 위치에서 모든 걸 빠짐없이 해내고 만다. 성공자에게는 시간이 돈이라는 말이 있듯이 권동희 대표의 시간을 허투루 쓰지 않고 시간을 활용하는 방법까지도 나는 그녀에게 배운다. 권동희 대표는 책을 쓰고 자신이 이루고 싶던 꿈을 이뤘지만 여기에 멈추지 않고 계속 책을 쓰며 자신이 원하는 것을 모두 이루고 있다.

슈퍼리치로 성공을 이뤄낸 사람들은 하나같이 자신이 사랑하는 일을 찾고 목표와 계획을 세우고 다른 사람이 원하는 일보다 자신이 원하는 것을 선택했기에 앞으로 나아갈 힘도 충분히 자기 안에서 만들어진다고 했다. 글을 쓰고 있는 지금의 나를 거울로 보고 있으면 예전과 달리 나의 표정은 밝게 빛나고 생기가 있다. 내가 일을 하고 있을 때 세상이 살아 돌아가는 기분이 들고 힘이 들어도 질리거나 지겹지가 않다. 내가 어떻게 하면 더 나은 성과를 만들 수 있을지 방법을 연구하게 되고 즐겁게 일을 하다 보니 경제적으로도 풍요로워지고 있다. 내가 글을 쓰기 시작하지 않았다면 나는 지금도 내가 어떤 꿈을 가졌는지 정말로 원하는 일이 무엇인지 찾지 못한 채 시간만 흘려보냈을 것이다.

나 자신이 행복하고 경제적으로 성공하는 사람이 되기 위해서는 가장 먼저 내가 진짜 하고 싶은 일을 찾아야 한다. 그것은 내가 어느 날 갑자기 벼락부자가 되어서도 내가 하고 싶은 일이여야 할 것이다. 내가 지금 일을 하면서도 만족하지 못하고 자꾸 다른 일을 하려고 눈을 돌린다는 것은 나에게 맞지 않는 일을 하고 있기 때문이다. 나에게 맞지 않은 일임에도 불구하고 그저 지금 당장의 삶을 위해서만 살아간다면 우리의 내일은 전혀 달라지지 않는다. 조금은 힘들고 시간이 꽤나 걸리겠지만 내가 진정으로 좋아하고 하고 싶은 일을 찾는 것에 시간을 할애하고 그 일을 찾는다면 우리의 인생은 아주 밝게 빛날 것이다.

08

그동안 알지 못했던
진짜 내 모습을 발견했다

나는 대학교에 들어가면서 정말 근사하고 멋진 호텔리어가 될 거라는 꿈을 꾸며 살았다. 내가 상상하던 그 멋진 직업은 화려하고 럭셔리한 5성급 호텔에서 언제나 깔끔하고 환한 웃음으로 고객을 맞이한다. 멋진 유니폼을 입고 외국인들과 유창하게 대화하고 바깥 세상과 달리 상류층의 멋진 사람들이 드나드는 곳이다. 적어도 내가 직접 호텔에서 근무하기 전까지는 꿈에 그리던 직업이었다.

그 당시만 해도 우리나라에서 호텔리어라는 직업은 별로 알려지지 않았다. 조금 더 전문성을 가진 호텔리어가 되기 위해 쿠킹, 서빙, 클리닝, 호텔 전산, 와인까지 모든 부분을 공부했다. 그리고 나는 호텔에서 일을

123

할 수 있게 되었다. 소풍 가기 전날의 아이의 마음처럼 들뜬 마음으로 호텔에서의 업무는 잠시였다. 서비스업의 특성상 외로워도 슬퍼도 힘들어도 내 얼굴은 웃어야 했다. 호텔에서 일하는 사람들끼리 우스갯소리로 웃는 인상을 보면 직급을 알 수 있다는 말이 나올 정도였다. 게다가 군대만큼이나 군기가 바짝 들어 있었고 시기와 질투도 많았던 곳이었다.

내가 너무나 꿈꿔왔던 일이었기에 최선을 다했다. 동료들과도 점점 친해지고 일도 차츰 익숙해져갔다. 가끔은 휴식시간에 오고가는 고객들 뒷담화를 즐기고 내가 가질 수 없는 것을 가진 사람들을 질투하며 시간을 보냈다. 그들이 갖고 있는 것과 그들이 하는 행동 하나하나 따라 하는 것을 즐기면서 말이다. 그런 시간이 쌓일수록 나는 그들이 되어 있을 거라 생각했었던 것 같다. 나를 감추고 또 다른 나를 즐기는 사이 나의 본모습을 잃어버리고 가지지 못한 내 환경을 원망하면서 가진 자들의 틈에 끼고 싶어 안달이 난 가면을 쓰고 즐거워하는 나를 보게 되었다.

그 전의 나와는 다르게 변해가는 내 모습을 본 친구가 말했다.

"네가 즐기고 있다면 상관없지만 내 눈에는 예전의 네가 전혀 보이지 않아. 너의 본질은 그게 아닌데 남을 따라 하고 그 사람들같이 행동하다 보면 결국 맞지 않는 사람들과 엮이게 되고 나중에는 너만 힘들어질 거야."

내가 느끼던 나의 모습을 친구지만 다른 이가 발견했다는 것이 창피했다. 그토록 멋지게 충고해준 친구를 뒤로하고 내가 무슨 일을 하든 어떤 사람을 만나든 내 가족에게조차 나는 가면을 쓴 채 살아가고 있었다. 가면을 쓸수록 나의 자존감은 무너졌고 자신감은 밑바닥까지 곤두박질쳤다. 영업을 시작하고 돈을 많이 벌 때도 사람들과 어울려도 나는 행복하지 않았다. 가면을 쓴 내 얼굴을 보고 있자니 나 스스로가 역겨워지기 시작했다.

지난 몇 년의 시간을 가짜의 나로 살다 보니 내가 어떤 사람인지 어떻게 해야 진짜의 나를 찾을 수 있을지 너무나 막막했다. 주변 사람들에게도 조언을 구했지만 돌아오는 답변은 하나같이 어줍잖은 잔소리였다. 그러던 중 우연찮게도 〈한책협〉의 대표 코치 김도사님의 책을 읽게 되었다. 자존감이 낮을수록 책을 써야 한다는 내용을 보고 나는 나를 변화시킬 수 있다는 생각에 단숨에 일일 특강을 듣고 책을 쓰게 되었다. 물론 영업을 하고 있던 나로서는 책을 출판하고 나면 나를 홍보하기 좀 더 수월하고 나의 영업 생활에 좀 더 이득이 될 거라는 믿음도 있었다.

책을 쓰기 시작하면서 내게 찾아온 변화는 수없이 많지만 그중에서도 가장 많은 변화를 일으킨 두 가지가 있다. 첫 번째는 바로 내가 자존감을 찾았다는 것이다. 인생을 살아가면서 자신의 과거를 돌아보는 시간을 가지는 사람들이 얼마나 될까? 아마도 거의 없을 것이라 확신한다. 지금처럼 빠르게 변해가는 시대에 나를 돌아보기는커녕 앞으로 전진하기에도 시간이 모자랄 테니 말이다.

글을 쓰기 시작하고부터는 퇴근을 하고 늦은 밤부터 노트북 앞에 앉아 과거의 나와 시간여행을 한다. 처음에는 나를 돌아보는 그 시간이 너무 어색하고 나의 이야기는 변변치 않다고 생각했다. 게다가 나는 거의 책을 읽지 않는 사람이었고 글을 쓰는 것을 세상에서 가장 싫어했다. 학창시절 백일장이나 독후감 쓰기가 가장 고역이었다. 강한 부정은 긍정이라고 하지 않는가. 나는 글을 싫어했던 것이 아니라 방법을 몰랐던 것이다. 그런 내가 오롯이 나에게 집중하고 그 안에서 글을 쓸 소재를 찾을 때마다 내 마음속에서는 작은 폭죽들이 터졌다.

그러는 동안 내가 왜 가면을 쓰고 살게 됐는지 내 자존감이 곤두박질칠 수밖에 없었는지에 대한 답이 나왔다. 나는 늘 부정한 기운을 먼저 끌어당기는 마음가짐을 가졌다. 또 가난이라는 굴레에서 벗어나려 노력했다고 했지만 오히려 가난을 채우는 생각을 가졌음을 글을 쓰기 시작하면서 깨달았다. 글을 쓰는 그 시간만큼은 진짜 나를 만날 수 있었다.

글을 쓰기 시작하면서 변화된 모습들은 사람들에게도 비춰졌다.

"요즘 무슨 좋은 일 있어? 얼굴빛도 좋고 분위기가 달라졌네? 사랑하는 사람이라도 생겼어?"

이러다 정말 죽을 것 같아서 책쓰기를 시작했다

게다가 책을 출간하고 나니 여기저기서 칭찬과 격려의 응원들이 쏟아져 나온다. 별것 아니라 생각했던 나의 이야기가 어떤 사람에게는 큰 힘이 된다고 연락이 오기도 한다. 나의 자존감을 살리고자 시작했던 글쓰기가 나를 넘어 다른 이의 마음을 안아주는 처방전이 되었다.

두 번째는 나의 가치가 높아지고 저절로 퍼스널 브랜딩이 되었다. 나는 영업을 하는 사람이기에 언제나 나를 돋보이게 하는 마케팅과 고객 발굴에 목말라 있었다. 아마도 영업을 하거나 고객을 상대하는 사람이라면 늘 이런 부분에 목말라 있지 않을까? 고객을 찾아다니고 소개를 받기 위해 고군분투하며 나를 알리기 위해 혈안이었다. 나의 가치를 알아달라고 징징거리기도 했고 을의 위치에서 굽신거리던 시절도 있었다. 강성 고객을 만나면 멘탈이 탈탈 털리기도 했다.

한때는 멘탈이 떨어질 때마다 술로 달래는 날이 많았다. 술이 나를 달래준다고 믿었고 술만큼은 나를 힘들게 하지 않을 것이라는 정신 나간 맹신을 했다. 그런데 글을 쓰게 된 이후로 퇴근하고 술을 마실 시간도 없었지만 술이 당기지 않았다. 그동안 술과 함께 보냈던 퇴근 후의 시간들이 너무나 아까웠다. 아무리 지독한 강성 고객을 만나고 오더라도 그 고객 또한 나의 이야기에 소재가 되었다. 화가 나서 주체할 수 없었던 감정들을 글로 써내려가다 보면 어느샌가 마음이 고요해졌다. 그렇게 기록해놓은 원고들은 고객을 기억할 수 있는 일기장이 되었다.

또한 내가 고객을 찾아다니기 이전에 고객들이 나의 가치를 먼저 알아봐주고 나를 찾기 시작했다. 기존 고객에게도 소개 한 번 받기 힘들었던 과거와 달리 소개를 해주겠다는 연락이 오기도 한다. 나는 어느새 영업 경력 15년차의 지점장보다 전문가의 위치에 있게 됐다. 이론적으로는 지점장이 나보다 훨씬 전문가인 것은 확실하다. 다만 나의 생각, 경험 그리고 지식을 구체적으로 체계화하는 방법을 배워 글로 써내려가며 정리하는 단계인 책을 출간했기에 나를 전문가로 평가해주는 것이다. 내가 몸담고 있는 분야에서 타인의 시선에서 나를 전문가로 봐준다는 것. 이것이야말로 진짜 퍼스널 브랜딩이 아닐까.

어떤 사람이 만들어놓은 편견인지 모르겠지만 예전부터 글을 쓰는 사람들은 특별한 재능을 타고났다고 생각했다. 다독을 하고 늘 책과 함께 사는 사람만이 책을 쓸 수 있다고 생각했다. 나도 내가 처음 글을 쓰려고 했을 때 정말 내가 할 수 있을까 하는 생각에 두려움이 있었던 것도 사실이다. 그토록 글쓰기를 싫어하던 내가 두려움을 떨쳐내고 작가가 되었다. 글을 쓸 때 가장 행복하고 내 생활의 모든 일상이 에피소드가 될 수 있음이 행복하고 소중하다.

고 구본형 선생님의 저서 『익숙한 것과의 결별』에 이런 구절이 있다.
"언제나 내가 아닌 다른 무엇이 되고 싶었던 것 같다. 하지만 이제 나는 내가 되고 싶다. 일상을 살아가면서 늘 더 좋은 존재가 될 수 있으며,

늘 더 좋은 방법이 있다고 믿는 것이다. 그리고 항상 지금의 자기 자신보다 나아지려고 애쓰다 보면, 나는 언젠가 나를 아주 좋아하게 될 것이다."

　나의 행복과 성공을 찾기를 원한다면 내가 아닌 다른 무언가를 찾아 헤맬 것이 아니라 진정한 나 자신을 찾아야 한다. 세상에는 너무나 많은 나를 찾는 방법이 존재한다. 하지만 가장 강력하게 나를 찾는 방법은 딱 하나다. 글을 쓰는 것이다. 글을 쓰기 시작하는 순간 당신의 운명은 눈부시게 빛날 것이기 때문이다.

2장_책을 쓰면서 누군가에 대한 미움이 사라졌다_김유나

3장

김보혜

하루 한 페이지
쓰는 것만으로도
자존감이 살아났다

김보혜

약력 : 변화하고 싶은 마음은 굴뚝 같은데 '정말 내가 해낼 수 있을까'라는 두려움 때문에 미리 포기해버리곤 했다. 하지만 지금은 그 두려움을 이겨내고 작가의 꿈을 이루어냈다. "나 같은사람도 해냈으니 당신도 할 수 있다"는 용기를 불어넣어주고 싶다.

저서 : 『하루 10분 책 읽기가 강력한 삶의 무기가 된다』

01

언제까지 호구 취급받으며 살 것인가

호구: 범의 아가리라는 뜻으로, 매우 위태로운 처지나 형편을 이른 말.

어수룩하여 이용하기 좋은 사람을 비유적으로 이르는 말.

바둑에서 바둑돌 석 점이 둘러싸고 한쪽만이 트인 그 속.

－『표준 국어대사전』중에서

지금 현시대에 코로나19 비대면으로 모든 것이 변화하고 있고 우리가 예전에는 상상도 못한 가상세계라고 일컫는 메타버스라는 것이 생겨나고, AI를 통해 모든 면에서 많은 직업도 사라지고 있는 시대에 이 시대를 따라 발맞추어 가려니 숨이 콱콱 막힌다. 마음은 저 멀리 앞서 나아가는

데 손과 몸이 따라주질 않는 것이다.

우리네 인생에서 그 무엇 하나 내가 원하는 대로 이루어지는 것은 없다. 무엇보다 인생에서 그저 얻어지는 것은 더더욱 없다. 무얼 하나 얻기 위해 수많은 노력과 인내심과 도전으로 결과를 얻을 수 있다. 급변하는 이 시대에 느리고 빠릿빠릿하지 못한 나의 행동은 언제나 뒤처지기 마련이고, 날마다 늘 뒷북치는 인생이었다.

예전 코디 시절 고객들은 코디들이 영업해야 된다는 것을 악이용할 때가 종종 있다. 급하게 오더 해야 되는 날에는 특히 그런 고객들의 호객 행위는 너무 힘들고 미워진다. 모든 사업하는 사람들이 그렇듯 무엇이든 조금이나마 얼마라도 남아야 모든 사업이 유지가 되듯이 코디들 또한 개인에게 이익이 있어야 일을 할 수 있는 힘이 생기고 원동력이 발생한다.

제품 렌탈을 하려면 등록비가 있다. 예를 들어 등록비가 5만 원~10만 원 있다고 하자. 원칙적으로 말하면 그 등록비는 당연히 고객이 지불해야 될 부분이고 월 렌탈료, 예를 들어 제품마다 다르겠지만 대략 2만 원~6만 원 또한 마찬가지로 사용한 고객이 당연히 지불해야 될 사항이다. 그런데 코디들이 영업해야 된다는 점을 악이용해 등록비며, 월 렌탈료 한두 달 분을 대신 내어달라는 고객들도 있다.

이런 고객들을 만나면 정말 어처구니가 없어진다. 그럴 때면 참 나 자신이 한심스러워질 때가 너무 많다. 이 고객이 나를 어떻게 보았으면 저 정도로 나를 호구로 취급하고 나를 상대하고 있을까? 하는 마음에 분노로 가득하여 심장이 떨린다. 고객이라 싸움을 할 수도 없고 좋은 감정으로 끝을 내려니 심장이 터질 것만 같다.

화난 모습을 비칠 수 없어서 억지로 인내심을 가지고 웃는 모습으로 "고객님, 이렇게 하시면 제가 오히려 손해를 보며 저의 생돈으로 결제를 해야 되는 상황이라 이것은 무리인 것 같습니다." 이렇게 말을 하면 고객들은 아예 대놓고 "너희들 영업해야 되잖아. 그렇게라도 안 하면 안 되잖아." 이런 식으로 말을 한다. 나는 그 자리에서 정중히 이 영업 더 이상 진행할 수 없으니 그렇게 해줄 사람 있으면 다른 데 알아보라고 하고는 고객 집에서 나와버렸다. 이럴 때에는 당장이라도 회사를 때려치우고 싶은 심정이 굴뚝 같다. 이것은 직원들을 보호해주는 회사가 아니라 고객은 '왕'이다 하며 소비자를 너무 우대시함으로 빚어지는 단점이기도 하다. 물론 소비자가 있어야만 회사도 살아남을 수 있지만 반대로 직원 없이 그 회사를 유지할 수도 없는 일이다.

이럴 때마다 나는 이 세상을 호구로 살아가고 있고 호구로 보이고 있구나 하는 심정을 억누르며, 어떻게 하면 호구로 살지 않을까 하는 질문을 나 자신에게 하게 되었다.

    하지만 딱히 호구로 살아가지 않으려 해도 특별한 다른 방법은 찾아볼 수 없었다. 이렇듯 인생에서 사람이 좋으면 좋은 대로 대해줘야 하는데 그것을 악이용하는 사람들로 인해 세상은 더 없이 힘든 세상으로 느껴진다.

    때로는 가끔 나 자신과 대화를 한다. 그리고 나의 정신의 대해 생각을 해본다. 무언가 위대한 일을 해내는 사람들을 볼 때마다, '나도 저렇게 해낼 수 있을까?'라는 생각을 해본다. 하지만 이 생각은 잘못된 생각이라는 것을 독서로 알게 되었고, 나의 말을 바꾸기로 했다. 이 말인즉슨 나는 할 수 없다는 말이기 때문에 정말 할 수 없는 사람으로 인지해버리는 것이다.

    나는 주로 어떤 일에 성공한 사람들을 보게 되면 "와, 나라면 절대 저렇게 못할 텐데." 이렇게 말을 하는 사람으로 부정적인 말로 나의 신경회로를 닫아버리는 것이다. "절대 저렇게 할 수 없어!"라고 말함으로써 나 자신이 별로 뛰어난 사람이 아니라는 것을 인정하는 것이 되고, 그저 평범한 사람이라는 환상을 만들어내고 나 스스로 그 속에 가두어버리는 것이다.

나는 늘 불평불만을 가지고 지내왔다. 나는 어릴 적부터 직장 생활을 했기에 제대로 쉬어본 적도 없다. 그래서인지 '나는 열심히 살고 있어. 열심히 살지 않는 사람이 한심한 거야.' 하며 나의 고정 관념에 빠져 있었다. 하지만 그것은 나를 포장하기 위함임을 알게 되었다.

이렇게 나의 삶을 살아가고 있으니 어찌 다른 사람들 눈에 호구로 비치질 않겠는가. 이런 모습으로 더 이상은 살고 싶지 않고 더 이상 이런 모습을 상대에게 비치고 싶지도 않다. 그러면 무엇인가 내가 바뀌어야 한다. 어떤 식으로든 바뀌어야 한다는 것이다. 이제 나의 부정적인 말부터 바꾸기로 결심했다.

저 위대한 사람이 해냈지만 그도 저 위대한 일을 하기 전에는 나와 같은 사람이었을 수도 있다. 그러니 "나도 충분히 해낼 수 있다."라고 말을 바꾸기로 했다. 그래 "나도 저렇게 해낼 수 있어!"라고 말이다.

모든 것이 부정적으로 나의 정신에는 각인, 뿌리, 체질이 되어 있어서 그리 쉽게 고쳐지지는 않았다. 아무럼 어떤가. 그때는 그것이 잘못된 것인지도 모르고 살아왔지만 이제는 다르다. 나의 말에 대해 잘못된 것을 찾았기에 호구로 살아가는 원인을 알았으니 이제는 고칠 방법도 있고, 나만 노력하면 된다.

처음부터 긍정적이었다면 이런 일도 겪지 않았겠지만 이 부정적인 것을 깨닫고 고쳐나가기 위해 매일매일 나 혼자 있을 때에는 중얼중얼 긍정의 말로 바꾸고 계속 '할 수 있다.'라는 말을 하기 시작했고, 은연중에 또한 부정적인 말이 튀어나올 때 바로 취소 버튼을 누르고 긍정의 말로 바꾸었다. 이렇게 모든 면에서 나의 말을 바꿈으로 나의 인생이 조금씩 달라지기 시작했다.

말을 바꾸니 정말 즐거운 일이 생기고 늘 감사를 하다 보니 더욱 감사할 것이 자꾸 생기게 되었다. 이렇게 나의 마음이 바뀌고 생각이 바뀌니 생활 또한 즐겁고 행복한 날로 바뀌게 되었다.

나의 말하는 방식이 바뀜으로 나는 달라졌다. 다른 사람들에게 발견한 그 위대함이 나의 내면에도 존재한다는 사실을 발견하게 되었고, 이제 나의 인생에서 그 위대함의 일들이 결과로 모습을 드러낼 것이다.

이렇게 나의 호구로 살아가는 삶에서 벗어남으로 또 다른 사람들에게 나의 경험을 전해주고 호구로 사는 사람이 아닌 주도적인 삶으로 살아갈 수 있도록 선한 영향력을 끼치는 작가의 삶으로, 사람들에게 도움을 주는 자로 살아가고 있다.

02

책을 쓰는 것만으로도
자존감이 살아났다

"낮은 자존감은 계속 브레이크를 밟으며 운전하는 것과 같다."
– 맥스웰 몰츠

사람마다 각자의 자존감이 살아나고 잃어버리는 일은 각자 다를 것이다.

여러 가지로 각자의 처해 있는 환경과 겪어온 인생에 따라 그 모양들은 아주 다르게 나타나는 법이다. 어떤 사람들은 외모로 찾아올 수 있고, 때로는 내면으로, 아니면 각자의 처해 있는 환경으로든 말이다.

나 같은 경우는 늘 남들만큼 못 배웠다는 열등감이 어디를 가든 주눅 들게 하고 앞장시지 못하게 만들고 리드해가지 못하게 하는 이유였다.

나의 첫 번째 책 출간을 앞두고 최종적으로 출판사와 함께 수정할 부분을 찾아 수정을 하는 것은 보통 힘든 작업이 아니다. 38쪽지를 자세히 살피며 빠뜨린 것은 없는지, 불필요한 부분, 낱말들, 틀린 글자를 몇 번이고 검토 끝에 책이 출간되니 정말 책 한 권을 내는 것이 얼마나 고되고 정성이 들어가는 작업인지 알게 되었고, 글을 쓰면서 새삼 수많은 작가들이 존경스럽기까지 하다.

오늘은 나의 책이 예약 출판되는 날이다. 아는 지인들과, 오빠에게 연락을 했다. 20여 년간 간직해온 꿈을 이루게 되었다며, 그 꿈을 이룬 나의 책이 곧 출간 예정이라 예약 판매에 들어간다고 얘기를 했다.

오빠는 처음에는 이게 무슨 말인가 싶기도 하고 다른 사람 얘기를 자기한테 잘못 보냈나 싶기도 하고 해서 연락을 하지 않았다고 한다. 나중에 자세히 읽어보니 동생이 작가가 되었다는 말인 것을 이해하고 전화를 했다.

"네가 책을 썼다는 게 정말 맞아?" 하면서 몇 번을 되물었다. 책 표지에 사진은 누구인데 하며 물어보았다. 나라고 얘기를 하니 잠깐만 기다리라고 하면서 사진을 클릭해 확대해보고 동생이 맞는지 확인해본 후에야 안도의 한숨을 쉬며 "아, 정말 니가 맞구나." 하며 요즈음 세상이 워낙 험악해 이상한 것인가 싶어 클릭도 못 해봤다면서 이야기를 했다.

"이야, 이것 완전 가문의 영광이 아니겠냐!"고 엄청 기뻐해주고 축하해주었다. "사촌들에게 연락은 내가 할게." 하며 주도적으로 나를 광고해주고 가문의 영광으로 이것은 무조건 자랑해야 된다고 하며 나에게도 네가 아는 사람 모두에게 연락하라고 하면서 전화를 끊었다.

정말 나는 오빠가 그 정도로 함께 기뻐해줄 줄은 사실 몰랐다. 내심 함께 기뻐해주고 축하를 받으니 너무 기쁘고 즐거웠다. 오늘 완전 나의 날이다. 책 출판한다는 소식을 전해 듣고는 모두들 축하 전화를 하기 시작했고, 우와 그런 재주와 꿈이 있는지 몰랐다며 어떻게 그런 꿈을 가지고 책을 쓰고 있으면서 말 한 번 하지 않았냐고, 살짝 섭섭해지려고 한다면서 다들 진짜 대단하다고 했다.

이렇게 내가 뭔가를 실천하고 행동으로 옮겼을 때에 결과가 나오고 이 멋진 결과를 통해 그동안 내가 있는 듯 없는 듯 살아온 인생이 완전 180도로 바뀌게 되었고, 꼭 보상받는 기분이었다.

존개감 없는 인생이 존재감 있는 인생으로 바뀌는 순간이었다. 예전에는 아무 능력 없고, 무능했던 나의 삶이 이제는 글 쓰는 작가의 인생으로

3장_하루 한 페이지 쓰는 것만으로도 자존감이 살아났다_김보혜

능력 있는 사람, 인지도가 있는 사람으로 바뀌는 순간들이었다.

이렇듯 내가 그냥저냥 사는 대로 사는 인생에서 작가라는 타이틀이 생김으로써 내가 자존감을 올리려 하지 않아도 주위의 사람들이 스스로 나의 자존감을 살아나게 하고 잃었던 자존감을 되찾게 해주었다.
이것을 보면 정말 책을 쓰는 것만으로도 자존감이 살아나는 것이다.

오래전에 한 친구가 있었다. 잃었던 꿈을 찾았다며, 그 친구에게 나에게 "작가라는 꿈이 있었다"고 얘기를 한 적이 있었다. 그 친구가 하는 말, "야! 작가는 아무나 되냐? 헛물 켜지 말고 그냥 너의 인생 사는 대로 살아라." 이렇게 말을 했다. 그 이후로 나는 작가라는 말을 그 어느 누구에게도 꺼내본 적이 없다.

그런데 그 친구가 나의 전화번호를 어떻게 알았는지 그리고 어떻게 내 소식을 알았는지 전화를 했었다. 모르는 번호라 받을까 말까 망설이다 받았더니 옛 친구였다. 그때 그 친구가 나에게 꿈과 희망을 주는 친구였으면 그래도 기억을 하고 있었을 텐데 나는 까마득하게 잊어버리고 있던 친구다.

참 아이러니하게도 그때는 아예 생각 자체를 할 수 없을 정도로 완전 나의 꿈을 뭉개버리더니 이제야 와서 "야! 나는 그때 니가 해낼 줄 알았다. 넌 정말 대단해. 넌 타고난 거야!" 이렇게 말을 한다. 참 사람이 상황에 따라 어떻게 이렇게 말이 달라지나 싶을 정도로 황당하고 당황스러웠지만 내심 기분은 좋았다.

무엇인가 결과를 내고 나니 '네가 무슨…' 이렇게 말을 하다가 '넌 타고난 거야!'로 말을 바꿔 듣게 된다. 이것을 보면 나의 주위의 사람들은 모든 것을 지켜보고 있다는 것이 되는 건가? 내가 해내는지 못 해내는지를……

이렇게 나는 작가가 된 후 나의 존재 자체가 달라졌고, 아무 말 없이 자기의 일을 하며 결과로 말하는 사람으로 인식되었다.

그동안 꿈도 없고 무능하고, 찌질해 보였던 나의 모습을 완전 뒤엎어 버린 나의 작가의 인생이 이토록 찬란하게 빛을 발하고 그동안 꿈을 잃었던 사람들에게 꿈을 찾아볼 수 있는 기회를 제공해준 것이다.

아는 동생을 만났다. '정말 언니 소식을 듣고 신선한 충격'이었다고 한다. 어떻게 언니가 책을 쓸 생각을 다했느냐고 하며 정말 대단하다 했다.

동생은 나의 소식을 듣고 자기 자신을 생각해보게 되었다고 한다. '나도 그냥 그렇게 지금 살아가고 있는데 그럼 나의 꿈은 있는 건가? 내가 원하는 삶은 무엇이지?' 하고 한번 생각해보게 되더라고 얘기를 했었다. '나는 잘하는 게 없는데…' 하면서 말이다.

내가 보기에는 그 동생도 장점이 아주 많은데 자신은 그것을 발견하지 못하는 듯하다. 그 답은 나의 책을 읽어보고 찾으라고 했다. 한 친구는 내 친구가 이런 멋진 꿈을 가지고 살아오는 줄 몰랐고, 그 꿈을 포기하지 않고 실천함으로 꿈을 이루어낸 너의 결단력과 힘이 대단하다며 내 친구가 정말 멋진 친구였구나 하며 네가 나의 친구인 게 자랑스럽다고 했다.

처음에 책을 쓸 때는 잘 써지지 않아 너무 힘이 들고 정말 내가 써낼 수 있을까 하는 두려움이 밀려왔다. 때로는 글이 잘 써질 때는 힘도 나고 즐거웠다. 글이 잘 써지지 않을 때는 정말 이 길이 내가 갈 수 있는 길이 맞는가, 아님 내가 잘못 가고 있는 건가 싶을 때도 많았다. 그러나 '이왕 시작했으니 끝까지 한번 해보자. 시작은 했으니 책 한 권은 마무리하자. 여기서 백기를 들면 이제 나의 인생에 더 이상 도전이라는 건 없다. 그냥 나의 인생 이대로 끝내는 거다.'라고 생각하며 이를 앙다물고 버티고 하나님께 기도하며 힘을 달라고 했다.

빌립보서 4장 13절 "내게 능력 주시는 자 안에서 내가 모든 것을 할 수 있느니라."

이 말씀을 힘이 빠지고 글이 잘 써지지 않을 때에는 수도 없이 되뇌고 묵상했다.

이렇게 힘겨웠지만 잘 견뎌내어 책 한 권의 열매를 거두고, 이 모든 것이 하나님의 은혜임에 감사한다. 책 한 권을 완성하고 출판까지 이루어지니 마음이 뿌듯하고 하나님의 은혜로 내가 무엇인가 해냈다는 자신감이 생기고 자존감이 저절로 살아났다.

책을 씀으로 이렇게 나의 인생과 삶 자체가 판이하게 달라지고 주위 사람들까지도 나를 바라보는 시선 자체가 달라지는 순간을 경험하며 정말 책을 쓰는 것만으로도 나의 자존감은 살아났다. 독자 여러분들도 각자의 스토리로 책을 써서 나와 같은 자존감이 살아나는 경험을 해보지 않겠는가.

03

나는 아침마다 책쓰기로
삶의 감각을 깨운다

"하루 중 가장 먼저 하는 일이 가장 영향력이 큰 일이다.

왜냐하면 그것이 나머지 하루에 대한

당신의 마음가짐과 환경을 설정하기 때문이다."

– 에번 페이건

일전에 친정어머니 기일이었다.

엄마의 마음과 그리운 품이라도 느끼기 위해 납골당으로 향했다. 항상

돌아가시기 전에는 화장해서 어디 강가에나 뿌려버리라고 하셨지만 막

상 장례 치르는 날 장례 담당하며 인도해주시는 분이 그래도 나중에 엄

마가 보고 싶거나, 후손들이 할머니 보고 싶어 할머니께 가보고 싶다고 하면 갈 데도 없고, 그럴 때 참 난감하면서도 후회가 된다며 납골당에라도 간단하게 모시라고 하시는 말에 그렇게 했더니 지금에 와서 생각해보니 납골당에라도 잘 모셨다 싶다.

이렇게 기일 날, 또 내가 한 번씩 엄마가 생각날 때면 언제든 '엄마, 딸 왔어.' 하고 찾아가 볼 수 있고, 아이들이 할머니 보고 싶다고 같이 가자고 할 때 더욱더 잘했다는 생각이 든다. 나는 이날 엄마께 말했다. "엄마! 엄마! 딸 작가가 되었어요! 내 이름으로 된 책이 나왔어요!!"라고 했다.

"엄마도 기쁘지?"

늘 내가 어릴 적부터 학교에 다니지 못하고 소녀 가장 노릇을 하는 걸 늘 안쓰러워하시던 엄마. "나의 눈만 이렇지 않았다면 무슨 짓을 해서라도 내 딸 대학까지 보냈을 텐데." 하시며 늘 우시던 엄마. 그 당시 엄마는 시각장애 1등급을 받은 상태였다. 엄마를 떠올리니 하염없이 눈물이 쏟아졌다. 엄마는 늘 나의 친구들은 학교에 가는데 학교에 가지 못하고 직장으로 향하는 나를 보며 늘 눈시울을 적시며 걱정하셨다.

"엄마!! 이제 학벌 없는 딸이 그 학벌을 뛰어넘어 박사 학위보다도 더 뛰어난 작가가 되었어!!" 하고 엄마께 자랑했다. 갈 때는 날씨도 흐리고 비가 부슬부슬 내리더니 돌아올 때는 날이 갑자기 개이면서 한쪽 곁에

햇볕이 쨍쨍 내리쬐며 무지개가 떠오르는 것이 아니겠는가! 마치 내가 작가가 되었다고 엄마가 축하한다고 무지개와 날씨까지 화창하게 바꾸어 선물로 주는 것 같았다.

나의 돌아가는 발걸음이 한결 가벼우라고 응원해주는 것 같아 오면서도 내내 눈물이 쏟아졌다. 엄마가 살아 계셨으면 함께 많이 기뻐해주실 텐데 하며 생각하니 엄마의 빈자리가 더욱더 크게 느껴졌다. 엄마라는 이름은 이 나이가 되었어도 가슴 뭉클하게 만드는 존재인가 보다.

엄마께 다녀온 다음 날 아침에 눈을 뜨려니 몸이 좀 피곤했는지 눈이 떨어지지 않았지만 그래도 아침 시간이 행복했다. 나는 아침마다 책쓰기로 삶의 감각을 깨우고, 마음의 감각에 노크를 하고, 나의 정신과 영혼에 노크를 한다.

이제 나의 온몸, 영혼이 혼연일치하여 글쓰기 준비가 되었냐고 질문을 던진다. 물론 모든 것이 준비되었다! 이렇게 아침에 책쓰기로 모든 감각을 깨우며 모든 삶에 있어 오늘도 힘차게 하루를 시작하는 시간, 나를 반기는 것은 상쾌한 공기 그 자체이다. 늘 늦게 자고 일찍 일어나야 하는 부담은 있지만 그래도 한결 마음은 가볍고 즐겁다.

예전 같으면 정말 일어나기 싫어 이대로 그냥 계속해서 자고 싶은 마음이지만 직장에 출근을 해야 하는 관계로 억지로 일어나 억지로 눈을 뜨게 만들고 가지 않으면 안 되는 상황이기에 나 자신을 반강제로 일으켜 세워 출근하곤 했다.

출근해서도 한참 동안은 잠에 취해 제정신이 아닌 몽롱한 상태로 작업을 시작할 때가 많았다. 한참 일을 해야 정신을 차려 일에 전념할 수 있었다. 그런데 요즈음은 나의 아침 자체가 달라졌다.

작가가 되어 나의 이름 석 자가 적히고, 나 자신의 사진이 표지에 실리며 나를 드러내는 책이 출간되는 것을 경험하고 나니 아침마다, 매 순간마다 나도 모르게 즐거우며 행복한 시간들이기에 아침마다 일어나는 그 순간이 그토록 힘든 순간이었음에도 이제는 그 아침이 힘들지 않다. 오히려 에너지가 차고 넘치며 나의 몸 전체에서 엔돌핀이 샘솟는 것 같아 밝아오는 아침이 이리 행복할 수가 없다.

때로는 글이 써지지 않아 한 줄도 써내려가지 못하고 며칠을 보내야 할 때 정말 힘이 든다. 모든 신경은 그 꼭지로 향해 있을 때도 있고, 때로는 완전 에너지 만땅, 의식 충만함으로 글쓰기 위해 앉는 순간 얘기가 술술 잘 써내려갈 수 있는 날도 있다. 그런 날은 한 시간 반에서 두 시간 만에 한 꼭지를 쓸 수 있기도 해 너무 기쁘고 즐거웠다.

매번 느끼지만 글을 쓸 때마다 얘기가 술술 잘 풀려 써내려가며 저절로 쓸 수 있으면 좋겠다는 생각이 든다. 이렇듯 아침마다 지저귀는 새들의 노랫소리가 나의 귓가에 속삭이며, 좋은 아침이 밝아오니 빨리 일어나라고 나를 일으켜 세운다.

지금의 나는 콧노래가 나오는 아침을 맞으며, 아침에 독서를 하고, 커피 한잔의 여유를 즐기며 나의 오감을 일깨우며 컴퓨터 앞에 앉는다.

나는 아침의 이 상쾌함이 달아나버리기 전에, 나의 생각의 잉크가 마르기 전에, 나의 마음과 손가락에 젖어드는 글쓰기를 향한 나의 삶의 감각을 매일 아침을 일깨우고 있다.

이렇게 책을 쓰고 작가가 되었다는 이유만으로 아침을 맞는 나의 마음 상태가 이토록 바뀌게 되니 생각지도 못한 놀라움을 금치 못한다. 만약 내가 글을 쓰지 않았다면 지금 이 순간 누리고, 느끼는 이 행복한 감정들을 죽을 때까지 단 한 번이라도 느낄 수 있을까 하고 생각해본다.

나의 인생에서 작가가 되었다는 것 자체로 나의 인생이 달라졌다. 내가 작가가 되었다는 이유만으로도 이토록 나의 마음과 생각이 달라지고 세상을 맞이하는 자세가 바뀔 수 있을 정도로 나의 내면의 변화가 너무나도 달라지는 것을 느낀다.

자녀들이 바깥에 나가 안 좋은 일이 있어 집에 돌아와 짜증을 부리거나 투정을 부려도 화가 나질 않는다. 오히려 웃으며 받아치고 오히려 밖에서 무슨 일이 있었냐고 되물어줄 수 있는 마음의 여유를 되찾은 것 같아 더욱 기쁘다.

하루는 남편이 이렇게 말을 했다. 책을 쓰는지 모르는 남편은 "아니, 요즈음 당신 잠을 안 자? 예전에는 내가 꼭 깨워야만 억지로 일어나더니 제일 늦게 자고, 제일 일찍 일어나네? 그리고 표정도 밝아지고, 무슨 좋은 일이 있어? 같이 좀 알자." 하며 넌지시 물어온다.

말을 할 수 있는 기회가 이때다 싶어 내가 책을 쓰게 되었고, 작가가 되었다고 했더니 "그래서 그렇게 잠도 안 자고 컴퓨터 앞에 앉아 있었구나." 하는 것이었다.

"그런데 어떻게 당신이 작가가 되지? 신기한데." 하면서 자꾸 믿기지 않는 모양이다.

그전에는 밤늦게까지 컴퓨터에 앞에 앉아 있으면 나이 먹어서 이제 컴퓨터 중독되었냐고 왜 밤마다 잠을 안 자고 뭐 하는 거냐고 화를 내더니 이제는 그렇지 않다. 책을 쓴 이후 나만 달라진 게 아니라 남편도 달라지고 있다. 너무 무리하지 말고 건강관리 잘하며 하라고 나에게 격려를 해준다.

예전에는 저녁형 인간이라 저녁을 깨웠던 모습이라면 이제는 꿈과 희망이 넘치는 작가의 신분으로 아침마다 책쓰기로 삶의 감각을 깨우며 하루를 힘차게 열어간다.

지금 이 책을 읽고 있는 독자도 글을 써보기를 바란다.

독자도 이제는 독자가 아닌 저자의 삶으로 한번 새로운 삶에 도전해보기 바란다. 내가 저자가 되고, 새로운 삶의 감각을 아침마다 책쓰기로 일깨우는 것처럼 독자도 새로운 인생의 저자로 아침마다 책쓰기로 삶의 감각을 일깨우며 그 기쁨과 행복을 함께 누리는 시간이 되시길 바란다.

04

항상 당당하고 무엇이든
확신하며 살고 싶다

"실패란 성공이라는 진로를 알려주는 나침판이다."

– 데니스 윌트리

"인생에는 수많은 시련이 도사리고 있습니다.

어떤 시련은 출발하려는 찰나에 발목을 잡고,

또 어떤 시련은 정상을 향해 나아가는

순간에 모습을 드러냅니다.

하지만 지레 겁먹고 좌절할 필요는 없습니다.

우리가 성공이라는 높은 산에 오를 재목인지 아닌지 신이

3장_하루 한 페이지 쓰는 것만으로도 자존감이 살아났다_김보혜

시험하려는 것이기 때문입니다.

어떤 시련이 닥치더라도 당당하게 걸어가십시오.

이 세상에는 우리가 이겨내지 못할 시련은 없으니까요."

– 김도사, 『하루 10분 글쓰기의 힘』 중에서

우리는 지금 삶의 환경들이 급격히 변화함으로 확실성이 담보되지 않는 시대에 살아가고 있다. 그 어느 때보다 '미래'를 준비하는 것이 중요할 때이다. 이는 어제의 생각으로 오늘을 살 수 없고, 오늘의 생각이 내일의 답이 될 수 없음을 말한다.

현란한 복잡성과 불확실성이라는 특징을 지닌 현대사회는 현재와 미래에 대한 자신의 삶의 설정이 중요하다. 어제와 오늘의 토대로 내일을 예측하는 것이 가장 필요한 시점이다.

우리들의 인생에서 한 번쯤 과거를 돌아보면 수많은 시련을 겪으며 조금씩 성장해오고 있다. 그것이 육적이든, 내면이든 말이다.

가끔 어른들은 아이가 힘이 없어 보이고 용기가 없어 보이면 '왜 그리 풀이 죽어 보이냐'고 말을 한다. 늘 인생에서 힘들고 지친 삶을 살다 보면 항상 기가 죽어 있고, 앞으로 나아갈 용기가 없어진다. 그러한 삶을 살다 보면 조금만 힘든 상황이 오면 지레 겁먹고 좌절하거나 실망하게 되어버린다.

나는 항상 실패의 연속이었기에 삶에서 당당함과 확신이란 걸 찾아볼 수 없었다. 항상 나의 존재는 직장에서나, 집에서도 나의 말은 수용이 되질 않았고, 나의 입지가 구체적이질 않았다. 시댁에서도, 시아버지와 남편의 관계가 그리 편안한 관계가 아니므로 늘 시아버지는 내가 있음에도 남편 욕을 계속해서 했고, 그로 인해 나 또한 좋지 않은 말을 더 이상 듣고 싶지 않아서 시댁에 가고 싶지 않았다.

이렇듯 잘하든 못하든 늘 부모로부터 안 좋은 말을 들으니 늘 나의 마음과 생각 속에서 부모에게도 인정을 못 받는 내가 어디 가서 무엇인들 잘해낼 수 있을까? 하며 지레 주눅이 들어 매사에 당당한 삶을 살아갈 수가 없었다.

이러한 것은 모든 부분에서 해당이 된다. 이런 연유로 늘 나의 마음 한 구석에는 인정받지 못함과 무시를 당하는 것으로 무엇 하나 내세울 것 없는 나의 모습에서 벗어나 나도 매사에 당당하고, 확신에 찬 모습으로 살아가고 싶다는 생각을 하게 되었다.

어른들을 뵈러 가게 되면 기쁜 마음으로 가야 하지만 마음은 그렇지 않았다, 늘 꼭 가야 될 상황이라면 의무적으로 가게 되고 마음적으로 사랑하거나 보고 싶어가는 것은 아니게 되었다. 그러나 나도 칭찬을 받고 싶고, 모든 사람들에게 축하도 받고 싶고, 나의 삶에서 주목받는 삶을 살고 싶다는 생각이 기득했다. 나의 모습은 늘 외로움과 마음의 막막함으로 자신과의 싸움을 하고 있었다.

그런 외로움을 이겨내기 위해 독서를 하게 되었고, 독서를 통해 꿈을 가지고, 책을 쓰면서, 나의 내면의 소리를 글로 적으니 나의 자존감도 올라가게 되었고, 무엇에든 용기를 얻게 되었다.

내가 코디로 근무를 할 때의 일이다. 고객들과의 다음 스케줄을 잡기 위해 계속적인 전화 컨택으로 다음 날 스케줄을 모두 잡고 나면 9시~10시가 되어야 업무가 끝이 난다.

저녁에 퇴근을 했어도 업무의 연장이기에 가사 일을 제대로 할 수 없어 어린아이들이 있는 코디 같은 경우는 더욱이 힘이 든다. 아직 어린아이라 엄마 손이 많이 필요한데 그 시기에 제대로 아이들을 케어해줄 수 없으니 가정에 문제가 많이 발생을 하고 부부관계에서도 싸움으로 연결되니 좀처럼 마음이 편하질 않을 뿐더러 이렇게까지 하며 이 직장을 다녀야 하나 하는 회의감이 생기기 때문이다.

이러한 애로 상황이 발생함으로 코디들이 이직을 많이 하게 되었고, 퇴근 후에도 업무의 연장으로 물론 힘든 영업과 현장의 힘든 과정도 있지만, 가정 살림이 제대로 이루어지질 않아 이직률이 높아진 것이다.

이런 상황에 처함으로 회사에서 방침을 내어놓은 것이 시간예약 제도이다.

　이번에 점검을 가서 두 달에 한 번씩 점검을 가니 두 달 후의 고객과 시간을 맞추어 점검예약 시간을 잡는 것이다. 이러한 과정에서 회사 측에서 예약제도 전과 후의 느낀 점 또는 현장 상황의 독후감을 공모전을 내걸었다.

　그 당시 많은 코디들이 공모전에 참석했다. 본사에서 시행하는 것이라 전국 코디들이 공모전에 도전했다. 나는 도전할까, 말까 하다 한번 도전해보는 것도 큰 경험이다 싶어 시도해봤다.

　나는 그때 아이들이 그렇게 많이 어린 상태는 아니라 그냥 재미있게 한번 써보자 싶어 나의 실제 상황을 대구 지방의 사투리 그대로 사용하여 우리 집에서 내가 퇴근 후 예약제도의 전과 후를 남편을 상대역으로 코믹하게 써내려갔다. 다 쓰고 나서 읽어보니 쓴 나도 재미가 있었고 하도 우스워 한참을 웃었다.

　원고를 제출하고 잊어버리고 있었는데 어느 날 사무실에 출근하니 예약제도 공모전에서 당첨자 발표가 났다고 했다. 지국장님이 말씀하시며 아침 조회 시간에 "우리 지국에서 공모전 당선자가 있습니다. 그 주인공은! (두구 두구 두구)" 나의 이름이 호명되었다. 축하 박수를 받으며 상금까지 받은 기억이 난다. 내가 당선될 것이라고는 생각지도 못했는데 당선되었다니 너무나 기쁘고 행복했다. 지나고 나서 생각해보니 코믹하게 콘셉트를 잡은 것이 적중했던 것 같다.

코믹하게 쓴 나의 원고는 최우수상이었고, 차마 눈물 없이는 읽지 못할 원고가 있었다. 어린아이를 데리고 근무하며 퇴근 후 집에서의 상황과 가족들과 외식하는 과정에서도 함께 즐기질 못하고 화장실에 가서 컨택을 잡아야 하는 상황을 그린 것이었는데 그 원고가 대상을 받았다.

이런 경험을 해보니 나처럼 자존감도 없고, 매사에 누구 앞에 나서는 용기도 없었던 사람이 용기도 생기게 되었고, 왠지 당당해지는 느낌을 받았다.

이렇듯 사람은 늘 칭찬을 받고 살아야 힘이 생기고, 용기가 생기는가 보다. 『칭찬은 고래도 춤추게 한다』라는 책도 있듯이 말이다.

나의 내면에는 항상 당당하고 싶고 나의 삶에 확신을 가지며 살고 싶다는 생각을 마음 저 깊은 곳에 간직하고 있었다. 이것은 나의 미래에 당당함과 확신에 찬 삶을 살 수 있다는 의미를 가지고 있다. 이 현대 사회에서 치열한 삶의 현장에서 더 이상 주눅 들지 아니하고 나의 삶에 대한 당당함과 앞으로의 나의 미래에 대한 확신을 가지고 힘찬 발걸음을 내딛는다.

사람마다 사랑을 받고 관심을 받게 되고, 자기가 좋아하는 일을 하며 성취의 기쁨을 맛보게 되면 어느 누구나 할 것 없이 당당해지고 확신에 찬 삶을 살 수 있다. 나는 지난 암울한 과거에서 벗어나 이제 작가가 되고, 늘 글을 쓰게 됨으로 어디를 가든 당당하고, 속도는 좀 느려도 무엇이든 할 수 있다는 자신감에서 확신을 가지고 살게 되었다.

지금 나는 어딘지 모르게 당당함이 나타나고 자신감에 차 있으니 매사에 하는 일마다 즐겁고 행복한 시간이며 무엇에든 잘될 것이라고 확신하며 살아가고 있다.

05

사람은 변할 수 있고
누구나 행복해질 수 있다

"당신이 변화해야 하기 전에 변하라."
– 잭 웰치

요즈음 미래가 예상보다 5년, 10년 더 빨리 왔다고들 한다. 그만큼 변화가 급속도로 나타나는 이 시대에 명심해야 할 것 중 하나는 변화를 거부하지 않고, 빠르게 올라타는 것이다.

기회라면 기회가 될 수도 있다. 변화하는 근무 환경들, 바뀌는 업계 트렌드 등 불만을 갖고 바라기보다는 그 변화에 탑승하는 것이 바람직하다고 생각한다.

진화론으로 유명한 찰스 다윈은 다음과 같이 말했다.

"살아남는 것은 가장 강한 종이나 가장 똑똑한 종들이 아니라, 변화에 가장 잘 적응하는 종들이다."

변화하는 시대에 맞추어 변화를 해야 되는데 익숙한 일이 아니다 보니 불안하고 두렵기만 하다. 사람은 어제의 나와 오늘의 내가 만나 내일의 내가 된다. 여기서 '만난다'는 것은 사람을 만나는 것일 수도, 책이나 영화를 만나는 것일 수도 있다. 만남이 있다는 것은 헤어짐이 있다는 것을 의미한다.

내가 경험한 만남과 헤어짐을 통해 마주한 내 자신에 대해 이야기를 해보려 한다.

모든 사람들은 나에게 화가와 같다. 상대방을 자신의 이미지로 그려낸다. 때로는 그걸 상대에게 말을 해준다. "넌 이런 사람이야." 하고. 그러나 그 이야기를 인정하려 하지 않는다. 나의 지난 과거를 돌아보면 매사에 존재감이 없는 사람이며 아집과 고집불통, 편견과 외골수였던 앞뒤가 꽉 막힌 사람, 이런 말을 인정할 수 없었다.

내가 생각하는 나와 남들이 생각하는 나 사이에 차이가 크면 클수록

161

다른 사람 이야기가 들리지 않는다. 오직 나에 대한 사랑과 나에 대한 자존심이 강해 인징하려 하지 않았다. 매사에 인정받지 못한 나는 내 스스로가 나 자신을 보호하기 위한 보호본능을 유발한 것이다.

이 때문에 오히려 나를 그렇게 보는 사람들과 단절을 했다. 한 사람이 나에게 뭐라고 하면 아닐 수도 있다. 하지만 여러 사람이 나에게 동일한 말을 할 경우에는 차분히 앉아서 나 자신을 들여다보아야 한다. 나는 한때 이렇게 생각했다.

'아, 짜증 나. 진짜 나한테 왜 이러는 거야. 완전 짜증 나. 친구가 너희들밖에 없냐. 너희들 아니더라도 나 좋다는 사람 많으니 걱정하지 마라.' 이런 식으로 인간관계를 단절시켰다. 어느 날 한 친구가 왠지 싫어지기 시작했다. '왜 갑자기 그 친구가 싫어지지?' 하고 곰곰이 생각해보니 그에게서 나의 모습을 발견했다. 그때 지난 옛 친구들의 말이 생각났다. 내가 내 모습을 받아들이려 하지 않았다는 걸 그때 깨닫게 되었다. 그 이후로 난 그들에게 사과를 했다.

내 앞에 서 있는 상대는 나의 거울이다. 내가 누군가가 이유 없이 싫어진다면 그건 그를 통해 나의 모습을 발견한 것일 수도 있다. 인정하기는 싫겠지만. 왜냐면 내 안에 있는 부분을 상대에게서 먼저 보게 되기 때문이다.

이렇게 고집과 아집, 편견, 골수분자, 꽉 막힘을 고치기 위해 무던히도 노력했다. 이러한 나 자신을 변화시키기 위해 자기계발 독서를 했고, 독서를 통해 나 자신이 얼마나 상대를 힘들게 하는 존재인지 깨닫게 되면서 다른 사람의 말에 귀를 기울이게 되었고, 수용하려고 노력은 했지만 그 못난 단점들이 하루아침에 변화되지는 않았다.

험난하고 실패와 좌절을 맛보며, 세월의 풍파 중에서 나의 모습과 상대를 살필 줄 아는 마음의 근육이 생기게 되었다. 이 마음의 근육이 생기기 전까지는 얼마나 고통스러웠는지 모른다. 근육을 만들기 위해서는 절대로 가벼운 아령으로는 근육이 생성되질 않는다. 나에게 좀 힘겹다 할 정도의 아령으로 운동을 해야만 근육이 생성되는 것이다.

이처럼 나 같은 사람도 변화한 것처럼 사람은 누구나 변화할 수 있다. 자신이 변화해야 될 부분과 모습을 발견한다면 두려워하지 말고 힘차게 도전하기 바란다. 지금은 나의 모습과 성격은 완전 옛 모습을 찾아볼 수 없을 정도로 변화되었다. 옛 친구들을 만나게 되면 나의 옛 모습을 찾아볼 수 없다고 한다.

이 일이 생긴 후 나는 항상 나에게 스스로를 향해 걸으라고 말을 한다. 늘 받아들이라고 말을 한다. 항상 이런 일이 발생을 하게 될 경우 우리는

3가지 선택이 가능하다.

'바꾸거나', '받아들이거나', '떠나거나'다. 바꾸고 싶은데 바꾸지 않는 것, 떠나고 싶은데 떠나지 않는 것, 그렇다고 받아들이지도 않는다면 그 또한 좋은 선택이 아니다.

우리가 현시대를 살아가면 어떤 문제가 발생을 하든 나는 받아들이는 쪽을 선택할 것이다. 변화무쌍한 시대에 발맞추어 함께 변화하지 않는다면 도태되고 말 것이다. 나는 이 시대에서 변화라는 것을 선택했고, 받아들이는 쪽을 선택했기에 지금의 내가 있고 지금 이렇게 글을 쓰고 있다. 나의 성격이 변화한 것처럼 나는 나의 삶 자체도 변화시키고 싶었고 도전했다. 늘 다람쥐 쳇바퀴 도는 삶과 어제가 오늘 같고, 오늘이 내일 같은 삶에서 벗어나고 싶었고 그 마음이 너무도 간절했다.

그 간절함이 컸기에 조금만 힘이 들면 도망가버리고, 주저앉아버리는 나의 한계를 뛰어넘어 이렇게 당당하게 작가가 되어 나와 같은 독자들을 위해 조금이나마 용기와 힘이 되고자 지금도 이렇게 글을 쓰고 있다. 지금은 작가로서의 바람이 있다. 이 책을 읽고 있는 독자도 분명 꿈이 있을 것이다. 어떤 꿈이든 상관없다. 그 꿈을 위해 본인의 모습이 변화해야 한다면 과감히 도전하기를 바란다.

도전하고 변화된 모습을 자신이 발견한다면 그 어떤 것보다도 행복함을 누릴 수 있다. 도전하고 꿈을 향해 나아간다면 새로운 삶에 대한 원동력이 발동하게 된다. 처음에는 익숙하지 않은 행동이기에 매우 당황스럽고, 매우 불편한 현실이다. 이 불편한 현실을 외면하고 행복하게 살아갈 수 있다면, 도전하지 않아도 상관은 없다.

하지만 무엇인가 내면에서 부르짖는 음성이 있다면 그냥 그렇게 산다고 결코 행복할 수 없을 것이다. 나는 변화하지 않고 그냥 어떻게 되겠지! 하며 사는 대로 살다가 가정 문제, 부부간의 문제, 경제 문제, 건강 문제, 온통 어느 것 하나 문제로 오지 않는 것이 없이 버티며 살아왔다. 변화하지 않고 사는 것이든 변화하며 사는 것이든 힘들기는 매한가지다. 그래도 변화하며 사는 것이 희망이 있기에 힘은 들지만 빛이 보이기 때문에 힘이 들어도 견딜 수 있는 힘이 생긴다. 지금에 와서 과거를 돌아보면 정말 힘든 시간이었던 것을 어떻게 견뎌왔나 싶을 정도이다.

지금 나의 도전은 이러다 정말 죽을 것 같아서 책을 쓰기 시작했고, 내가 변화하지 않으면 죽을 것 같아 변화를 위해 발을 내딛었다. 처음에는 '내가 할 수 있을까?'라는 두려움 때문에 더 힘이 들었고, 옛날처럼 힘들다고 주저앉으면 어떻게 하지? 이런저런 생각으로 나의 어깨에 큰 바윗돌이 하나 얹혀 있는 느낌이었다.

그러나 힘들다고 징징대며 그냥 버티고 있을 수는 없었기에 마음과 생각을 바꾸기로 했다. 나 자신에게 계속적인 호응과 관심을 가지며 '너는 할 수 있다.'라고 외치며 나의 내면에 속삭이기 시작했다. 이때 의식 성장 대학에서 배운 것이 나에게는 엄청난 위력을 발휘하기 시작했다. 나의 모든 말부터 생각, 행동을 바꾸기 시작했다. 조금씩 용기가 생기며 힘이 솟아나는 느낌을 받았다. 긍정의 말로 바꾼 것이 이렇게 현실에서 내가 느낄 정도로 달라지고 변화하게 했고, 원고를 완성하게 만들었다.

정말 죽을 것 같아 책을 썼는데 이 책이 나를 살리고 있었던 것이다. 지금 나의 모습은 나 스스로가 당당해지고, 많은 변화된 나의 모습에서 행복함을 느끼며 살아가고 있다. 지금 당신이 힘든 상황에 처해 있다면 당신도 분명 변화할 수 있고, 변화하면 누구나 행복해질 수 있다. 그리고 당신에 대한 책을 쓰라고 권유한다. 지금 현재 죽을 것 같은 현실에서 당신이 책쓰기를 시작한다면 그 책이 반드시 당신을 살릴 것이고, 당신을 행복하게 만들어줄 것이라고 확신한다.

06

나의 자존감 회복의
전환점은 글쓰기였다

"어떤 일을 달성하기로 결심했으면

그 어떤 지겨움과 혐오감도 불사하고 완수하라.

고단한 일을 해낸 데서 오는 자신감은 실로 엄청나다."

– 아놀드 베넷

수많은 사람들이 꿈을 가지고 있다. 그 꿈을 간직만 하고 그 꿈과는 정반대로 살아가고 있는 사람, 그 꿈을 향해 도전하고 그 꿈을 이루어 꿈대로 살아가고 있는 사람 두 부류로 나누어진다. 전자는 그 꿈을 이루기 위해 '무엇을 어떻게 해야 이룰 수 있지?'라는 자신에 대한 질문을 던지지 않는다. 그냥 막연한 상태에서 꿈으로만 간직하기에 말 그대로 꿈만 가지고 있는 것이다.

　후자는 자기의 꿈을 위해 '어떻게 하면 이룰 수 있을까?' 하며 자기 자신에게 수도 없이 질문을 던지며 꿈을 이룰 수 있는 방법을 찾아내기에 몰입한다. 다들 꿈을 가지라고는 말한다. 나는 다른 방법으로 질문을 해보겠다. 예를 들어 나의 꿈이 작가가 되는 것이라면 이것이 진정으로 나에게는 '꿈'인가 아니면 '목표'인가를 질문하고 싶다.

　꿈과 목표는 서로 확연히 다르다. 꿈은 일어나지 않을지도 모르는 일을 상상하는 것이고, 목표는 그걸 이루어 나가기 위한 구체적인 계획을 세우고 열심히 노력해 마침내 이루는 것이다. 이렇듯 나는 늘 나 자신에게 이 질문을 하며 작가라는 것을 나의 목표로 세우고 하루 한 페이지는 무조건 쓰자 하는 목표를 세웠다.

　이렇게 하루 한 페이지 글을 쓰는 것만으로도 나에게는 힘이 생성되는 일이며 자존감이 살아나는 시간이었다. 작가가 되기 전의 나는 누군가에게 늘 못하는 사람, 할 줄 아는 게 없는 사람으로 인식되어 있는 삶을 살아가고 있었다.

　남들처럼 전문직종 종사자도 아니며, 많이 배워서 골든칼라, 화이트칼라도 아니며 블루칼라에 지나지 않는다.

아무리 사람들이 직업에 귀천이 어디 있나 하지만 직업에 귀천은 분명 있다. 실질적으로 경험하고 느끼게 된다. 이러한 상황에서 늘 스스로가 주눅이 들고 자존감이 위축이 되어 매사에 앞장서지 못하고, 뒤로 숨게 되는 나 자신이 때로는 원망스럽고 서러울 때도 있었다.

이러한 것들이 나의 내면에 각인, 뿌리, 체질이 되어 나 자신도 모르게 행동으로 나오게 되고 이러한 행동을 고치기 위해 무던히도 노력을 했지만 그것이 잘 고쳐지지가 않았다.
항상 뒤에서 도와주고, 협력해주는 일만 해왔지 주도적으로 이끌어가는 삶은 살아오지 못했다.

심지어 음식점에 가서 음식을 시키는 것조차 마찬가지다. 그냥 내가 먹고 싶은 것을 시키면 되는데 굳이 다른 사람이 시키는 것을 따라 하며 '그럼 나도 그것으로 먹을게.' 이런 식으로 항상 끌려다니는 삶을 살아오다 보니 스스로 결정하고 무엇인가 나의 생각과 뜻을 전달하는 데는 매우 서툰 것이 사실이었다.

이러한 삶을 살다가 내가 작가가 되어보니 매사에 자신감도 생기고 무엇인가 할 수 있다는 자신감이 불일듯 일어난다. 이처럼 나의 자존감 회복의 전환점은 바로 글쓰기였다. 만약 작가라는 목표를 삼지 않고 새로운 일에 도전하는 두려움 때문에 만약 포기해버렸다면 나의 삶은 어떻게 되었을까? 생각만 해도 아찔하다.

옛 모습 그대로 현재에 익숙함에 젖어 아무 발전 없는 삶, 무기력, 무능력의 삶을 살면서 늘 신세타령하며 살고 있을 것이다. 늘 포기하며 살아온 삶이기에 정말 내가 해낼 수 있을까 하는 '두려움', '의심', '걱정'이 나에게는 큰 장애물로 다가왔다.

얼마 전에 읽은 수전 제퍼스의 『자신감 수업』 중에서 많은 사람들이 저지르는 실수를 지적한다. 그들은 두려움이 진정되거나 사라질 때까지 기다렸다가 그 후에 행동하려 한다는 것이다.

하브 에커의 『백만장자 시크릿』 중에서 감명 깊게 읽은 부분이 있다.

"두려움에도 불구하고 행동을 시작하라."라고 한다. 그는 세미나에서 "진정한 전사라면 두려움이라는 코브라를 길들여야 한다."라고 가르치고 있다. 그는 코브라를 죽이라고 말을 하지 않는다. 코브라를 없애라고, 코브라를 피해 도망하라고도 말을 하지 않는다. 코브라를 길들이라고. "부자들도 새로운 일을 하려고 할 때 의심과 불안감이 생긴다. 단지 이런 감정에 방해받지 않을 뿐이다."라고 한다.

또 그는 시애틀에서 저녁 세미나를 할 때 밴쿠버에서 열리는 3일 일정의 훈련 강좌를 소개했다. 한 사람이 일어나서 시애틀에서 하지 않고 밴쿠버라 멀어서 못 가겠다고 했다. 그는 이렇게 답했다.

"세 시간 걸리는 거리라서, 세 시간 비행기를 타야 해서, 사흘이 걸릴 거라서 당신에게 필요한 일, 하고 싶은 일을 못 한다면 또 어떤 것들이 당신을 가로막을까요? 답은 뻔합니다. 모든 게 다 가로막겠죠! 뭐든지 장애물일 겁니다. 문제의 크기가 아니라 바로 당신의 크기 때문입니다! 간단해요. 장애물에 걸리는 사람이 되든지 장애물을 넘어서는 사람이 되든지 둘 중 하나입니다. 당신이 선택하세요. 성공하고 싶다면 전사가 되어야 합니다. 뭐든 하겠다는 각오가 있어야 합니다. 어떤 장애물에도 걸리지 않도록 자신을 훈련시켜야 합니다."

무슨 일에든 성공하려면 모든 것이 불편하다. 나도 작가의 길을 걸으면서 두려움과 장애물로 바빠서, 시간이 없어서, 피곤해서, 여러 가지 집안일로 인해서, 자존감은 자꾸 사라지고 이렇게 하마터면 걸려 넘어져 포기할 뻔했지만 장애물을 뛰어넘을 수 있는 힘을 주신 하나님이 계셨기에 장애물을 넘어서는 사람이 되어 이제는 당당히 말할 수 있게 되었다.

나의 자존감 회복의 전환점은 바로 글쓰기였다. 글을 쓰면서 조금씩 두려움과 나 자신 속의 장애물을 하나하나씩 물리칠 수 있었고 매일 글을 씀으로 장애물에 걸려 넘어지는 사람이 아니라 장애물을 뛰어넘는 사람이 되었다.

오늘 필라테스 운동을 갔다. 그동안 손목 골절로 운동을 보류해놓은 상태였는데 이제 조금씩 운동을 해보려 한다. 오랜만에 가서 운동을 하려니 그동안 굳어 있는 몸이라 그냥 스트레칭만 하는데도 매우 힘이 들었다.

운동을 하면서 강사님과 여러 가지 얘기를 하다가 글을 쓰고 있다고 했다. 강사님이 "아! 그러면 작가님이신가요?" 하고 되물었다. 그렇다고 했더니 "와우! 정말 대단하시네요. 내 주위에 작가라는 사람은 한 사람도 없는데 드디어 제가 아는 작가님이 생겼군요. 이거 영광입니다!" 하며 인사를 했다. 나의 잃었던 자존감이 회복되는 순간이다.

늘 어제가 오늘 같고, 오늘이 내일 같은 삶을 살던 나에게 장애물을 뛰어넘어 나 자신에게 핑계대지 않으며 자존감을 회복하는 전환점을 만들어준 것이 글쓰기였다. 나는 글을 쓰는 순간만큼은 온전히 나의 세상이요, 나의 세계임을 느낀다. 이러한 행복과 삶의 질을 높이며, 나의 아름다운 세계에 독자 여러분들을 초대한다.

07

글쓰기는 온전히 나답게 살기 위한
자존감 연습이다

"사실 당신은 항상 해야 할 일을 알고 있다.

 어려운 것은 그것을 행하는 것이다."

– H. 노먼 슈워츠코프

바쁜 시대에 많은 사람들이 자기 관리에 대한 개념이 많이 달라졌다. 건강관리를 최우선으로 하는 사람들이 많이 늘어나는 추세이다.

그럼에도 불구하고 바쁘다는 핑계로 자기를 관리하지 않는 사람도 아직까지 많다. 우리가 알고 있는 수많은 성공자들은 건강관리를 우선으로 꼽는다. 아무리 성공을 한다 하더라도 건강을 잃어버리면 모두를 잃어버리는 것과 같기 때문이다.

　일반 평범한 사람들은 자기 관리를 하라고 하면 돈이 얼마나 드냐, 시간이 없다 이런 여러 가지핑계를 대며 본인 자기 관리를 소홀하게 여겨 건강관리에 신경을 쓰지 않는다. 시대가 빠르게 발전함에 있어서 상대적 빈곤을 겪으며 정신적인 질환이 판을 치고 있고, 여러 면에서 급변하는 시대에 나를 위한 시간을 내는 것이 결코 쉬운 일은 아니다.

　하지만 시간을 내지 못했을 때 치러야 하는 비용은 너무 크게 느껴진다. 자기만을 위한 시간을 가진 뒤로 최고의 선택을 하게 된 어느 지인의 이야기이다.

　그녀는 깨어 있는 시간 대부분을 남편을 간병하는 데 모든 시간을 썼다. 남편은 3년째 알츠하이머병을 앓고 있었다. 그녀는 종일 계속적으로 남편의 간병으로 녹초가 되어갔다. 그럼에도 자기만을 위한 시간을 갖는 것은 이기적이라고 생각을 했다.

　그래서 남편의 간병에 자신의 시간을 모조리 쏟아붓고 있었다. 그러다가 그녀도 건강이 나빠지기 시작했다. 어떠한 조치를 취하지 않으면 자신도 병에 걸려 남편 간병조차도 하지 못할 것 같은 생각이 들었다. 자녀들과 상의해 요양보호사를 들이기로 했다. 그때부터 그녀는 숨을 돌릴 여유가 생겼고 자신에 대한 중요한 일에도 집중할 수 있었다. 그녀는 건강이 호전되었고 남편의 간병도 한결 효과적으로 감당할 수 있었다.

이렇듯 나만의 시간을 내려면 자신이 모든 것을 통제한다는 통제권을 내려놓아야 한다. 다시 말해 내가 아니면 일이 제대로 돌아가지 않는다는 믿음을 포기해야 한다는 것이다. 그 일을 할 사람은 나밖에 없다는 생각을 내려놓아야 한다. 그녀의 경우 남편의 간병을 다른 이에게 맡겨야 자기 돌봄이 가능했던 것처럼 말이다. 물론 그녀에게는 쉽지 않은 일이었을 것이다. 그녀는 짐을 나누어 들지 않으면 얼마 가지 못해 아예 그 짐을 들 수 없다는 사실을 깨달았다.

무엇보다도 자기 돌봄의 핵심은 시간을 만드는 것이다. 시간을 만들지 않으면 다른 일에 밀려버린다. 스케줄에는 미팅이나 모든 업무로 가득 차 있다. 이 스케줄에 나를 위한 시간을 넣는 것은 나에게 헌신하겠다는 약속이기도 하다. 이 지인은 이런 경험을 통해 온전히 나답게 살기 위한 것이 얼마나 중요한지 깨닫게 되었다고 한다. 나 또한 2년 전에 친정어머니를 떠나보냈다. 어머니가 건강이 나빠지기 시작한 것은 류마티스 관절염 약을 30여 년 복용해오다 약의 부작용으로 모든 세포와 장기들이 흐물흐물해지며 각자 제 기능을 할 수 없게 되면서였다.

이 일로 인해 심장도 제 기능을 하지 못하고 심장판막 폐쇄 부전증으로 임청난 균들이 모여 있다가 이 균들이 어디로 튈지 모르는 상황이었으므로 10~12시간이 걸리는 대수술을 받아야만 했다.

한두 달을 병원에 있어야 하는 관계로 간병비 한 달분이 나의 월급보다 많았다. 이런 일로 나는 다니던 직장도 그만두고 엄마를 간병하게 되었던 것이다. 이렇게 나도 두 달을 꼬박 간병을 하고 나니 나의 건강은 물론이고 나의 가정까지도 엉망이 되어버렸다.

퇴원을 하고 다시 직장에 나가게 되고 엄마 혼자 식사며 약이며 챙겨 드시기 어려운 상태이고 요양 보호사 도움을 받을 수 있도록 등급을 받으려니 한 달 정도가 걸렸다. 그 한 달을 나의 직장인 영천공단에서 대구 두류공원까지의 거리를 오가며, 친정집으로 퇴근하고 돌봐드리고 또다시 집으로 돌아가 집에서 또 살림을 살고 아침에 출근을 했다.

이렇게 살다 보니 나의 건강에도 적신호가 왔다. 피로가 쌓이며 온 입은 부르트고, 면역력이 바닥을 치며 대상포진에 걸리게 되었고, 건강 상태가 너무 좋지 않았다. 결국 등급을 받고 요양보호사의 돌봄을 받았지만 요양보호사 근무시간이 하루 3시간밖에는 되지 않았다. 그러니 몇 시간을 내가 퇴근하여 친정집 도착할 때까지 엄마는 혼자 보내야만 하는 시간이 너무 길었고, 병원 침대에 몇 달을 누워계신 이후로 다리에 힘이 없어 걷지를 못했다. 이러한 상황에서 혼자 화장실을 갈 수 없게 되었기에 결국에는 요양 병원으로 모시게 되었다.

이런 과정에서의 나의 삶을 살거나 내가 나답게 산다는 것은 생각조차도 할 수 없던 일이었다. 물론 사랑하는 가족이지만 상대로 인한 나의 인생은 전혀 없었고, 나 자신을 위한 시간은 생각지도 못한 상황을 살아가게 되었던 것이다. 이런 상황을 겪어보니 나에 대한 나 스스로의 돌봄이 얼마나 중요한지, 내가 나답게 살 수 있는 환경 또한 얼마나 중요한지, 자신에 대해 충실할 수 있는 시간을 갖는 것이 얼마나 중요한지 뼈저리게 느끼게 되었다.

이런 일을 계기로 항상 나는 나 자신을 위한 자기 돌봄의 시간을 가지려고 노력을 했고, 내가 나답게 살기 위해 어떤 방법이 있을까 고민하게 되었다. 나의 삶을 변화시키기 위한 시간을 확보하기 위해 식품회사도 그만두게 되었다. 무엇이든 변화하고 새로운 삶을 위해 꿈을 꾼다면 자신의 돌봄으로 건강을 챙기고 시간을 확보해야만 꿈을 향해 도전을 할 수 있고 나의 삶을 나답게 살 수 있는 환경과 여건을 만들어갈 수 있는 것이다.

위의 사례가 너무 어두웠는지도 모른다. 하지만 이때 나는 몸을 열 개라도 만들고 싶을 정도로 시간의 자유를 누리고 싶었다. 이 상황을 당장 벗어나고 싶은 심정이었고, 어딘가 아무도 없는 곳으로 숨어버리고 싶은 마음을 억누른 채 눈물로 그 시간을 버텨야만 했다. 식품회사를 그만두고 그나마 조금이라도 시간 여유를 가질 수 있는 직장으로 이직을 하였기에 독서도 할 수 있었고, 여러 가지로 나의 미래를 생각하며 돌아보는 시간을 가지게 되었다. 무엇이든 꿈이 있으면 상황과 환경을 보지 말고 무조건 되는 방법으로만 생각해야 한다.

나는 작가의 길을 걷겠다고 결심하며 도전할 때는 직장에서 근무 중에 다쳐 손목 골절과 좌골 골절로 입원 상태였다. 처음에는 계속 누워 있어야만 되는 상황이었다. 쉽게 앉을 수도 없었고, 밥도 겨우 서서 먹어야 했었으며, 오른손은 깁스를 한 상태였다.

만약 그때 상황이 좋지 않다고 건강이 회복된 후, 퇴원해서 '생각해볼까?'라고 했으면 아마 나는 지금 작가가 되지 못했을 것이다. 지금의 현시점에서 보면 정말 글쓰기는 온전히 나답게 살기 위한 자존감의 연습이었다. 내가 글을 쓰지 않았다면, 위의 사례에서 늘 나의 환경과 삶에 지쳐 원망과 절망에 빠져 환경에 이리 끌려다니고, 저리 끌려다니는 상황에서 빠져나오지 못한 채 나답게 사는 것이 무엇인지도 모른 채 나의 삶의 굴레에 묻혀 살아가고 있을 것이다.

내가 글을 쓰고 있다는 자체가 나답게 살기 위한 자존감을 살리는 끊임없는 연습이며, 내 인생을 내가 주도하며 살아갈 수 있는 사람이 되고자 하는 최고의 노력이다.

오십 평생을 살아오면서 느낀 교훈이 하나 있다. 내가 무엇을 하기 위함에 있어 환경은 절대 편안한 환경으로 만들어지지 않는다는 것이다. 무엇인가 시도를 하려면 어떤 상황에 처해 있을지라도 그 상황이 가장 적합하다는 것임을 잊지 말아야 한다. 그냥 미래를 위한 믿음의 첫발을 내딛기 바란다. 나는 이러한 말에 실천하였으므로 지금의 '나'가 있는 것이다.

"독서는 체험하는 것이 가장 중요하니,
　참으로 정밀히 살피고 밝게 분별하여 심신으로 체득하지 않는다면
　날마다 수레 다섯 대에 실을 분량의 책을 암송한다 한들
　자신과 무슨 상관이 있겠는가."
　- 정조 대왕

새로운 일에 도전을 할 때 주위를 살피지 마라. 하고자 하는 그 목표만을 바라보고 전진하라.
지금의 나는 오직 글쓰기에 집중되어 있다. 나에게는 자존감도 없었

고, 용기도 없고, 일어날 힘도 없었지만, 작가가 된 이후 글쓰기는 온전히 내가 나답게 살기 위한 자존감을 일으켜 세우는 연속이고, 연습이다.

나의 삶에 있어 가장 값진 것이고, 가장 소중한 시간이며, 과거의 나가 아닌 새로운 나를 만들어가는 보화와 같은 시간이기도 하다.

이러다 정말 죽을 것 같아서 책쓰기를 시작했다

08

책을 쓴다는 것 자체가
성공한 인생이다

"오직 성공만 생각하고, 성공할 것처럼 행동하라.
마음이 무너지지 않으면 그 무엇도 무너지지 않는다."
– 이나모리 가즈오, 『왜 리더인가』 중에서

누구에게나 '지금 이 순간'이라는 시간이 동일하게 주어진다. 이 시간
을 어떤 마음으로 살아가느냐가 결국 남은 인생을 결정하는 것이다. 뜻
하지 않던 행운이 불쑥 찾아올 때도 있고, 그것이 우리의 삶이며, 사람들
과 아울려져 가는 인생의 모든 굴곡은 자연계의 법칙과 동일하다.

그러니 지금 아무리 괴로운 상황에 놓여 있거나, 끝없는 터널처럼 사방이 칠흑처럼 어둡다고 해도 포기해선 안 된다. 인생의 모든 것은 마음가짐이 결정한다. 그것은 실로 명확하고 엄연한 사실이다. 기어코 살아남아 성공하겠다는 그 간절한 마음을 놓지 않는 이상 반드시 하나님은 나의 성공과 독자의 성공을 약속할 것이다.

나에게 책쓰기 전의 인생과 책 쓴 후의 인생은 확연히 다르다. 먼저 책쓰기 전의 인생을 한번 되돌아본다.

가정의 어려움으로 일찍부터 직장 생활을 하며, 배운 것 없고, 어느 하나 내세울 것 없고, 늘 자신감이 없어 그로 인해 존재감도 없는 인생을 살아왔다. 무엇에든 나의 주장은 없었고, 그냥 주위에 휩쓸려 살아온 것이다.

그러다 보니 매사에 나의 생각과 다른 사람의 의견이 다르면 나는 당신들과 의견이 다르다고 당당하게 말을 하지 못하고 늘 다수의 결정에 따라 살아오며 행동하고 있었다.

이 행동들 때문에 나의 삶이 고통 속에 빠지고 나는 자존감도 사라지고, 존재감 없는 삶을 살았다. 인생에서 나의 존재감은 바닥을 치고 어디를 가든 앞서서 무엇을 하는 것이 아니라 늘 뒤에 숨어 있는 존재로 살아왔다.

그런 세월을 보내며 나의 자존감은 나도 모르는 사이 어디론가 사라져버리고 나 자신 또한 찾아볼 수 없게 되었다. 나는 나 자신 스스로를 사랑할 줄 몰랐고, 늘 핀잔을 듣기가 일쑤였다. 이래서 안 되겠다 싶어 검정고시 학원에 수강을 신청하고 주경야독으로 공부를 하기 시작했다. 이렇게 주경야독으로 공부하는 것 또한 쉬운 일이 아니었다.

나는 잠이 많은 관계로 그렇게 피로감과 잠과의 싸움이 시작되고, 고달픈 시간을 보내며 겨우 고입검정고시를 마치게 되었다. 계속적인 공부를 했어야 함에도 힘들고 어려운 환경을 탓하며 나는 할 수 없다는 두려움으로 미리 포기해버리는 삶을 40여 년을 지속하며 살아온 인생이다.

이러한 삶을 벗어나고 싶었고, 여태껏 두려움 때문에 미리 포기해버리는 나 자신에 대한 후회가 일어났고, 자신의 한계를 뛰어넘지 못해 늘 주저앉아버리는 나 자신이 죽이고 싶을 정도로 싫어졌고, 미웠다. 이런 작가가 되기 전의 삶은 늘 나 자신의 한계를 뛰어넘지 못해 늘 암울한 삶을 살아온 것이라 할 수 있다.

이제 나는 작가가 된 후의 삶을 한번 살펴보면서 다시 한번 새삼 느낀다. 나는 지금 나의 인생에서 새로운 꿈을 향해 전진해나가고 있고, 오직 나의 한계를 뛰어넘기 위해 젖 먹던 힘까지 써서 나 자신의 한계를 뛰어넘었다. 컴퓨터 워드, SNS 활동 등 이러한 것에 익숙하지 않은 삶이지만 이러한 것들로 나를 바꾸어갔다.

생소한 일임에도 새로운 일에 도전을 했다. 물론 유튜브를 찍고 하는 것은 아직도 두려운 일이다. 하지만 이 또한 내가 작가가 되기 전에는 어떻게 할지도 몰랐었고 아예 내가 한번 찍어보려는 생각조차 하지 못했지만 지금은 내가 해보겠다고 직접 영상을 찍고 서툴지만 편집하고 영상도 올리는 작업까지 하고 있다. 이렇게 나에게는 어려운 작업임에도 포기하지 않고 끊임없이 도전하였기에 느리지만 하나하나 헤쳐나가고 있다.

포기하지 않고 도전한 결과 나는 정말 나를 무시하지 않고 작가라는 목표를 이루었고, 이것을 발판 삼아 '유튜브 크리에이터'가 되기 위한 또 다른 도전을 하게 되었다. 내가 책을 쓰기 전에는 가족들은 나의 드림킬러들이었다. 막상 책이 나오고 나니 가족들은 드림킬러에서 갑자기 후원자로 바뀌었다.

남편은 온 직장에 내 아내가 작가가 되었다고 나의 책 표지 사진을 휴대폰에 저장해 만나는 사람마다 자랑하고 다녔고, 아이들은 자기들 친구들에게 드디어 우리 엄마 책이 나왔다고, 스스로 자랑해주고 있었다.

친척들까지도 가문의 영광이라고 책이 출판되는 날 나의 전화는 불이 난 것처럼 뜨거웠고 걸려오는 전화를 받느라 시간이 어떻게 가는 줄 몰랐다.

한 지인은 어떻게 작가가 될 생각을 다했느냐며 책이 나왔다는 소식을 듣고 책 표지를 보는 순간 그동안 그렇게 "많은 책을 읽고 있고 글을 쓰고 있었다는 생각을 하니 사람이 다시 보였다."라며 뭔가 달라 보이더라는 것이다.

이처럼 책쓰기 전의 나의 모습과 후의 나의 모습을 살펴봤을 때 정말 책을 쓴다는 것 자체가 성공한 인생이 아닌가.

한 친구는 나이 오십을 넘어 나 때문에 책을 구매하기 위해 예약판매 링크를 타고 들어가 생전 처음으로 책을 구매해보았다고 작가님 덕분에 힘도 들었지만 새로운 경험을 하게 해줘서 고맙다고 하며 전화를 걸어왔다. 평생 인터넷이 서툰 관계로 인터넷으로 무엇을 구매해본 적이 처음이라는 것이다. "내가 너 덕분에 인터넷으로 회원가입하고, 책을 구입하는 데 몇 시간이 걸려 구매했지만, 죽기 전에 새로운 경험을 하게 해줘서 고맙다"고 한다.

예전에 같은 직장 다니던 동료도 역시 너는 이런 곳에서 일할 사람이 아니었다고 하며 내가 작가 선생님을 다 알고 있다니 감개가 무량하다며 사람이 다시 보인다고 했다. 나중에 책이 도착하면 사인해줄 거지 하며 사인 예약까지 받게 되었다. 이렇게 내가 책을 쓰지 않았다면 어떤 일로 주위 사람들에게 이렇게 많은 환호를 받으며 축하 메시지를 받겠는가.

이렇게 많은 사람들에게 축하를 받다 보면 더 많은 축하 받을 일이 생기리라 믿는다.

이런 경험은 나 또한 신선한 경험이며 새로운 경험으로 나의 마음에 새로이 좋은 감정으로 자리 잡아가고 있다.

이런 축하의 말에 힘을 얻어 더욱더 열심히 글을 써야 되겠다는 다짐까지 하게 되고 없던 힘까지 솟아나며, 기쁘고 즐겁다. 요즈음은 잠자고 눈을 뜨는 아침이 즐겁기만 하다. 아침에 새들이 지저귀며 저희들끼리 대화하며 새들조차도 나를 축하해주는 노랫소리로 나를 깨우는 것 같다. 아침에 새들의 축하 소리로 눈을 뜨고, 내려지는 커피에서 뿜어져 나오는 향기로 온 집 안을 가득 채우고 나의 잠든 오감을 깨우며 꼭 내가 드라마의 한 주인공이 된 기분이다.

직접 내린 한잔의 따뜻한 커피를 들고 컴퓨터 앞에 앉아 『새벽 5시 필사 100일의 기적』을 필사하고 나의 느낀 점을 기록하고 원고 쓰기를 준비하며 책을 쓰는 자체가 나의 삶에 대한 성공한 인생이라는 생각이 들었다. 마치 드라마에 작가들이 등장해 글을 쓸 때 글이 제대로 쓰이질 않아 머리를 쥐어뜯는 일도, 원고를 멋지게 마무리하고 마침표를 힘 있게 찍고 모든 짐을 내려놓고, 홀가분하게 날아갈 것만 같은 기분을 느끼는 모습도 꼭 나의 모습 같다.

또한 지금 이 책을 쓰는 이 순간만큼은 나의 목소리를 내고 있고, 내가 하고 싶은 말을 썼고, 또한 이 책을 읽으며 함께 공감해주고, 함께 웃고, 울어주며 나의 책을 읽고 힘을 얻었고, 인생이 달라졌다고 얘기해주는 독자가 있기에 이 또한 책을 쓴다는 것 자체가 성공한 인생이 아니겠는가.

지금 책을 쓰고 있는 이 시간이 나의 인생에서 가장 값진 시간이며, 가장 행복한 순간을 누리고 있고, 가장 질 높은 시간을 보내고 있음에 나는 이미 성공한 인생이다.

4장

이창순

절망과 우울을 이겨내고
삶의 근육을 키워준
책쓰기의 힘

이창순

약력 : 선한 영향력을 끼치는 동기부여가, 자기계발 작가, 가정행복 코치, 펜션 운영자, 발효곶감 전문가

저서 : 『결혼생활 행복하세요?』, 『나는 매일 행복하게 살기로 했다』
『버킷리스트 23』(공저)
『의욕 없던 삶이 다시 두근거리는 하루 10분 글쓰기의 힘』(공저)
『나를 사랑하게 되는 자존감 회복 글쓰기 훈련』(공저)

01

책을 쓰면서
위기의 인생을 구하다

책을 쓰기 전에 큰 위기를 맞았었다. 그 위기는 통념(일반적으로 널리 통하는 개념)의 위기 중에서 개념의 위기가 왔던 것 같다. 사전에서의 개념에 대한 정의는 일반적으로 알고 있는 어떤 사물이나 현상에 대한 보통의 지식을 말한다. 또 구체적인 사회적 사실들이 모여 일반화된 생각을 말한다.

나는 어떤 사물이나 현상에 대한 일반적인 지식에 대한 위기가 왔던 것이다. 초등학교만 졸업한 상태에서 직장 생활을 하였다. 직장 생활을 하다가 결혼하여 전업주부로만 살았다. 전업주부로 살면서 어느 날 거리의 간판을 보니 온갖 외래어 일색이었다. 도대체 무슨 뜻인지 알 수가 없었다. 이대로 까막눈으로 살아가야 하나? 아니다. 난 까막눈으로는 못 산다. 정규 학교는 갈 수 없고 검정고시라도 보기로 했다. 검정고시 공부를 하면서 외래어 간판이 해석이 되었다. 간판의 뜻이 해석이 되니 기뻤다. 저건 무슨 뜻이고 저건 무슨 뜻이구나. 일반적으로 모든 사람들이 알고 있는 것을 모르다가 하나씩 알아가는 재미가 있었다.

왜관이란 곳에서 16년 동안 살면서 생활에 필요한 배울 수 있는 것은 배운 것 같다. 꽃꽂이도 배웠다. 홈패션도 배웠다. 자전거도 배웠다. 지금의 농업기술센터(농촌지도소)에서 음식 만드는 것을 배웠다. 군청의 리더십 교육도 받았다. 구상문학관에서 여는 글쓰기도 배웠다. 지금은 책쓰기 열풍 시대라면 그때는 글쓰기 열풍 시대였다. 왜관읍까지 시를 짓고 수필, 소설을 쓸 수 있도록 하는 강의가 있었던 것이다. 이창순의 작가로서의 운명은 그때부터였다고 볼 수 있다.

왜관에서는 노벨상 후보에 추천까지 되었던 구상 시인도 만나며 공부하니 흥미가 있었다. 저분처럼 시를 써보리. 노벨문학상에 도전도 해보겠다며 칠곡문학회에 가입을 하였다. 창작 활동을 열심히 하였다. 시를 써보고 수필도 써보고, 소설도 써보았다. 해마다 6.25의 상흔이 있는 낙동강 평화축제, 아카시아축제 등에 출품도 하고 시 낭송도 하였다. 해마다 출간하는 칠곡문학회집에 출품도 하였다. 개인적으로 시집도 내보라는 권유도 받았지만 자비로 출판을 해야 한다고 했다. 그건 아니라고 보고 시집을 내지 않았다. 체계적인 공부를 하고 싶었다.

　외중에 대입 검정고시에 합격을 하였다. 대학교에 가고 싶은 속마음은 있었지만 감히 가겠다고 하지는 못했다. 그 마음을 알아차린 남편이 하고 싶은 것을 하라고 했다. 뛸 듯이 기뻐서 당장에 수능학원에 등록하였다. 대학교에 갈 수 있는 최소한의 성적도 갖추었다. 꿈같이 만학도 전형으로 대구대학교에 합격을 하였다. 창작과를 가야 하는데 창작과는 서울 쪽의 대학에만 있어서 못 갔다. 동양어문학부에 입학을 하였다. 1학년 동안 이곳저곳 탐색을 하였다. 내가 할 수 있는 학과는 국문학과였다. 인문학 분야의 중국어과, 불문과, 독문과, 경제경영 분야의 경제학과, 사회학과 쪽으로는 사회복지학과, 심리학과, 철학과, 교육학과, 심지어 미대 수업까지 탐색을 해보았다. 국문학과 외에 심리학과에 가장 관심이 갔다. 젊은 학생들도 한 학과 공부를 하기도 어렵다고 하는데 심리학을 복수전공까지 하였다. 리포트 쓰는 것이 인문학과와 사회학과는 차이가 있음을 알게 되었다. 호기심 천국인 나는 그걸 해냈다.

　자식뻘 되는 젊은 친구들과 재미있게 공부를 하였다. 때로는 젊은 무리들 속에서 외롭기도 했다. 성공하는 자는 외로움을 견뎌야 한다고 했잖은가? 나이는 생각하지 않고 할 수 있는 활동들을 해보았다. 왕언니로

193

불리면서 동아리 활동도 해보고 엠티도 가보고, 축제 때 참여도 해보았다. 종강파티와 개강파티에도 빼지지 않고 참여했다. 대학교 행사에 참여하면서 대학문화를 접해보았다. 문제는 졸업하고 났는데 공허감이 왔다는 것이다. 대학원에 가고 싶었지만 연년생으로 줄줄이 대학교에 입학하는 아이들이 있기에 더 이상 할 수가 없었다.

우울증이 왔다. 우울증을 탈피하기 위해 무엇인가를 해야 했다. 그것은 또 공부였다. 국문학과를 졸업하는 것만으로는 무언가를 할 수가 없었다. 글도 써지지 않았다. 일과 연결할 수 있는 공부를 더 하고 싶었다. 심리학 공부를 하면서 관심이 갔던 상담 공부를 하고 싶었다. 남편이 그것은 하게 두었다. 가족치료 부부상담 공부를 하였다.

상담 공부를 하면서 상담심리학 2급자격증을 획득했다. 1급자격증에 도전을 하려고 했으나 내면에서 아이가 울고 있었다. 달래주어야 했다. 내면아이는 3년 만에 울음을 그쳤다. 내면아이가 울지 않으니 더 이상 공부의 필요성도 느껴지지 않았다. 부모님의 이혼으로 어려움이 많았던 나는 사회적으로 늘어나는 이혼률을 줄여보고자 시작했었다. 내면아이의 울음이 그치니 공부의 흥미가 사라졌다. 사람은 각자 해결할 능력이 있다고 여겨졌다. 그들에게 해야 할 일이 없다고 생각되었다. 마지막 수업 과정에 상담 과정 비디오 제출만 남겨놓았는데 수료도 하지 않고 접어버렸다. 공부는 그렇게 끝을 냈다.

상담 공부를 마치자마자 문경으로 전원생활을 하러 왔다. 글을 쓸 때에 이론과 실제를 겸비하며 쓰자고 했다. 글을 써보려고 하니 실제가 약했다. 우연하게도 전원생활이 아닌 생업에 뛰어들게 되었다. 남편에게 갑자기 일이 없어졌던 것이다. 무엇인가를 해야 했다. 실제의 약한 부분을 곶감 만드는 일로 해보게 된 것이다. 문경에 오기 직전에 상주에서 살다가 어깨너머로 배운 곶감 건조 기술로 말이다. 흙집에서 살다 보니 펜션을 하라, 카페를 하라 이러면서 사람들이 나를 부추겼다. 아이구, 나를 어찌하라고 그라요? 나는 전업주부만 17년여 했는데요. 당장에 생활비를 걱정해야 하는 상황이지만 나 자신과 1년을 싸웠다. 난 못 해. 할 수 있어! 결국 할 수 있다가 이겨서 펜션도 추가했다. 정확하게는 농어촌 민박이었다. 지금은 펜션이라는 용어와 민박이라는 용어 어떤 것을 사용하여도 무방하다. 생각보다 펜션은 잘되었다. 문제는 먼저 시작한 곶감의 판로였다. 건강에 이로운 발효곶감을 만들었지만 일반적인 소비자들의 인식과는 거리가 있었다. 판매의 어려움을 겪었다. 당시에 노오란색의 곶감이 일반적이었는데 거무스레한 곶감은 낯설었던 것이다. 지금은 건강에 좋은 곶감으로 많이들 알아본다.

이렇게 현실 생활에 매몰되는 삶을 10년 넘게 살았다. 문득 '전원생활 하면서 글을 쓰려고 왔잖아?' 하는 생각이 들었다. 제대로 쉬어가는 쉼을 제공하고 건강 먹거리에 대한 소신은 지켜가고 있지만 빚은 늘어난다.

나는 부자가 되면 안 되니? 부자 한번 되고 싶다. 그런 생각이 들 때가 있었지만 나는 부자가 되면 안 돼.

그렇게 살아가던 어느 날 아는 동생의 권유로 책쓰는 곳을 소개 받았다. 망설임 없이 〈한책협〉이라는 곳의 일일 특강에 참여하였다. 그런데 이건 뭐지? 55세 이상은 등록을 할 수 없단다. 온갖 질병으로 살던 20년을 청산하고 건강하게 살아오면서 나이를 잊고 15년이나 살았는데 나이 제한에 걸렸다. 그제서야 65세라는 나이를 인식하고 책을 쓸 수 없다고 하니 갑자기 마음의 늪이 생겼다. 신체적으로나 정신적으로나 책을 쓰지 못할 이유가 없는데? 별명도 잘 지었지. 책쓰기 도사님이 나이 많은 사람은 가르치기 어렵다고 하기는 하시는데 딱히 거절은 하지 않으신다. 내 안의 갈등만 해결하면 되는 것이었다. 난 한 번 한다면 하는 사람인데 하면서 일일 특강에 성급하게 찾아왔나? 2시간여의 갈등은 결국 '하자!'로 정해졌다. 책쓰기 과정은 대학교에 가기 전에 했던 수능 공부보다 더 빡세었다. 주제와 제목, 장 제목, 꼭지 제목을 정하는 것 등의 공부가 재미있기도 했다. 주제와 제목을 스스로 정해보라고 과제를 내주었지만 자력으로 할 수가 없었다. 도사님이 직접 정해주셨다. 장 제목과 꼭지 제목은 과제 중에서 도사님이 선정하거나 보충하여 정해주셨다. 목차가 정해지자 바로 원고 집필에 들어갔다.

이러다 정말 죽을 것 같아서 책쓰기를 시작했다

원고 집필 과정은 뼈를 깎는 것보다 더 어려운 쇳덩이를 깎는 듯한 작업이었다. 그러나 재미있었다. 원고가 잘 써지지 않으면 도사님이 적절하게 조언을 해주신다. 때로는 칭찬을 해주신다. 집필을 마치니 의자의 천이 날근날근해질 정도였다. 원고를 쓰면서 신기한 일이 일어났다. 가정에서 남편과의 불편함이 사라졌다. 남편을 이해하게 되는 계기가 된 것이다. 남편이 불쌍하다는 생각을 해본 적이 없는데 불쌍하게 보였다. 한마디로 가정에 행복이 온 것이다.

지금 생각해보면 '나의 인생을 생각대로 살 것인가? 사는 대로 생각을 할 것인가?'였던 것 같다. 생각대로 살지 못하고 사는 대로 살아가다가, 책을 쓰면서 생각대로 살게 된 계기가 되었던 것이다. 사실 책쓰기 전에는 남편과의 불편한 관계를 어떻게 해결해야 하는 숙제가 있었다. 책을 쓰면서 신기하게도 그 불편함이 해소되었던 것이다.

일상의 화재나 홍수 등 천재지변으로 오는 위기도 무섭지만 개념의 차이로 겪는 위기는 더 무서웠다. 공부를 했어도 남편이 나를 무시한다고 생각되었다. 그 개념이 사라진 것이다. 남편은 자기가 옳다 하고 나는 내가 옳다 하면서 다투기 일쑤였다. 각자 성격이 강하다 보니 부딪힘도 컸다. 끝까지 갈 뻔도 했다. 마지막 말은 하지 않기로 했지만 언제까지일지는 모를 일. 그렇게 개념의 위기 속에서 살아가다가 인생을 구하는 일이 생긴 것이다. 책을 쓰면서 위기를 모면하고 행복하게 살게 된 것이다. 이어서 마음과 경제적인 면까지 자유로워졌다. 어쩌면 작가는 가난의 상징이었지도 모른다. 나는 가난한 작가를 탈피하고 싶었던 것이다. 사회적인 작가에 대한 통념을 깨면서 내 인생은 행복의 길로 가고 있다.

02

삶의 근육을 키워준
책쓰기의 힘

책쓰기의 힘은 삶의 근육이 키워질 때 나온다. 신체의 근육이 키워질 때는 생명의 힘줄을 단단하게 하고 살을 찌울 수 있는 단백질·지방·탄수화물·무기 염류를 필요로 한다. 이는 근육량을 늘려서 다양한 활동이 가능하도록 하는 것이다. 삶의 근육이 키워지는 것도 마찬가지다. 삶의 근육이 키워지려면 영혼의 고리가 단단하고 마음을 살찌울 수 있는 영양소를 필요로 한다. 이는 영혼과 마음의 근육량을 늘려서 자유롭게 다양한 활동이 가능하도록 하는 것이다.

신체 운동을 하면 생명의 힘줄과 살이 단단해지고 힘이 키워지듯이 삶

199

의 근육도 단단해지고 강해지면 영혼이 맑아지고 마음의 힘이 키워진다. 신체의 근육을 강화시키기 위해 매일 강화 운동을 해야 힘줄과 살이 단단해지고 힘이 키워지듯이 마음의 근육도 매일 강도 높은 책쓰기를 해야 영혼과 마음이 단단해지고 힘이 키워진다. 신체 근육은 매일 일정시간 이상 운동을 해야 근육이 단단해지고 힘이 키워지듯이 삶의 근육도 매일 일정 시간에 책을 읽으면 영혼이 맑아지고 마음도 단단해지고 마음의 힘이 키워진다. 신체의 근육은 매일 일정 횟수의 운동을 해야 힘줄과 살이 단단해지고 힘이 키워지듯이 삶의 근육도 매일 일정 횟수로 영혼을 맑히고 마음을 강화해야 단단해지고 힘이 생긴다.

사람의 건강에서 가장 먼저 고려해야 할 것이 근육의 힘을 기르는 일이라고 생각한다. 건강이 심히도 좋지 못하던 적이 있었다. 그때 근육은 힘이 없어서 축 늘어져 있었다. 근육이 축 늘어졌다는 것은 힘줄이 약하고 살에 힘이 없는 상태를 말한다. 근육이 제 기능을 발휘할 수 있도록 건강관리를 했다. 백방 수소문을 하여 건강관리 1인자를 찾았다. 자연건강법을 터득하여 근육을 강화시키기 위하여 매일 운동을 했다. 근육을 강화시키기 위하여 해야 할 일은 단순히 운동만 해서는 안 된다는 것을 알았다. 유산소 운동과 무산소 운동을 하여야 했다. 걷기도 하였고 등산도 하였다. 깊은 호흡도 필요하였다. 운동 이전에 독소 제거를 하는 것이 급선무였다. 하여 단식을 하였다. 매일 아침 단식을 하고 간헐적 단식도 하였다. 아울러 자연식 섭취는 기본이었다. 가장 오염원이 적은 것을 선택하여 음식을 만들어 먹었다. 덕분에 지금은 30대도 부러워하는 건강한 체력을 가지게 되었던 것이다.

삶의 근육이 키워지면 책쓰기의 힘이 생긴다. 나는 책을 쓰기 전에 늘 글을 썼다. 매일 일기를 썼다. 블로그에 나의 삶을 기록하였다. 각종 SNS에 글을 올리고 사진도 올리고 영상을 공유하였다. 그렇게 수십 년간 글을 썼다. 그리고 책을 썼다. 책을 쓰는 데 불가피한 부분을 걸러낼 수 있는 힘이 생겼다. 지속적으로 쓸 수 있는 힘도 있다. 매일 쓰고 교정하는 일을 해왔다.

신체 근육을 가장 빠르게 키우듯이 인생 근육을 가장 빠르게 키우는 방법도 있을 것이다. 책쓰기의 힘을 빠르게 키우는 방법을 찾았다. 신체의 근육을 키우기 위해 요령이 있듯이 삶의 근육을 키우기 위한 요령도 있다고 생각했다. 찾아보니 신체 근육을 키우기 위한 요령 하나는 질 높은 단백질과 지방, 탄수화물, 무기염류를 섭취하는 것이다. 질 높은 영양소를 흡수하려면 오염되지 않은 먹거리를 선택해야 한다. 사전에 독소도 제거해야 했다. 마찬가지로 마음의 근육을 키우기 위해서도 질 높은 도서를 선택하여 읽고 오직 영혼과 마음을 맑히어야 한다. 질 높은 도서를 선택할 줄 알아야 한다. 영혼을 맑히고 마음을 바르게 하고 의식을 강화시키는 도서를 선택해서 읽어야 한다. 사전에 불필요한 독소를 제거해야 했다. 마음의 근육을 키우기 위해서는 책을 써야 한다. 그것도 매일 써야 한다. 3주 법칙으로 습관을 시키는 것도 추천한다. 습관은 하루아침에 일어나지 않는다. 평소에 몰입할 수 있는 힘도 길러야 한다.

신체 근육을 키우기 위한 방법을 따라 했다. 먼저 몸의 독소를 제거하는 방법을 따라 단식을 했다. 아침 단식은 18년간 해오고 있다. 간헐적 단식도 필요하다. 1일 단식, 2일 단식, 3일 단식, 5일 단식, 7일 단식, 15일 단식, 25일 단식까지 해봤다. 고속도로를 달리는데 앞에 차량이 있다면 달릴 수 없는 이치이다. 몸속의 흐름을 방해하는 혈액을 치우기 위한 방법들이다. 그 다음에 신체를 곧게 세우는 자세 잡기 운동을 했다. 구부러진 어깨를 펴고 허리를 펴는 운동을 했다. 모세혈관까지 혈액이 잘 돌 수 있는 운동도 했다. 최근에는 니시 요법으로 하다가 몸 펴기 운동으로 하고 있다. 운동을 하면서 꼭 해야 할 것은 호흡이었다. 피부를 호흡시켜 주는 운동을 하였다. 배꼽 호흡을 깊게 하였다. 숨을 참는 호흡을 하였다. 그리고 음식물 섭취를 신중하게 했다. 내 몸에 들어가는 음식물을 아무것이나 다 먹는다는 것은 생각해봐야 할 일이다. 정신적으로 건강하다는 것과 신체 건강은 다르다. 신체가 건강하면 정신이 건강하고 정신이 건강하면 신체도 건강하다. 신체를 건강하게 하기 위하여 음식물은 오염원이 없는 것으로 섭취하여야 하는 기본으로 그렇게 신중하게 섭취를 했다. 가능한 자연산으로 가능한 유기농으로, 가능한 무농약으로 지은 농산물을 섭취했다. 또 몸에 들어가 저지레를 하는 육식을 피했다.

책쓰기의 힘을 기르기 위해 꾸준하게 써왔다. 시도 써보고 수필도 써보았다. 소설도 써보았다. 매일 일기를 쓰기도 했다. 나의 일상을 블로그에 기록도 했다. 짧은 글로 올리고 긴 글도 올렸다. 문경 SNS 기자단 활동을 하면서 기사도 써봤다. SNS 초기에는 트위터로 단문 올리는 것을 했다. 페이스북으로 조금 더 긴 글을 올렸다. 카카오스토리에도 글을 올렸다. 블로그에는 긴 글을 올린다. 각종 정보화대회에 출전하면서 PPT(파워포인트)로 사례 발표문도 작성해보았다. 요즈음에는 인스타그램에 사진을 올린다. 사진 올리는 글도 역시 글은 써야 한다. 유튜브에 영상도 올린다. 영상을 올려도 글은 필수다. 14년여 동안 글쓰기의 힘은 그렇게 길러졌다.

〈한책협〉에서 책을 쓰게 되었다. 책쓰기는 그동안 써온 글쓰기와는 달랐다. 처음에는 어려운 듯했지만 빨리 적응했다. 〈한책협〉만의 과학적이고 특화된 책쓰기의 기법을 빠르게 배워서 썼다. 첫 번째 저서 원고를 1개월 만에 쓸 수가 있었다. 두 번째 저서는 10일 만에 썼다. 책을 쓰면서 삶의 근육이 강화되었다. 책을 쓰면서 꿈이 생겼다. 가정이 행복해졌다. 자존감이 향상되었다. 주변인으로부터 작가라는 귀한 대접도 받는다. 경제적 자유도 얻었다. 마음의 자유도 얻었다.

삶의 근육이 키워지면 책쓰기는 쉬워진다고 본다. 책을 쓰기 전에 메모도 좋고 일기도 좋다. 일상을 가볍게 기록하는 것도 좋다. 책쓰기는 삶의 근육이 키워졌을 때 가능하다. 책쓰기의 힘은 삶의 근육이 단단할수록 힘을 발휘한다. 책쓰기가 빠르게 된다. 삶의 행복 수준도 높아진다. 우리 사회의 어느 곳에서 내 삶의 근육을 단단하게 키워줄지, 오랜 세월 찾았던 그곳. 찾아 발견한 그곳이 〈한책협〉이다. 이곳에는 목숨을 걸고 코칭하는 김도사라는 분이 계시다. 밤이나 낮이나 항시 대기 상태이다. 책을 쓰면서 궁금한 것들을 즉시 해결해주신다. 바로바로 코칭을 해주신다. 1,100명의 작가를 배출하고 250여 권의 책을 쓴 경력으로 다양한 사람들의 인생에 근육을 키워내고 있다. 카톡으로 문자로 메일로 전화로 빠르게 빠르게. 인생의 근육은 늘 꾸준한 글쓰기 습관으로, 고급진 책을 읽고, 강한 의지를 가지고 궁금한 점을 즉시 해결 받으면서 길러진다고 본다.

첫 번째 개인 저서 『결혼생활 행복하세요?』는 1개월 만에 썼다. 두 번째 저서 『나는 매일 행복하게 살기로 했다』는 10일 만에 썼다. 다들 놀란다. 64세의 나이를 자랑하니 어찌 놀라지 않겠는가. 어떻게 그렇게 빨리 쓸 수 있느냐고들 하지만 가능하다. 건강도 한몫한다. 아무리 책쓰는 실력이 출중하더라도 A4 용지 백 장을 쓰기란 쉽지 않다. 18년간 다져진 건강으로 할 수 있었다. 책을 쓰면서 허리 아프네, 목이 아프네 하는 사람들이 있다. 건강 먼저 챙기는 것이 우선일 것이다. 건강한 몸으로 책쓰기 코치 1인자 김도사님의 코치를 받으면서 해낼 수 있었다. 김도사님의 코칭 실력은 단연 으뜸이다. 나는 건강관리도 최고에게 배워서 남들이 부러워하는 건강을 가졌다. 책쓰기 코치도 최고에게 받아서 책도 빨리 쓴다. 벌써 1년 6개월 만에 책을 6권째 쓰고 있다. 책쓰기의 힘은 분명 삶의 근육이 키워질 때 최고의 힘을 발휘한다. 강화된 삶의 근육은 행복한 날들이 연속으로 몰고 온다. 감히 권장한다. 제발 책을 써보라고.

책쓰기의 힘은 삶의 근육이 키워질 때 나온다. 나는 사람의 건강에 가장 먼저 고려해야 할 것으로 근육의 힘을 기르는 일이라고 생각한다. 삶의 근육이 키워지면 책쓰기의 힘은 최고조에 이른다. 신체 근육을 가장 빠르게 키우듯이 인생 근육을 가장 빠르게 키우는 방법도 있다. 신체 근육을 키우기 위한 방법을 따라 했다. 책쓰기의 힘을 기르기 위해 꾸준하게 썼다. 강화된 삶의 근육은 행복한 날들이 연속으로 몰고 온다. 감히 권장한다. 책쓰기의 힘은 삶의 근육이 강하게 키워졌을 때 최고의 힘을 발휘한다. 나는 안다. 그래서 감히 말한다. 제발 책을 써보라고.

03

어느 순간 나는 현재에
감사하는 사람이 되어 있었다

　어느 순간 나는 현재에 감사하는 사람이 되어 있었다. 감사란 말이 무
엇인지 한번 찾아보았다. 감사란 고마움을 나타내는 말이라고 한다. 고
마움은 고맙게 여기는 마음이나 느낌이라고 한다. 마음은 또 뭐냐니까.
마음이란 사람이 본래부터 지닌 성격이나 품성이라고 한다. 다른 측면에
서 말하면 사람이 다른 사람이나 사물에 대하여 감정이나 의지, 생각 따
위를 느끼거나 일으키는 작용이나 태도를 말하기도 한단. 또 다르게
말하면 사람의 생각, 감정, 기억 따위가 생기거나 자리 잡는 공간이나 위
치를 말한다. 어쨌거나 무엇인가에 대한, 나에게 긍정적인 일로 나를 감
동시켰을 때 나오는 반응이라는 것이다. 그것을 표현을 하고 안 하고의

차이일 뿐이지. 나를 감동시켰을 때 반응은 속으로는 고맙다는 마음이 든다. 나는 그 마음을 겉으로 표현을 잘 하지 않고 속으로만 간직하며 살았다. 왜 그렇게 살았을까? 나도 표현하고 싶은데 그게 쉽지가 않았다. 표현을 하지 않으니 감사를 모르는 사람같이 보였을 것이다.

그런데 어느 순간 나는 현재에 감사하는 사람이 되어 있었다. 책쓰기 과정을 등록하고 〈한책협〉 카페에 활동을 하는데 '감사합니다'가 난무하였다. '이건 뭐지?' 하면서 나도 따라 하고 있었다. 처음에는 느낌 없이 '감사합니다'라고 했다. '책만 쓰면 되지 알 수 없는 일이네. 이건 의도적이야.' 그러면서도 나도 모르게 감사 표현을 하고 있었다. 카페 스탭으로 활동하면서 하루 수많은 댓글을 달면서 '감사합니다'로 마무리를 하였다. 하다가도 무슨 감사를 밥 먹듯이 하는 거냐며 습관적인 것이 무슨 의미가 있을까 싶었다. 그런 내가 바뀌었다. 〈한책협〉의 카페 시스템은 감사를 표현하라고 만든 것 같았다. 지금 생각하니 감사가 인생을 바꾼다는 것을 알고 있기에 의도적인 것이었다. 나를 위해 만든 것 같았다. 신기하네. 자연스레 감사기도가 나왔다. 감사일기도 썼다. 어떤 것에 감사하지? 감사한 것을 찾게 되었다. 감사한 마음이 진실로 느껴졌다.

책쓰기 과정도 따라가기도 바쁘지만 다부지게 카페 스탭 활동을 하기로 마음을 먹었다. 날마다 댓글을 끊임없이 달았다. 벅차기는 했다. 하지만 댓글 끝에는 꼭 '감사합니다'라고 했다. 기본적으로 하루에 몇백 번씩 '감사합니다'라고 쓴 것이다. 감사일기 게시판에 감사일기도 썼다. 감사일기를 쓰다 보니 감사할 거리도 많아졌다. 나도 모르게 '감사합니다'라고 하였다. 그때는 감사하면 어떤 일이 일어날지 몰랐다. 끌어당김의 법칙을 알고부터 끌어당김의 법칙이 작용한다는 것을 알게 되었다. 도사님이 의도적으로 감사 시스템을 갖추어놓았음을 알게 되었다. 나의 삶은 하루에 몇백 번씩 감사하는 삶으로 바뀌어갔다. 남편에게 절대로 감사하다고 하지 않았는데 감사하다고 했다. 남편이 무슨 일이냐고 한다. 그래도 감사하다고 했더니 한동안 이상하다고 했다. 지금은 감사하다고 하면 고맙다고 하며 맞장구를 친다. 이제 감사하다는 말이 어색하지 않다. 실제로 감사한 느낌이 든다. 나도 모르게 나오는 감사는 내 생활 속에 자리를 잡았다. 도사님을 만나서 책만 쓴 것이 아니라 감사를 표현하는 사람이 되었다. 한마디로 인생이 바뀌었다는 것이다. 작가가 된 것에 감사하다는 생각을 많이, 가장 많이 한다.

일상의 모든 일에까지 감사하기 시작했다. 자연 속에서 살아감에 감사함을 느낀다. 흙집에서 살고 있음에 감사한 마음이 든다. 공기 좋은 곳에서 살고 있음에 감사하다. 물도 1급수를 먹고 살 수 있음에 감사하다. 전업주부로 살던 내가 1인 창업을 하여 펜션을 운영을 한다. 이 또한 감사하다. 농사라고는 어릴 적에 집안일 거든 것이 전부인데 발효곶감을 최초로 개발하였다. 얼마나 감사한 일인가. 경치가 빼어난 100대 명산 황장산 아래에서 살고 있음에 감사하다. 산나물과 산 버섯을 채취하여 웰빙 산채식 밥상도 차려낼 수 있음에 감사하다. 일천고지를 넘나들며 능이버섯을 채취하여 판매도 한다. 정말 감사하다. 건강한 몸으로 일천고지 뒷산에 등산도 마음만 먹으면 할 수 있음에 감사하다. 새벽 2~3시에 일어나서 나만의 자유 시간을 갖는 삶에 감사하다. 요청하지 않아도 방송국에서 찾아와 촬영을 해서 홍보를 해주니 또한 감사하다. 어느 순간 나는 일상의 모든 일들에 대하여 감사하게 받아들이고 있었다. 감사를 하며 살아야 한다는 것을 책을 쓰고 깨닫다니 감사하다. 감사를 하며 살다 보니 좋은 일만 생긴다. 좋은 일만 생기는데 안 할 이유가 있나. 감사하자. 감사를 해야 하는구나. 감사는 일종의 성공 법칙이기도 했다. '끝에서 생각하며 시작하라.' '이미 이루어진 것처럼 살아라.' 이미 이루어진 것에 대해 감사하기도 하지만 앞으로 이루어질 일에 대해서도 감사를 하면 된다. 우주는 끌어당김의 법칙으로 감사할 일을 끌어다준다고 한다. 감사하면 감사할 일만 몰아다주는데 왜 안 해. 감사는 느낌으로 느껴져야 하지 않을까? 그런 염려는 붙들어 매라. 하다 보면 느껴진다. 감사하다고 하면 감사거리를 찾느라고 우주가 바빠진다고 한다. 감사하는 생활을 하니 걱정거리가 없다. 늘 마음이 뿌듯하고 푸근해진다. 모두가 내 편인 것 같다. 불신의 경계도 없어진다. 감사는 선택이다. 감사는 훈련이다. 감사는 능력이다. 감사하라.

책을 쓰러 왔다가 웬 떡까지 얻어먹는 건인지. 나는 속으로만 간직했던 감사를 끄집어내어 살고 있다. 그토록 어색하던 감사라는 단어가 자연스럽다. 감사라는 말에 감사의 마음을 담는다. 감사할 사람들이 마구마구 생각난다. 나는 살아오면서 사랑의 빚을 많이 졌다. 나를 성장하게 도와준 사람들이 생각난다. 나를 키워준 부모님은 물론 고모, 이모, 형제들, 고종사촌들, 고향 마을 사람들, 초등학교 6학년 선생님들이 생각나서 감사한다. 직장 생활 할 때 도와준 분들이 생각나서 감사한다. 결혼해서는 시댁 형제들의 사랑도 많이 받았다. 참으로 감사하다. 나를 낳아주시고 키워주신 부모님이 감사하다.

그러고 보니 돌아가신 아버지께도 감사하다는 소리를 하지 못했다. 아버지께 듣고 싶은 소리만 있었지 아버지가 듣고 싶었던 감사는 하지 않은 것에 후회도 든다. 회사 다닐 때 야학으로 공부를 가르쳐준 해룡 언니, 칠곡문학회 회원님들, 대학교를 갈 수 있도록 안내를 잘 해주신 수능학원 선생님, 대학교 국문학 전공 교수님들, 독문학 교수님, 사회학 교수님, 심리학 교수님들까지 생각난다. 왕언니로 대하며 대학교 생활을 도와준 선후배 학우들에게도 감사가 나온다. 작가가 된 것을 축하해주며 책을 사주는 소꿉친구들, 동창들, 대학 동문들, 현재 살고 있는 마을 주민들, 교회를 다닐 때에 기도해주고 위로해주며 나눔을 해주신 교인들에게 감사가 절로 나온다. 상담심리학을 공부하며 울고 있는 내면아이를

210

이러다 정말 죽을 것 같아서 책쓰기를 시작했다

치유하도록 도와주신 상담 선생님들, 사업의 성장에 도움을 준 고객님들, 재능기부자들도 감사하다.

작가로 늦게 책을 쓰게 하고 1인 창업인으로 성공하는 길로 안내하시는 김도사님, 부자로 성공할 수 있도록 의식 성장을 시키며 동기부여를 해주시는 권대표님, 이것저것 챙겨주며 축하와 위로, 응원을 해주시는 코치님들, 작가님들에게 감사한 마음이 든다. 또한 나를 부모로 택해준 세상에서 제일 예쁜 내 딸과 훌륭하게 될 아들에게도 감사를 한다. 지구별에 와서 많은 사람들을 만나서 사랑을 받으면서 체험을 하며 의식을 상승하며 삶에 감사가 절로 나온다.

자다가 감사의 떡을 얻어먹고 있다. 의식이 상승하니 감사해야 하는데 원망의 대상으로 삼았던 새어머니에 죄송한 마음이 든다. 그분이 나의 마음을 가장 아프게 했던 분이라고만 생각했는데 그게 아니었다. 오히려 내가 체험을 하고 싶어서 선택한 그분에게 감사해야 할 일이었다. 〈한책협〉에 와서 미리 배웠더라면 그토록 힘들어하지 않아도 되었을 걸. 그랬다. 이 세상에서의 부모에 대한 인식은 자식을 낳아준 부모님에게 죽기까지 효도를 해야 한다는 것으로만 알았다. 하지만 부모는 지구별로 이동시키기 위한 이동 수단에 불과하다는 것을 늦게 알았다. 부모에 대한 인식이 달라지니 자유로워졌다. 그 부모와의 관계 때문에 일어나는 여러 가지 문제는 단순하게 풀어야 한다. 부모는 부모대로 자식은 자식대로 각자의 삶을 살면 된다. 나는 그렇게 부모에 대한 생각이 분리되지 않은 상태에서 어려움을 겪었다. 나의 무지였다. 그분이 나에게 키워줬다고 키워준 보상을 바란다고만 생각했던 것이다.

그분에게 보상을 해줄 수 있는 것은 없었다. 그분이 바라는 그 무엇으로도 보상을 할 수 없기에 한없이 수렁에 빠져들어 갔었다. 간신히 수렁에서 빠져나오기는 하였으나 인식은 달라지지 않았었다. 도사님과 권대표님의 수준 높은 의식이 나를 깨웠다. 나의 체험 이동 수단으로 내가 택한 삶은 지금에서야 감사로 작동한다. 나는 감사의 떡을 계속 먹을 것이다. 오늘도 감사하다. 새벽에 일어나 책을 쓸 수 있어 감사하다. 건강하게 살아감에 감사하다. 끌어당김의 법칙 우주의 법칙을 깨달음에 감사하다. 그토록 김도사님과 권대표님이 강조하시던 감사의 생활이 일상이 되었다. 40개의 이미 이루어진 꿈에 감사함이 절로 나온다. 앞으로 이루어질 400개의 꿈에 감사한다.

어느 순간 나는 현재에 감사하는 사람이 되어 있었다. 〈한책협〉에서 댓글을 수백 개씩 달다가 감사하는 생활을 하게 되었다. 모든 일상이 감사함으로 다가왔다. 감사함이 일상이 되다 보니 감사할 일이 많이 생겼다. 아침에 일어나자마자 감사함이 드는 생활이 감사하다. 잠들 때에도 감사로 마무리를 하며 잠든다. 눈을 떠도 감사하고 눈을 감아도 감사하다.

세상에 이렇게 살맛나는 일이 있을까. 감사한 마음이 들고 감사한 느낌이 들면 영혼이 행복하다. 자다가 떡을 얻어먹는다더니 〈한책협〉에 책을 쓰러 왔다가 감사라는 떡을 얻어먹었다. 감사할 거리가 많은 일상이 되었다. 속으로만 간직했던 감사를 끌어내니 세상이 달라졌다. 행복한 일상이 되었다.

04

기적이 없다고 믿는 삶 vs
모든 것이 기적이라고 믿는 삶

『기적수업』의 저자 백만장자 김태광 대표는 마음은 기쁨과 행복, 슬픔과 희망이 들어 있는 상자와 같다고 한다. 그러면서 '우리는 주로 어떤 것을 꺼내어 쓰고 있는가?'라는 질문을 던진다.

우리는 흔히 상식으로는 생각할 수 없는 기이한 일을 기적이라고 한다. 기적은 없다고 보는 시각도 있다. 기적이 없다고 믿는 사람은 기적이 없는 삶을 살 것이고 기적이 있다고 믿는 사람은 모든 것이 기적이라고 믿는 삶을 살 것이다. 김태광 저자는 『기적수업』 책에 '당신이 기적'이라고 사인을 해줬다. 내가 왜 기적일까. 나는 기적을 믿는가. 믿지 않는

이러다 정말 죽을 것 같아서 책쓰기를 시작했다

가. 기적에 대하여 의문이 든다. 어떻게 보면 세상에 존재한다는 자체가 기적이라고 생각한다. 물리학적으로 평균 6천 개의 정자를 뚫고 세상에 존재하는 자체가 기적이다. 또한 인구가 초만원을 이루고 있는 지구에서 70~80억 인구의 한 사람으로 태어나 살아간다는 것도 기적이라고 보인다. 또한 수많은 사고 속에서 살아간다는 자체가 기적이 아닐는지. 그러고 보면 나는 기적을 믿는 삶을 사는 것 같다. 그렇다면 기적의 세상에서 우리는 어떤 마음으로 살아가야 할지 생각을 해본다. 김태광 저자의 질문이 걸린다. 우리 마음에 기쁨과 행복, 슬픔, 희망이 들어 있는데 우리는 매일 어떤 것이든 꺼내어 살아간다. 나는 과연 어떤 것을 주로 꺼내어 쓰면서 살아가는가.

상식적으로 생각할 수 없는 일이란 내가 흔히 겪지 못하는 일이라고도 볼 수 있다. 같은 일이라도 바라보는 시각에 따라 다를 수 있다. 각기 처한 상황에 따라 다르기도 할 것이다. 기적이 아니라고 볼 수도 있고 기적이라고 볼 수도 있다. 나도 마찬가지다. 이전의 삶으로 요즈음의 삶을 보면 기적이다. 『기적수업』 저자의 말처럼 마음에 기쁨과 행복, 희망이 있는데도 슬픔만을 꺼내어 산 것이 아닌가 하는 생각도 해본다. 그렇다면 슬프게 살아가는 이유가 있을 것이 아닌가. 슬픔 속에는 억압과 무시, 지시적 언어가 있었을지도 모르겠다. 그래서 성을 내고 화를 내고 짜증을 내고 슬프게 살았던 것이 아닐는지. 내면아이는 슬픔을 안고 살아가고

4장_절망과 우울을 이겨내고 삶의 근육을 키워준 책쓰기의 힘_이창순

싶었을까. 기쁨과 행복, 희망으로 살아가고 싶을지도 모르겠다. 슬픔만
을 꺼내어 살았던 나를 돌아본다.

　책을 쓰면서 기쁨과 행복, 희망을 꺼내어 살게 되었다. 크게 소리쳐 울
던 내면아이는 상담공부를 하면서 그치게 하였다. 그러나 소리 없이 우
는 내면아이의 울음은 그치게 할 방도를 찾지 못하고 있었다. 어떻게 하
면 소리 없이 우는 아이의 울음을 그치게 할지 늘 고민이었다. 내면아이
의 마음을 헤아려야 하는데 헤아리지 못하여 답답했었다. 책을 쓰다가
소리 없이 우는 아이의 울음이 그친 것을 알게 되었다. 왜 소리 없이 울
었니? 울음을 그친 그 아이는 그제야 울었던 이유를 밝혔다. 그 아이는
지시하는 것이 싫었다고 했다. 억압하는 것도 싫었다고 했다. 또 여러 가
지 싫은 것이 있어서 싫다고 외쳤지만 들어주는 이가 없었다고 한다. 알
아주는 이도 없었다고 한다. 그러니 어찌 울지 않을 수 있었겠냐고 한다.
소리 없이 울던 내면아이의 삶은 기쁨도 아니고 행복도 아니었다고 한
다. 희망이란 것도 생각하지 못했다고 한다. 책을 쓰는 중에 자기의 마음
을 알아주더란다. 소리 없이 우는 이유를 살펴주고 대신 울어주기도 하
더란다. 어떤 때는 마음껏 소리쳐서 울어주더란다. 책은 그 아이의 울음
소리를 삼켜버렸던 것이다. 소리 없이 우는 아이는 그제야 울음을 그칠
수가 있었다고 한다. 자기의 마음을 받아주니 기쁘다고 춤을 췄다. 행복
하다고 외쳐댔다. 살아갈 희망도 생겼다고 소리를 쳤다. 자존감이 절로

올라간다고 좋아했다. 이건 기적이라고밖에 볼 수 없다고 한다. 소리 없이 우는 내면아이의 마음을 알아주지 않았다면 기적은 없었을 것이다. 내내 슬픔 속에서 살았다면 기적은 없었을 것이다. 기쁨과 행복, 희망을 꺼내지 못했을 테니 말이다.

　행복이 더 이상 기적이 아닌 삶이었으면 한다. 어떻게 책을 쓰다가 소리 없이 우는 내면아이의 울음이 그칠 줄 알았겠는가. 가정에 어떻게 행복이 올 줄 알았을까. 마음 상자 속의 행복은 얼마나 나오고 싶었을까. 때때로 행복은 고개를 들고 나왔었다. 슬픔의 자석이 세게 잡아당겨 나올 수가 없었을 것이다. 소리 없이 우는 아이의 마음을 알아서 드러낼 방도를 찾지 못했기 때문이었으리라. 소리 없이 우는 아이의 마음을 알아주니 가장 먼저 기쁨이 활동을 시작하였다. 그다음에 행복이 활동을 하였다. 나 자신은 물로 남편에게 행복을 가져다주었다. 둘이서 늘 다투던 일도 최소화되었다. 책은 정말 신기한 도구다. 울고 있는 내면아이의 마음을 알아주고 그치게 하였으니 말이다. 그동안 살아오면서 겪은 경험을 끄집어서 나열만 했을 뿐인데 행복이 찾아왔다. 소리 없이 우는 내면아이에게는 분명히 기적이었을 것이다. 슬픔은 생각할 수 없는 기이한 일을 만났으니 말이다. 소리 없이 우는 내면아이에게 행복은 기적이었지만 울음을 그친 내면아이에게는 더 이상 기적이 아닐 것이다. 행복은 더 이상 기적이 아니기를 바란다.

217

이제 내 마음속의 내면아이는 울지 않았으면 좋겠다. 나의 행복한 삶은 더 이상 기적이 아니기를 바란다. 매일의 삶이 행복하니 말이다. 소리 없이 우는 아이가 자기의 마음을 헤아려주지 않을 때에는 슬픔이 활동을 많이 했었나 보다. TV나 영화에서 슬픈 장면이 나오면 그냥 눈물이 나왔다. 어떤 사람들로부터 슬픈 이야기를 들으면 그저 눈물이 나왔었다. 이제는 아주 없다고는 못하지만 대폭 줄어들었다. 저 밑바닥에서 또 슬피 우는 아이가 있을지도 모르겠다. 요즈음은 행복의 활약이 대단하다. 기쁨은 행복의 앞길을 닦아준다.

어떤 일이 있으면 먼저 기뻐한다. 행복은 기쁨의 응원을 받고 맘껏 의기양양 활동을 한다. 희망은 기쁨의 응원을 받고 행복의 활동성을 믿고 겁도 없이 일을 벌인다. 400개의 꿈을 가지고 그것을 이룰 수 있다고 매일 나팔을 분다. 희망은 그전에도 도전을 두려워하지는 않았다. 다만 행복의 활약이 미약해서인지 굳게 믿고 나가는 힘이 약했던 것이다. 지금은 400개의 꿈을 앞세우고 거뜬히 나간다. 기쁨과 행복, 희망은 더 이상 기적이 아니기를 바란다. 어느 누구에게는 기적의 삶이겠지만 나에게는 더 이상 기적이 아니기를 바란다. 이미 그렇게 살고 있다.

희망이 더 이상 기적이 아니었으면 한다. 사람은 희망이 있어야 한다. 기적이 없는 삶은 어쩌면 재미가 없을 수 있다. 기적이 없는 삶은 어쩌면 스릴이 없는 삶이 될 수 있다. 기쁨과 행복, 희망이라는 것만을 꺼내어 살면 얼마나 좋겠는가. 희망을 가지고 그대로 이루는 사람이 얼마나 될까. 희망이란 무엇일까? 어떤 일을 이루거나 하기를 바라는 것을 희망이라고 한다. 우리가 꾸는 꿈이 이루어지기를 바란다. 슬픔 속에서 희망은 활동하기가 어려웠던가보다. 슬펐던 날들 속에서는 어떤 희망도 보이지 않았다. 희망이 있더라도 이루어질 것이라고 생각을 하지 못했다. 어쩌다가 이루어지는 것이려니 했다. 슬픔이 희망을 잡고 있는 것 같다. 소리 없이 우는 아이의 슬픔이 없어지니 희망이 앞서 나간다. 이미 꿈이 이루어졌다고 외쳐댄다. 희망이 더 이상 기적이 아닌 삶이 되었으면 좋겠다.

나는 이루어질 것이라고 생각되는 희망, 그 희망의 꿈이 400개나 생겼다. 그 가운데 이루어진 꿈이 40여 개나 된다. 슬픔 속에서 건져낸 희망도 이제는 행복에 합류했다. 행복 속에서 건져낸 희망은 슬픔 속에서 건져낸 희망과는 달랐다. 희망은 행복이라는 것과 함께 자신감을 가지고 이루고 있다. 다만 책을 쓰기 전의 희망은 맘껏 좋아하지 못했지만, 책을 쓰고 난 다음의 희망을 맘껏 좋아한다. 희망은 춤을 춘다. 꿈은 꿈일 뿐 이루어질 수 없다고? 현실에서 찾은 400개의 꿈은 기적이다. 40개의 꿈이 이루어진 것도 기적이다. 기적은 늘 일어난다. 꿈이 이루어지는 것 자체가 기적이다. 꿈은 꿈일 뿐이고 이루어지지 않는다는 일반적인 상식 때문이기도 하다.

4장_절망과 우울을 이겨내고 삶의 근육을 키워준 책쓰기의 힘_이창순

마음은 기쁨과 행복, 슬픔과 희망이 들어 있는 상자 속에서 '우리는 주로 어떤 것을 꺼내어 쓰고 있는가?'라는 질문에 어떻게 대답을 할 수 있을까. 우리는 흔히 상식으로는 생각할 수 없는 기이한 일을 기적이라고 한다. 반면에 기적이 없다고 볼 수도 있다. 기적이 없다고 믿는 사람은 기적이 없는 삶을 살 것이고 기적이 있다고 믿는 사람은 모든 것을 기적으로 받아들이는 삶을 살 것이다. 기적이란 상식적으로 생각할 수 없는 일로 내가 흔히 겪지 못하는 일이라고도 볼 수 있다. 같은 일이라도 바라보는 시각에 따라 다를 수 있다. 각기 처한 상황에 따라 다르기도 할 것이다. 기적이 아니라고 볼 수도 있고 기적이라고 볼 수도 있을 것이다. 책을 쓰면서 기쁨과 행복, 희망을 꺼내어 살게 되었다. 행복이 더 이상 기적이 아닌 삶이었으면 한다. 책을 쓰다가 찾아온 가정의 행복은 기적이었다.

05

진정한 행복이란,
솔직하게 지금 이 순간을 누리는 것

진정한 행복을 누리고 싶지 않은 사람은 없을 것이다. 그렇다면 진정한 행복을 원하는 사람은 누구인지 궁금하다. 진정한 행복을 원하는 사람이란 욕심으로 가득한 세상에서 욕심에 휘둘리지 않고 살아갈 사람을 말하는 것이라고 생각한다. 과연 욕심에 휘둘리지 않고 살아갈 사람이 얼마나 될지. 사람들은 누구나가 행복하기를 원한다. 그것도 진정한 행복을 누리고 싶어 한다. 진정한 행복이란 무엇인지 알아보는 것도 재미있겠다. 행복이란 복된 좋은 운수이거나 생활에서 충분한 만족과 기쁨을 느끼어 흐뭇하거나 그러한 상태를 말하는데 진정한 행복이란 또 무엇이란 말인가. 진정한 행복이란 어떤 욕심에 휘둘리지 않는 것을 말한다고 본다. 우리가 생활하면서 어떤 욕심이 아닌 상태가 과연 얼마나 될는지. 어떤 이는 행복은 타인과의 게임에서 이겼을 때 얻어지는 충족감이라고 한다. 진정한 행복이란 자기 자신과의 게임에서 얻어지는 충족감이라고도 한다. 하지만 내가 보는 행복이란 인간과의 관계에서 얻어지는 행복을 말한다고 본다. 진정한 행복이란 절대자와의 관계에서 오는 행복을 말한다고 볼 수 있다.

우리는 흔히 '나는 행복하다'는 말을 한다. 행복과 진정한 행복에 대한 구분이 필요한 시점이다. 행복하다는 말인즉, 절대자와의 관계에서 오는 진정한 행복이라기보다는 인간과의 관계에서 오는 행복을 말한다고 볼 수 있다. 과연 그 행복을 행복이라고 볼 수 있을는지. 인간관계 속에서 혼자만의 행복은 불완전한 행복이라고 보인다. 혹 불완전한 행복을 완전한 행복이라고 하는 것은 아닌지 모르겠다. 가족 간의 행복을 논할 때에나 혼자 느끼는 행복은 불완전한 행복이다. 가족이 모두 함께 행복을 느낄 때에야 비로소 완전한 행복이라고 할 수 있을 것이다. 그럼에도 불구하고 '나는 행복하다'고 하는 사람이 많다. 어떤 분이 늘 자기는 행복하다고 한다. 그 배우자는 몹시도 힘들어하는 것을 내가 아는데 말이다.

혹시 그분은 절대자와의 관계에서 행복하다는 말인지 모르겠다. 아무 욕심 없이 참 자아의 행복을 느낀다는 것인지 말이다. 가족이 있다면 가족 모두가 행복을 느꼈을 때 행복하다고 해야 할 것이다. 최소한 남편과의 둘 사이에서만이라도 서로가 행복을 느껴야 행복하다고 할 수 있다고 본다. 내가 생각하는 행복은 상대도 행복하고 나도 행복할 수 있어야 행복하다고 할 수 있다는 것이다.

행복이란 지금의 생활 속에서 마음껏 즐기거나 맛보며 사는 것이라고 한다. 행복에 대한 구분을 지어보면서 나의 행복에 대해서도 깊이 생각해보는 시간이 있었다. 새어머니와의 관계가 좋지 않을 때 일이었다. 나는 행복한데 새어머니를 대하는 마음이 불편했다. 왠지 불안전한 행복으로 여겨졌다. 용어의 혼돈이었다. 조금 더 깊이 들어가보니 행복은 상대적인 것이라고 생각이 되었고, 진정한 행복은 절대적인 것이라고 생각이 되었다. 즉 행복은 인간과의 관계에서 오는 행복이고 진정한 행복은 절대자와의 관계에서 오는 행복이라고 생각이 되었다.

나도 행복하다고 생각 없이 말한 적이 있었다. 행복하다고 하면서도 왠지 무엇인가 불완전함을 느껴졌다. 새어머니와의 관계에서의 행복이 성립되지 않았던 것이다. 그분과의 불편한 마음이 있었기에 불완전한 행복이었다. 남편과의 관계도 그랬었다. 왠지 말을 하면 튀어 나갔다. 반감이 생겼다. 남편이 무슨 말을 하면 뭔가 맺히는 듯한 감이 있었다. 이게 뭐지? 해결하고 싶었다. 찾아지지 않아서 고민을 하다가 그냥 방치했었다. 그대로 두고 있었는데 책을 쓰면서 해결이 되었다. 바로 의식 성장이 되면서 느끼는 바, 문제에 집중하지 마라. 해결의 실마리는 자연스럽게 다가왔다. 책을 쓰면서 남편에 대한 불편함이 사라졌다. 그렇게 남편과의 행복은 완전해졌다. 우리 아이들과의 행복도 완전하다. 이제 새어머니와의 행복도 완전하다고 본다. 새어머니에 대한 불편함이 사라졌으니 말이다. 지금은 몸이 많이 편찮으신데 안타까운 마음만 든다. 동생들과의 행복도 완전하다. 시댁 형제들과의 행복도 좋은 편이다. 상대에 대한 불편감이 없을 때 온전한 행복이라고 보여진다. 상대도 마찬가지가 아닐까. 우리는 행복하기 위해 산다고도 한다. 행복하기 위하여 돈도 벌고 공부도 하고 일도 한다. 가정에서나 직장에서 학교에서도 행복한 삶을 살고자 한다. 행복이란 타인과의 삶에서 얻어지는 것이라고 한다.

그렇다면 진정한 행복이 존재하는지 궁금하다. 진정한 행복이란 어떤 욕심에도 휘둘리지 않고 느끼는 행복을 말한다. 진정이란 참되고 애틋한 정이나 마음을 말하는 것으로 절대자와 관계의 행복이라 할 수 있다. 즉 참 자아를 만족시키는 상태가 되면 진정한 행복이라고 볼 수 있다고 생각된다. 참 자아란 자기 자신을 말한다. 아무런 욕심이 없는 나의 만족이 채워지는 상태를 행복이라고 할 수 있다. 더하여 진정한 행복이란 솔직히 말해서 지금 누릴 수 있는 상태라고 생각된다. 절대자와의 관계에서 느끼는 행복이 우리가 추구해야 할 가치가 아닌가 생각된다. 하지만 이건 대단히 어렵다고 생각된다. 그렇다고 어렵다고만 생각할 수도 없다.

이러다 정말 죽을 것 같아서 책쓰기를 시작했다

이 세상 어느 누구라도 세상 욕심 없이 절대자와 독대할 수 있으니 말이다. 누구라도 절대자와의 관계에서 진정한 행복을 느끼는 사람이 있을 것이다. 진정한 행복을 누리기 위한 노력은 어떻게 해야 할까? 자기 자신에게 부끄럼 없는 마음을 갖추어야 하는 기본이 있어야 할 듯하다. 양심에 거리끼는 마음이 없어야 가능할지 모르겠다. 지금 이 순간에 만족하는 행복감이 그 진정한 행복감이 될 수도 있겠다. 진정한 행복을 위한 미래 준비는 필요하지 않을 듯하다. 진정한 행복은 미래가 아니고 지금 현재의 느낌으로 다가오기 때문이다.

진정한 행복은 모든 욕심을 내려놓고 절대자와의 만남에서 이루어진다. 어느 때 절대자와의 진정한 행복을 느낄 수 있을까? 어떤 이는 잠들기 전이나 잠에서 깨어난 바로 그때가 절대자와 만나는 좋은 시간이라고 한다. 새벽 2~3시의 기상은 진정한 행복을 누리기에 좋은 시간이다. 누구에게도 간섭받지 않는 시간에 절대자와 독대하는 만남이 이루어진다. 누구의 간섭도 받지 않고 내 마음 가는 대로 살 수 있는 시간이다. 욕심이 잠에서 깨어나기 전에 절대자와 먼저 만난다. 다른 생각이 스며들지 않는 시간, 오직 절대자와의 만남이 이루어지는 그 시간에 행복을 느낀다. 진정 내가 원하는 일을 하면서 행복을 느낀다. 그 새벽 시간 만큼은 마음의 자유를 누릴 수 있어 행복하다. 아무런 장애를 받지 않고 물 한잔 마심으로 행복을 누린다. 그날의 행복을 예약도 한다. 감사 일기를 쓴다.

책을 읽는다. 책을 쓰면서 행복하게 살고 있다.

  인간관계에서의 행복은 정말로 어렵다. 상대에 대한 불편함이 없어야 하니 말이다. 가족 간의 행복에서 나와 가족 간의 불편함이 없을 때 완전한 행복이 이루어질 수 있기 때문이다. 남편과의 관계에서도 편해야 한다. 자녀와의 관계에서도 불편함이 없어야 한다. 부모와의 관계에서는 더더욱 편한 상태가 되어야 한다. 친정이나 시댁의 형제들과의 관계도 좋아야 한다. 일대 일로 편안한 상태가 이루어져야 한다고 생각이 된다. 친구들과의 관계나 사업적 관계, 이웃과의 관계, 단체 활동 속에서의 관계도 편안해질 때 행복이 성립이 된다. 공무원들과의 관계나 마을사람들과의 관계, 온라인 등의 관계에서 오는 행복 등 누리며 살아갈 곳이 무한하다.

  나는 매일 행복하게 살고 있다. 매일 행복을 예약하고 행복을 성공시킨다. 예약한 행복도 행복인가. 그렇다. 행복을 예약하면 행복이 온다. 행복을 예약하면 일상에서도 가슴이 설렌다. 가족과의 관계에서 행복을 느끼고 산다. 남편과의 관계와 자녀와의 관계는 물론 부모형제들 간의 행복을 누리며 산다. 편하게 내 마음대로 할 수 있는 것들이 많다. 그날그날의 행복을 예약하고 행복을 성공시키며 살아가고 있다. 매일 미래일기를 쓰면서 행복하게 산다. 10월 초에 출간되는 책 제목도 『나는 매일 행복하게 살기로 했다』로 정했다. 독자들에게 행복을 선포한 것이다. 행복하게 살고자 하면 행복하게 살 수 있다. 이건 우주의 법칙이다.

진정한 행복을 누리고 싶지 않은 사람은 없을 것이다. 우리는 흔히 나는 행복하다는 말을 한다. 행복과 진정한 행복에 대한 구분이 필요한 시점이다. 행복하다는 말인즉, 절대자와의 관계에서 오는 진정한 행복이라기보다는 인간과의 관계에서 오는 행복을 말한다고 볼 수 있다. 나도 행복하다고 생각 없이 말한 적이 있었다. 행복하다고 하면서도 왠지 무엇인가 불완전함을 느껴졌다. 그렇다면 진정한 행복이 존재하는지 궁금하다. 진정한 행복이란 어떤 욕심에도 휘둘리지 않고 느끼는 행복을 말한다. 진정한 행복은 모든 욕심을 내려놓고 절대자와의 만남에서 이루어진다. 인간관계에서의 행복은 정말로 어렵다. 상대에 대한 불편함이 없어야 하니 말이다. 그래도 나는 매일 행복하게 살고 있다. 매일 행복을 예약하고 행복을 성공시킨다. 진정한 행복이란, 솔직하게 지금 이 순간을 누리는 것이다.

06

돈 되는 아웃풋은 바로 책쓰기다

돈 되는 아웃풋은 바로 책쓰기이다. 아웃풋의 또 다른 이름은 기록하고 실천하는 것이다. 기록하고 실천을 하는 것이 돈이 된다는 말이다. 우리는 인풋은 많이 하지만 아웃풋하는 데에는 인색하다. 인풋은 입력하는 것이고 아웃풋은 출력하는 것이다. 우리는 늘 듣고 보고 읽고 하면서 많은 것들을 입력한다. 읽고 듣고 보고 하면 뇌가 변한다고 한다. 즉 생각이 변한다고 하는데 생각의 변화를 위해서 필요한 부분이기는 하다. 입력을 했다면 출력도 해야 하지 않을까. 출력을 하면 현실 세계가 변한다고 하는데 현실 세계의 변화를 위해서 꼭 해야 할 일이라고 생각된다. 인풋을 위하여 강의를 듣고 책을 읽으면 다 아는 것 같은 기분만 느껴진

이러다 정말 죽을 것 같아서 책쓰기를 시작했다

다. 이는 자기만족에 불과하다. 자기 성장을 위해서는 아웃풋이 더 강력하다. 아웃풋은 읽은 것과 들은 것, 체험한 것을 제3자에게 전달하는 과정이다. 전달할 때에는 사실에다가 감상과 의견을 덧붙이는 일이 수반된다.

 돈 되는 아웃풋으로 최고 좋은 책쓰기로 성공한 사람들이 많다. 유명한 강사나 성공한 기업가들의 특징을 살펴보면 책을 썼다는 것이다. 김도사(김태광)의 "성공해서 책을 쓰는 것이 아니라 책을 써야 성공한다"는 철학은 가히 명언이다. 성공을 하려면 꼭 책을 먼저 써야 한다. 그 말에 격하게 공감한다. 책을 쓸 때에는 읽고 보고 듣고 체험한 입력한 모든 것이 동원된다. 한마디로 축적된 나의 삶의 경험과 지혜가 총동원된다는 것이다. 돈 버는 것 외에 출력을 해야 할 이유가 있다. 입력만 하고 쌓아두면 저장 공간이 비좁아지지 않을까. 비일비재하게 일어나는 일상적인 깜빡거림은 많은 것들이 쌓여서 혼동을 일으키는 것은 아닌지. 소위 건망증이라고 하지만 결국 정보의 혼선이 빚어지는 것이라고 여겨진다. 정리를 하여 저장한다면 좋아질까. 그것도 일정량이 되면 공간이 좁아지리라. 사진 갤러리에 공간이 모자라듯이 이제 출력하는 인생을 살면 어떨지. 출력을 하면 필요한 누군가 있을 것이다. 출력을 하기 좋은 도구로 책쓰기만 한 것이 있을까. 단연코 책쓰기가 최고의 도구라고 생각된다. 유명한 강사나 성공한 사람들이 아웃풋하였던 것처럼 말이다. 어렸을 때

4장_절망과 우울을 이겨내고 삶의 근육을 키워준 책쓰기의 힘_이창순

부터 현재까지 얼마나 많은 것들을 보고 듣고 체험을 하여 쌓였을지 가늠을 해보았는가. 이미 출력을 해놓았을 수도 있다. 노트나 인터넷 어딘가에 기록을 해두었을 수도 있다. 마구 섞어놓은 정보들을 분야별로 정리를 하면 좋을 듯하다. 꺼내놓은 이 정보들이 필요한 사람들이 있을 것이다. 이것을 한군데로 모으는 과정에서 놀라운 일들도 일어난다. 또한 출간이 되면 또 생각하지도 못했던 일들이 일어난다. 그 과정에서 인생이 변하고 사업소득도 배가 된다. 무슨 소리냐고?

나는 65세에 책을 쓰고 변화된 인생을 살고 있다. 그동안의 삶을 담아내면서 변하였고 그 후에도 변하고 있다. 책쓰기 과정 수업을 받는 중에 쓴 『버킷리스트 23』에 나의 꿈 5개가 담겼다. 이 책이 필요한 독자가 있을 것이다. 책쓰기 과정을 수료하고 1개월 만에 쓴 첫 개인 저서 『결혼생활 행복하세요?』를 필요로 하는 독자가 있었다. 공저로 출간 된 『의욕 없던 삶이 다시 두근거리는 하루 10분 글쓰기의 힘』이 필요한 독자가 있었다. 또한 『나를 사랑하게 되는 자존감 회복 글쓰기 훈련』이 필요한 독자가 있었다. 10월 초에 출간되는 『나는 매일 행복하게 살기로 했다』가 필요한 독자가 있을 것이다. 지금 쓰고 있는 11월에 출간될 『이대로 죽을 것만 같아 책쓰기를 시작했다』가 필요한 독자가 있을 것이다. 1년 9개월 만에 6권의 책을 출간하면서 드는 생각은, 꺼내놓지 않았다면 필요한 사람들을 만나지 못했겠다는 것이다. 개인 저서 원고를 쓰는 과정에서 신기

230

이러다 정말 죽을 것 같아서 책쓰기를 시작했다

한 일이 생겼다. 그동안 불편했던 남편과의 관계가 편해졌다. 한마디로 행복한 가정으로 변모했다는 것이다. 수입 창구도 하나 더 늘었다. 책을 쓰고 출판사와 계약을 하니 인세가 들어왔다. 출간된 책은 전국 대형 서점과 도서관에서 독자들을 만나고 있다. 자기계발을 원하는 사람들이나 행복한 결혼생활을 원하는 독자들에게 나를 알리고 있다는 것이다. 펜션에서 독자들을 만나기도 한다. 사인을 해달라고 하여 사인을 해준다. 당연히 사업에도 도움이 되고 있다. 광고를 하지 않아도 사업소득이 배가되었다. 책을 출간하니 그토록 하고 싶었던 네이버에도 인물 등록을 할 수가 있었다. 온라인에서 언제든지 누구라도 만날 수 있게 되었다. 책을 쓰기 전에는 늘 입력하는 인생이었다. 책을 쓰면서 출력하는 인생이 되었다. 출력하는 인생이 되니 현실 세계가 변화하였다. 인생을 변화시키려면 책을 써야 한다는 것이 실증되고 있다. 출력하는 인생이 되는 즐거움은 날마다 지속된다.

책쓰기는 나를 알리기 위한 최적화의 도구라고 생각된다. 책은 아웃풋하기에 아주 좋다. 책을 쓰면 필요로 하는 사람들에게 전달되기 전에 내가 변화된다. 책쓰기를 하면 나의 삶이 명확해진다. 정체성이 확실해진다. 삶이 정리된다. 삶의 방향이 명확해진다. 해야 할 일이 명확해진다. 독자의 위치에서 저자의 위치로 바뀐다. 책쓰기를 하면 품격이 올라간다. 대접받는 호칭으로 바뀐다. 누구 씨에서 작가님으로 말이다. 상위

10%의 지도자가 된다. 나 대신 책이 일을 하니 시간이 여유로워진다. 전국에 수많은 영업사원을 두다 보니 경제적으로 소득도 배가 된다. 만족도가 높은 달라진 인생을 살 수 있다. 울고 있는 내면아이도 치유된다. 강연가가 될 수도 있다.

나는 사무치게 책을 쓰고 싶었다. 왜 그토록 책을 쓰고 싶었을까. 책을 쓰지 않아도 사는 데 문제가 없지 않나. 그렇다. 책을 쓰지 않아도 사는 데 문제는 없다. 나는 역사를 중요시한다. 오늘이 있기까지는 나의 지난날이 있기에 가능했다고 본다. 나의 족적을 남기고 싶었다. 나의 삶을 공유하고 싶었다. 블로그에 10년 넘게 일상을 기록하여 공유을 해왔다. 각종 SNS에 공유도 했다. 일기를 쓰기도 했다. 길게도 써보고 짧게도 써보았다. 한 권으로 엮어보고 싶었다. 다만 어떤 분야에 담아내야 독자들에게 좀 더 공감대를 형성할지 몰랐던 것이다. 그 간절함도 현실에 묻어둘 수밖에 없었는데 〈한책협〉이 나에게 왔다.

나는 물 만난 고기이다. 물을 만나게 해준 지인에게 감사하다. 책쓰기 일일 특강은 나의 지경을 넓혀놓았다. 전광석화처럼 불이 반짝 붙었던 것이다. 큰일을 하려면 적어도 1년을 신중하게 하던 나는 1주일도 안 되어 결정을 하고 말았다. 너무 성급히 결정을 한 것은 아닐까. 첫 번째 책을 출간하고 1년을 다시 생각을 했다. 작가의 길을 가야 하나? 사업을 해야 하나? 두 가지를 다 하는 것이었다. 내 인생은 그렇게 확장되었다. 책을 쓸 때에 참으로 즐겁다. 이건 꼭 해야 할 일이다.

인생의 시간은 속수무책으로 흘러간다. 모두에게 공평한 시간, 그 시간이 너무도 빠르게 흘러간다. 인생의 아까운 시간을 단축하는 길이 어디에 있을까. 바로 책쓰기를 하는 것이라고 생각한다. 책쓰기를 할 때에 꼭 먼저 고려해야 할 사항은 최고의 코칭을 받아야 한다는 것이다. 최고의 코칭을 받으면 인생의 시간이 단축된다.

최고의 코치를 만나서 빠르게 써야 한다. 그것이 시간을 버는 일이다. 혼자 평생 끙끙거리기만 해서는 죽어도 못 쓴다. 코칭을 제대로 받아서 책을 써야 한다. 그렇다면 최고의 코치를 어떻게 만나야 할까. 몇 가지 기준을 제시해본다. 첫째로 책을 몇 권 내었는지 본다. 둘째로 작가를 몇 명이나 배출했는지 본다. 세 번째로 다방면 분야의 책을 출간했는지 본다. 네 번째로 마음가짐을 본다. 다섯 번째로 책 출간의 기한이 얼마나 걸리는지 본다. 여섯 번째 궁금한 것을 즉시 해결받을 수 있는지 연락 체계를 본다.

책을 왜 쓰려고 하는가? 책을 쓰는 명확한 목적이 있어야 한다. '나를 대신해서 일을 하게 하려는 것인지, 나의 만족을 위한 것인지, 또 다른 이유가 있는지' 정해야 한다. 그 후에 책 속에 필요한 것들을 담아내야 한다. 기본적으로 해야 할 일은 나를 드러내야 한다는 것이다. 나의 삶을 고스란히 담아내야 한다. 나의 모든 것을 소상히 밝혀줘야 한다. 마치 이웃집에 사는 것처럼 알려주어야 한다. 그래야 독자가 나를 믿고 신뢰를 하지 않겠는가.

돈 되는 아웃풋은 바로 책쓰기이다. 돈 되는 아웃풋, 최고로 좋은 도구는 책쓰기다. 책쓰고 성공한 사람들이 많다. 유명한 강사나 성공한 기업가들을 보면 책을 썼다. 김도사(김태광)의 "성공해서 책을 쓰는 것이 아니라 책을 써야 성공한다"는 철학은 가히 명언이다. 나는 65세에 책을 쓰고 변화된 인생을 살고 있다. 책쓰기는 나를 알리기 위한 최적화의 도구다. 아웃풋하기에 아주 좋다. 책을 쓰면 내가 변화된다. 책쓰기를 하면 나의 삶이 명확해진다.

07

책쓰기 실천 하나로
삶의 만족도가 높아졌다

누가 삶의 만족도를 높이기 위한 일 하나를 추천해달라면 책쓰기를 추천하겠다. 우선 가성비가 최고다. 자본이 들지 않는다. 나의 이야기를 끄집어내어 쓰면 되니까. 많은 사람들이 삶의 만족도를 높이기 위해서 이것저것 해본다. 책을 쓰고자 하는 사람들도 여기저기 기웃거린다. 책쓰기 수업에 들어갈 비용을 계산한다. 무료면 좋겠네? 백날 무료교육을 받아도 나아지는 것이 없다. 늘 뒤를 따라가기 바쁘다. 〈한책협〉에 오기까지 무료교육을 선호했다. 그러나 나에게 하는 투자라는 면에서는 당연히 비용이 있는 게 맞다. 그래도 내면에서는 가성비냐? 가치냐? 둘이 치열하게 싸운다. 이제까지 가성비를 선호하던 내면은 가치를 밀어내려 한다. 가치는 이제까지 양보했다며 이번만큼은 양보하지 않겠다고 물러서지 않는다. 평생 처음 보는 장면이다. 가치가 가성비를 밀어냈다. 책쓰기에 가성비가 어디 있어. 가치가 콧방귀도 안 뀐다. 사람마다 삶의 만족도를 느끼는 바는 다를 것이다. 이번에는 나의 삶의 만족도를 높이는 곳을 택할 거야. 가성비가 아무리 들이대도 가치가 어림도 없다고 꼿꼿하게 맞섰다. 가성비가 물러났다. 그렇게 책쓰기는 시작되었다.

삶의 만족도는 몸과 마음, 경제적인 소득이 창출될 때에 올라간다고 보인다. 삶의 만족도를 느끼는 감도는 사람마다 다를 것이다. 어떤 사람은 생업에서 삶의 만족도를 얻을 것이다. 어떤 사람은 취미 생활에서 얻을 것이다. 어떤 사람은 여행을 다니면서 얻을 수 있겠다. 어떤 사람은 노는 데서 얻을 것이다. 가장 만족도를 높이는 곳이 어디냐? 만족도를 높이는 기준이라도 있으면 좋으련만. 가볍게 삶의 만족도를 높이기 위한 기준을 세워본다. 첫째로 마음이 즐거워야 한다. 두 번째로 소득 창출에도 기여를 해야 한다. 세 번째로 꿈을 실현할 수 있어야 한다. 네 번째로 다른 일과 함께 할 수 있어야 한다. 다섯 번째 나의 손이 덜 타고 잠자는 사이에도 일을 해야 한다. 여섯 번째 여유를 가질 수 있어야 한다. 나는 책을 쓰기로 결심했다. 책쓰기가 위의 기준에 부합되기 때문이다. 농촌에 사는 사람 중 한 집은 일을 하는 데서 삶의 만족도를 얻는 것 같다. 다른 사람과 어울리지 않고 오직 일만 한다. 우리 딸과 같이 취미생활 하는 데서 삶의 만족을 채우는 사람도 있을 것이다. 바람직하기는 일을 놀이처럼, 놀이를 일처럼 하며 사는 것이 아닐까 생각한다.

생각 1: 어떤 것으로 삶의 만족도를 높이든지 간에 우선 준비해야 할 것이 있다. 그것은 바로 건강이다. 앉아서 책쓰기를 하다 보면 팔과 다리, 허리, 엉덩이 등 신체 부위가 아플 수 있다. 건강이 안 되어 포기하는 작가들이 있다. 한 자세로 책을 쓰다 보면 눈이 침침해질 수 있다. 어깨의 근육이 뭉칠 수 있다. 팔목이 아플 수 있다. 머리가 **빡빡할** 수도 있다. 나는 정말 건강하다. 한 달 동안 하루 15시간 이상 원고를 써도 건강에 무리가 가지 않았다. 건강이 좋지 않으면 일도 놀이도 즐겁지 않다. 나는 일을 해도 즐겁다. 일을 놀이처럼 재미있게 한다. 블로그에 미래일기를 쓴다. 카페에 감사일기를 쓴다. 나 드러내기를 한다. 감사일기도 쓴다. 성공 확언도 쓴다. 일상을 공유한다. 인스타에 나의 삶을 공유한다. 삶에 활력이 솟는다. 매일 꿈을 이루며 산다. 하나씩 이루어지는 꿈을 보며 행복의 미소를 짓는다. 잠자는 동안에도 책은 나를 대신해서 일을 한다. 돈을 벌어들인다. 사업이 활성화되어 경제적 소득이 배가 되니 즐거울 수밖에.

생각 2: 삶의 만족도를 높이기 위한 최고의 방법으로 책쓰기 원고를 썼다고 하자. 원고를 어떻게 투고해야 할까? 원고 투고를 받아주지 않아

500번이나 거절당했던 저자가 있다. 그 저자는 현재 자신의 책은 물론, 1천 명이 넘는 작가의 출간 계약을 빠르게 할 수 있도록 해준다. 책을 혼자서 쓴다고 해도 시간이 많이 걸린다. 평생 쓰고 싶어도 못 쓰는 이가 태반일 것이다. 어딘가에서 책쓰기를 배우기는 배워야 하는데 어떻게 찾겠나. 원고를 완성하면 출판사에 투고하는 방법까지 알려주는 곳이 있다. 투고 인사말도 쓸 수 있도록 선배들의 예문을 보내준다. 계약 조건이 좋은지 안 좋은지도 살펴준다. 출판 계약금이 들어오기까지 살펴준다. 이에 그치지 않고 책이 잘 팔릴 수 있도록 홍보하는 프로그램도 운영한다. 1인 창업을 할 수 있도록 카페 개설 및 운영 방법, 유튜브, 강연, 블로그 포스팅과 인스타그램 운영 방법, 서평 이벤트를 할 수 있는 길까지 알려준다. 정말 이렇게 촘촘하게 코칭을 하는 곳에서 배우는 것을 추천한다. 이곳에서 배워 대박 나는 사람은 부지기수다. 매월 일일 특강에 참여해보면 안다. 특강에서 배출된 작가들이 소개된다. 책쓰는 과정 이야기도 들을 수 있다.

〈한책협〉은 책쓰기는 물론 1인 창업의 길로도 안내를 해준다. 지속적으로 카페 활동하면서 동기 부여도 받고 동기 부여도 해주면서 성장할 수 있는 시스템이 돌아간다. 카페에서는 출간 소식 및 후기가 늘 이어진다. 늘 교육이 이어진다. 이벤트도 상시 진행된다. 감사의 선물과 문자, 톡이 이어진다. 어떤 일 한 가지라도 발생하면 공유한다. 모든 것이 투명하게 운영된다.

책쓰기는 물론 꿈을 찾고 꿈을 이룰 수 있는 곳을 찾았다. 이론과 실제를 겸비한 작가의 고민, 남편과의 불편함을 해결했다. 의욕을 잃었던 나의 삶이 매일 글쓰기의 힘으로 충전이 되었다. 책을 쓰면서 나를 사랑하게 되고 나의 자존감도 상승했다. 꿈이 400개나 생겼다. 꿈이 이루어지는 것을 보며 매일 행복하게 살고 있다. 그 모습을 공유한다. 독자로만 살다가 저자로 살아가는 기쁨이 매우 크다. 인생이 변할 수 있는 기회도 제공된다. 부자가 될 수 있는 길로 안내해준다. 대출받는 것보다 돈 버는 것이 쉽다고 여기는 곳. 그곳에서 나는 책쓰기를 배웠다. 무엇인가를 결심하면 몰입하는 성향으로 책도 빨리 쓴다. 나의 모든 인생 과정을 담는 데 몰두했다. 나의 진정성을 담았다. 첫 번째 개인 저서 원고를 1개월 만에 썼다. 두 번째 개인 저서 원고는 10일 만에 썼다. 하루에 3꼭지, 4꼭지를 썼다. A4용지 100장 내외를 10일 만에 썼다. 65세의 나이에도 불구하고 단시간 내에 쓸 수 있었던 것은 기적이다. 그러나 기적은 아니다. 과학적인 시스템의 책쓰기 지도가 한몫을 한 것이다. 책쓰기 코치는 촘촘하게 이루어졌다. 원고를 쓰기 전에 원고 완성 선포를 한다. 한 꼭지 쓸 때마다 상황 보고를 한다. 작가님들의 응원이 줄을 잇는다. 힘이 들 때 위로와 응원은 큰 힘이 된다. 글을 쓰다가 막히면 도움을 요청한다. 목숨을 건 코치님이 항시 대기를 했다가 즉답을 해준다. 한 꼭지 완성할 때마다 검토를 요청한다. 밀착 코칭이 이루어진다. 별점으로 현황을 알려준다. 잘했을 경우 폭풍 감동을 준다. 다시 힘을 내어 쓴다.

삶의 만족도를 채우기 위해서 누군가 멘토가 필요하다. 책을 쓰고 꿈이 생기니 가슴이 설렌다. 삶의 만족도를 높이는 데 책쓰기만 한 것이 없다고 생각한다. 그런데 책이 계속 쓰고 싶다. 책을 계속 쓰고 싶은데 혼자서 완벽하게 책쓰기가 가능하지 않다. 멘토가 필요하다. 다른 곳에서 멘토를 찾아? 책쓰기와 1인 창업의 꿈을 이루도록 해주는 멘토가 어디 있을까. 〈한책협〉은 탤런트다. 필요한 것을 구하기만 하면 해준다. 의식이 성장을 할 수 있도록 끊임없이 이끌어준다. 〈한책협〉의 멘토 김도사님과 권대표님은 서양식 분할 멘토가 아니다. 책쓰기와 부자, 의식을 함께 아울러 이끌어주는 통합식 멘토다. 책만 달랑 한 권 쓰고 멀어지면 헛방이다. 종교적인 고민도 한방에 해결해준다. 하느님에 대한 정의와 자신에 대한 정의가 명료하다.

삶의 만족도를 높이기 위하여 나는 책을 쓰기로 결심했다. 책쓰는 과정에서 400개의 꿈을 캐냈다. 나의 꿈을 400개를 공유했다. 이론과 실제를 겸비하고픈 작가의 고민이 해결되었다. 남편과의 불편함이 해결된 것이다. 의욕을 잃었던 나의 삶이 매일 쓰는 글쓰기의 힘으로 충전이 되었다. 책을 쓰면서 나를 사랑하게 되고 나의 자존감도 상승했다. 꿈이 이루어지는 것을 보며 매일 행복하게 살고 있다. 그 모습을 늘 공유하면서 살고 있다. 독자로만 살다가 저자로 살아가는 기쁨이 매우 크다. 책쓰기의 실천 준비물로 건강과 마음, 의식, 동기 부여를 해주는 곳이 최고다. 우선 삶의 만족도를 높이기 위하여 책쓰기를 할 때에 개인적으로 준비되어야 할 것은 건강이다. 시간, 공간 활용 삶의 만족도를 찾는 분야는 사람마다 다 다를 것이다. 어떤 사람은 생업에서 삶의 만족도를 찾는다. 어떤 사람은 취미 생활로 삶의 만족도를 높인다. 책쓰기를 실천할 수 있도록 해주고 후에 지속적으로 꿈을 이룰 수 있도록 선택하는 눈을 가졌다.

결론 책을 쓰기 위한 준비를 하고 꿈을 공유할 수 있는 곳을 찾았다. 누가 삶의 만족도를 높이기 위하여 할 일 하나를 추천해달라면 책쓰기를 추천하겠다. 삶의 만족도는 몸과 마음, 경제적인 소득이 창출될 때에 올라갈 것이다. 삶의 만족도를 얻는 방법은 사람마다 다를 것이다. 어떤 사람은 생업에서 삶의 만족도를 찾을 것이다. 어떤 사람은 취미 생활에서 찾을 것이다. 어떤 사람은 여행을 다니면서 얻을 것이다. 어떤 사람은 노는 데서 얻을 것이다. 어떤 것으로 삶의 만족도를 높이든지 간에 우선 준비해야 할 일이 있다. 그것은 바로 건강해야 한다는 것이다. 삶의 만족도를 높이기 위하여 원고를 썼다고 하자. 원고를 어떻게 투고해야 할까? 원고 투고를 받아주지 않아 500번이나 거절했던 저자가 있다. 그 저자는 현재 자신의 책은 물론, 1천 명이 넘는 작가의 출간 계약을 빠르게 할 수 있도록 해준다. 책쓰기를 지속적으로 할 수 있도록 해주는 멘토가 필요하다.

08

경제적 자유인이 되고
가정이 행복해졌다

　지난 추석에 집에 온 딸이 묻는다. "엄마는 무슨 낙으로 사세요?" 전에 같으면 돈 버는 일하고 상관없는 일로 재미를 느낀다고 했겠으나 "사업을 하는 재미로 살지." 했다. 사업이 일이고 놀이로 정했으니 말이다. 하지만 경제적 자유를 마음껏 누리고 사는 재미로 산다고 하고 싶었으나 시기상조라 하지 못했다. 의식 부족이 들통 난 것이다. 엄마가 머뭇거림 없이 말을 하니 "그러신 것 같아요." 하기는 하지만 왠지 또렷하지 않은 느낌을 받는 듯했다. 현재는 그렇다. 이전에는 일 따로 휴식 따로 즐기는 것 따로 했다. 사업할래? 작가할래? 하면 한 가지만 해야 한다고 생각했다. 사업도 하고 작가도 하면 되는데 말이다. 1년 전에 『버킷리스트

이러다 정말 죽을 것 같아서 책쓰기를 시작했다

23』공동 저서를 출간했다. 이 책에서 나는 경제적 자유인이 되고 싶다고 했다. 부자가 되기로 작정한 이상, 일이 놀이이고 놀이가 일이 되면 좋겠다고 생각했던 것이다. 경제적 자유인이란 자기 의지로 행동하면서 경제활동을 할 수 있는 자유를 누리는 사람을 말한다. 경제활동은 재화나 용역의 생산과 소비, 소득이나 부(富)의 분배 따위의 경제 분야에 관련된 모든 개별적인 행동을 이른다. 그렇다면 경제적 자유인은 어떻게 될 수 있다는 말인가.

사업을 잘하여 경제적 자유를 누리고 싶다. 또한 이론과 실제를 겸비한 작가로 성공하고 싶기도 하다. 일일 특강에 참여할 때는 이론과 실제를 겸비한 작가로 성공하고 싶다는 생각만 하였다. 책쓰기 코치님은 작가는 기본으로 되니 어떻게 하면 작가가 될 수 있느냐고 물어보지 말란다. 책쓰기 교육 과정 중에 공동 저서를 출간하게 되었는데 버킷리스트를 5가지 정하라고 한다. 망설임 없이 경제적 자유인이 되고 싶다고 적었다. 경제적 자유인은 어떻게 될 수 있나? 1인 창업까지 할 수 있는 길이 있다고 한다. 이미 나는 산모롱이로 창업을 하고 있었지만 변화가 필요한 시점이었다. 번창하고 싶다는 욕망이 걷잡을 수 없이 올라왔다. 하여 변화에 필요하다고 생각되는 교육은 모두 수강하였다.

나에게 책은 무엇이냐? 산모롱이의 영업사원이다. 사업의 충실한 영업사원으로 채용하고자 책을 쓴 것이다. 요즈음에 즐겁고 재미있는 일이 매일 일어난다. 통장에 매일 돈이 들어온다는 것이다. 2019년도의 9월은 매출이 그다지 크지 않았다. 2020년부터 매출이 오르고 있다. 사업에 흥미도 상승한다. 재미도 있다. 책을 쓰는 일로 얼마나 재미있는지 모른다. 경제적 자유인이 되는 것은 이런 재미로부터 시작되지 않을까.

나는 꿈을 400개나 가졌다. 꿈을 잘 이루는 책쓰기 코치님을 모델로 삼기로 했다. 책을 쓰고 그 책을 기반으로 1인 창업의 활로가 열리기를 기대한다. 성공자의 습관 새벽 2~3시 기상은 큰 자산이다. 건강한 체력 또한 강력한 무기다. 시간적 여유가 더 많다. 일도 즐겁다. 내가 하고 싶은 것을 해보자. 인터넷 카페를 운영하고 싶어서 카페도 개설했다. 기존 귀촌 일상을 담아내는 블로그가 있지만 작가의 일상을 담아낼 블로그도 하나 더 만들었다. 유튜브도 새로운 마음으로 시작하고 싶었다. 강연가도 되고 싶었다. 사인도 만들고 싶었다. 강연을 위한 PPT도 만들고 싶었다. 인스타그램도 다시 단장하고 싶었다. 서평 이벤트 하는 방법도 알고 싶었다. 하지만 기존에 운영하던 블로그는 운영이 잘되지만 다른 것은 잘 되지 않는다. 운영의 묘를 살리지 못하기 때문이다. 운영의 묘를 살리는 방도를 찾고 있다. 나는 다 잘할 수 있다.

행복한 가정은 바퀴 하나만 잘 굴러간다고 오지 않는다. 두 바퀴에 바람이 빵빵해야 잘 굴러간다. 자전거에 바퀴 하나에 바람이 빠지면 굴러 가지 못하듯 가정도 마찬가지다. 남편이란 바퀴와 아내란 두 바퀴에 바람이 빵빵하게 채워져야 한다. 남편의 바퀴에 바람이 빠지면 아내가 바람을 넣어주고 아내의 바퀴에 바람이 빠지면 남편이 넣어주면 잘 굴러갈 수 있다. 내 바퀴에 바람이 빠진 적이 있다.

결혼 초기에 심신이 몹시도 허약했었다. 당시에 남편의 바퀴에는 바람이 빵빵했다. 작은 체구지만 강단이 있어서 여간해서는 아프지 않았다. 회사를 다니는데 기계처럼 일을 했다. 바람이 빵빵했던 남편은 나를 많이 사랑한 것 같다. 저녁 먹고 소파에서 TV를 보다가 잠들면 안아다 안방 침대에 눕히기 일쑤였다. 내가 떼를 써도 못 이기는 척 받아줬다. 부모한테 하지 못한 응석을 부려도 다 받아줬다. 무엇이든지 해주려고 했던 것 같다. 때로는 싸우기도 하였는데 한번 싸우면 나는 일주일 동안 말을 하지 않았다. 남편이 늘 먼저 잘못했다고 해야 풀렸다. 어느 때부터인지 나의 응석은 받아들여지지 않았다. 나의 볼멘소리가 많아졌다. 오히려 지시하고 나를 억압하는 소리만 들렸다. 속상한 일이 많았다.

그래도 남편은 나에게 바람을 빵빵하게 넣어주었다. 대학교 공부를 하라고 보내줬다. 그런데 나의 바퀴에는 바람이 빵빵해졌는데 남편의 바퀴에 바람이 빠지고 있었다. 어느 때부터인지 남편이 불편한 마음을 많이 드러낸다. 내가 참을 차례이지? 남편은 큰소리를 친다. 응석인가. 응석 부릴 줄 모르네. 자신이 큰소리를 내는 깃조차 느끼지 못한다. 녹음기를 틀어서 들려주고 싶기까지 했다. 신혼 초부터 일편단심 변하지 않게 들리는 말, '왜?'라는 말은 왜 그리 많이 쓰는지. 쓰지 말라고 해도 안 된다.

'책을 썼는데 왜 가정이 행복하지? 책쓰면서 무슨 일이 있었는데 말이야.' 첫 번째 개인 저서를 쓰면서 신기한 일이 일어났다. 책을 쓰면서 눌려 있던 슬픈 감정들이 올라왔다. 남편에 대한 서운함과 슬픈 감정들이 마구 솟구쳤다. 남편이 소리치면 무서워서 아무 소리도 못 하고 감정을 눌렀었다. '아이들 앞에서 싸우면 안 돼. 싸우면 이혼할 수도 있어. 이혼하면 우리 아이들이 불행해. 남자를 이기면 안 돼.' 하면서 말이다.

아이들 키우면서 몸도 마음도 많이 아팠다. 늑막염부터 불면증, 위염, 방광염, 급기야 자궁암까지 걸렸다. 정신을 못 차릴 만큼 내 몸과 마음은 무너졌다. 글을 쓰다가 울었다. 울어도 울어도 눈물이 나왔다. 울다가 눈물을 훔치고 나니 '잘했어, 잘 견뎠어, 장해.' 하는 소리가 들렸다. 저 가슴 속 깊은 곳에서 안타깝게 바라만 보고 있던 참 자아의 위로 소리가 들렸다. 잘했다고 하니 웃음이 나왔다. 큰소리로 웃었다. '정말 잘했잖아. 만약에 내가 그때 남편하고 싸워서 막판까지 가고 이혼을 했다면 우리 아이들은 어떻게 되었겠니. 나같이 새엄마 밑에서 얼마나 힘들게 살았겠냐고…. 참 잘 견뎠어. 이제 내 새끼들이 잘 커주었잖니. 자기들 하고 싶은 일들을 해가면서 살게 했잖아. 더 바랄 것이 뭐 있어.' 그렇게 울다 웃다를 몇 번이나 했는지 모른다. 어떤 때는 눈이 퉁퉁 붓도록 울었던 날도 있었다.

남편이란 바퀴에 바람이 빵빵했을 때에는 나는 경제적 자유가 없었다. 아내란 바퀴에 바람이 빵빵하니 경제적 자유가 생겼다. 그러니 가정이 행복해질 수밖에 없다. 남편이 경제활동을 할 때는 남편이 조금만 큰소리쳐도 거부감이 왔다. 무시하는 것 같기도 했다. 내가 경제활동을 하니 역전되었다. 경제활동을 하지 않고도 국민연금을 고스란히 쓰는데도 말이다. 가정에서 경제적 자유인이 된다는 것은 내 맘대로 쓸 수 있는 돈이 있을 때가 아닐까. 아무리 사업적으로 돈을 많이 번다고 하더라도 각자 마음대로 쓸 수 있는 돈이 없다면 경제적 자유를 누릴 수 없다는 생각이다.

남편은 직장을 다닐 때 벌어오는 돈이 자기 혼자서 버는 돈으로 알고 어깨에 힘을 주었다. 같이 번 돈이니 같이 상의해서 써야 한다는 생각으로 바꾸는 데 시간이 오래 걸렸다. 그러다 보니 직장에서 넣었던 국민연금도 자기 마음대로 써야 한다고 생각하고 있다. 그 생각 또한 함께 써야 하는데 사업적으로 빚이 있어도 연금은 혼자서 썼다. 그 생각을 바꾸어주었다. 이제는 남편에게 바람을 빵빵하게 넣어줄 차례다. 남편이 혼자서 쓰는 경제적 자유를 누릴 수 있도록 해주기로 했다. 함께 나에게도 일정 금액을 별도의 통장에 넣었다. 사업자의 연금도 같이 넣었다. 비등하게 나의 몫으로 떼어놓아야 하지 않나? 남편에게 나오는 연금만큼 나에게도 금액을 따로 떼어놓기로 했다. 자연스레 금액을 맞추게 되는 일도 생겼다. 비로소 우리는 흡족하지는 않지만 경제적 자유인이 되고 가정도 행복해질 수 있었다. 산모롱이 사업체의 운영으로 아직 큰 소득은 없다. 앞으로는 큰 소득이 일어날 것이다.

'무슨 낙으로 사세요?'라는 딸의 물음에 내년에는 멋진 답을 하고 싶다. 경제적 자유를 누리며 행복한 가정이 된 낙으로 산다고 말이다. 행복한 가정은 바퀴 하나만 잘 굴러간다고 오지 않는다. 두 바퀴에 바람이 빵빵해야 잘 굴러간다. 초기에는 남편의 바퀴에 바람이 빵빵했으나 이제는 나의 바퀴에 바람이 빵빵하다. 몸도 건강하다. 사업 운영도 잘한다. 경제 활동도 활발하게 한다. 경제소득도 2배로 오르고 있다.

작가가 되었다. 각자 경제적으로 자유를 누릴 수 있는 배분되는 금액도 3배로 늘린다. 각자 경제적 자유를 누리며 행복하게 산다. 결혼 초반에는 남편이 내 바퀴에 바람을 빵빵하게 넣어줬다. 이제는 내가 남편의 바퀴에 바람을 빵빵하게 채워줄 차례다. 꼭 그렇게 될 것이다. 남편과 나는 경제적 자유인이 되어 하고 싶은 것을 하면서 행복하게 살 것이다. 내년에는 '엄마는 무슨 낙으로 사세요?'란 딸의 물음에 좀 더 업그레이드 된 멋진 답을 할 것이다. 경제적 자유를 마음껏 누리며 행복하게 사는 낙으로 산다고.

이러다 정말 죽을 것 같아서 책쓰기를 시작했다

4장_절망과 우울을 이겨내고 삶의 근육을 키워준 책쓰기의 힘_이창순

책을 쓰기
시작한 후의 인생은
차원이 다르다

이혜정

약력 : (주)카리스 최고직급 마스터, 동기부여 작가, 네트워크 강연가,
前 7급 공무원, 前 영어강사, 순천대학교 영어교육 대학원 졸업

저서 : 『세상에 지지 않을 용기』

01

내 인생의 변화는 이제부터이다

"삐삐 비 빅~ 삐삐 비 빅~"

어김없이 아침 6시가 되면 알람시계가 울린다. 어제 커피를 너무 많이 마신 탓인지 잠이 오지 않아 뒤척이다 보니 새벽에 나도 모르게 잠이 든 모양이다. 오늘도 나는 침대와 떨어지기 싫어서 울면서 눈을 떴다. 스트 레칭을 해보지만, 어깨에 곰 한 마리가 앉아 있는지 도무지 만성 피로는 풀리지 않는다. 비몽사몽 눈을 감고 화장실로 향한다. 세수하고 양치를 하며 거울을 바라보았다. '아, 오늘도 지옥 같은 하루가 시작됐구나!'

다시 한번 크게 숨을 고르고 옷방으로 가서 오늘 입을 옷을 고르기 시작한다. 나는 화려한 옷을 좋아하지만 내 취향의 옷들은 주말이 되어야 잠시 입을 수 있다. 회사에는 검은색 아니면 흰 블라우스를 입고 출근을 한다. 조금 멋을 낼 때는 회색까지는 허용된다. 가슴골이 파이거나 치마 가 짧으면 안 된다. 머리는 가장 짧은 시간 안에 완성될 수 있는 포니테 일을 선호한다. 귀걸이는 딱 달라붙거나 보일 듯 말 듯 가장 작은 것을 착용한다. 1분 이내에 선크림까지 얼굴에 얹은 뒤 출근길 꽉 막힌 도로를 운전하면서 잠깐 신호대기 중에 비비크림을 바른다. 출근하고 나면 벌써 하루의 모든 에너지를 다 써버려서 더 이상 일할 힘조차 남아 있지 않았 다.

나는 도대체 언제까지 이렇게 쳇바퀴 도는 인생을 살아야 하는지 궁금 했다. 나는 해외 유치부에 소속되어 있었다. 바로 옆 부서인 국내 팀은 내가 퇴근할 때까지 셋이 나란히 앉아서 일하고, 나보다 먼저 출근해 또 셋이 나란히 앉아서 일했다. 도대체 저분들이 가장인 가정은 멀쩡히 잘 돌아가는 것일까 궁금했다. 직장 생활의 불만을 얘기하면 주변에서는 배 부른 소리 한다며 다들 그렇게 살아간다고들 한다. '다른 사람이 그렇게 살아간다고 나도 똑같이 살아야 할까?'라는 생각은 잠시뿐 다른 생각을 할 겨를도 없이 컴퓨터를 켜자마자 받은 편지함에는 오늘 할 일들이 산 더미처럼 쌓여 있다. 연초가 되기 전 내년 예산안을 모두 짜놓아야 했기 때문이었다. 머리가 터져버릴 것 같은 그때, 내 바로 옆자리에 계신 계장님이 나를 툭툭 건드리며 말을 걸어왔다.

"어이, 혜정이! 자네 월급 많이 받았는가?"

"아, 계장님 저는 일한 지 얼마 안 됐잖아요… 계장님은 많이 받으셨어요?"

"으흐흐 나는 솔찬히 많이 들어왔네." 하시며 입가에 미소를 지으셨다.

너무 정신없이 살다 보니 오늘이 월급날인 줄도 잊어버리고 살았다. 나는 내 통장의 월급이 잠시 스쳐가는 사이버머니 같았다. 누가 보이스피싱을 한 것도 아닌데 늘 텅텅 비어 있었다. 반면 퇴직이 일 년 남으신 계장님의 일과는 다음과 같았다. 홈페이지 조직도 살펴보기 – 신문 보기 – 점심 먹기 – 인터넷 하기 – 퇴근하기였다. 내가 엄청나게 많은 일을 처리하는 동안 속된 말로 '시간 보내기'를 하시며 하루를 보냈다. '그런데 나보다 월급이 많다고?!!' 나는 이런 비효율적인 공무원 급여 체계가 답답해지기 시작했다. 열심히 일해도 월급을 더 받을 수 없고, 오래 근무했다는 이유로 많은 월급을 받아가는 시스템에 의문을 품기 시작했다.

그리고 '내가 열심히 일한 만큼 더 많은 돈을 벌 수는 없을까?'라고 생각했다. 나의 변화는 여기서부터 시작되었다. 아마 내가 아무 생각을 하지 않고 그저 관례니까 시키는 대로 주어진 일만 하고 주어진 월급만 받았다면 지금의 나는 없었을 것이다. 나는 이해가 가지 않는 부분에 대해 의문을 품었고 '어떻게 하면 해결할 수 있을까?' 곰곰이 생각해보았다. 처음에는 '내가 이 썩어빠진 시스템을 바꿔버릴 거야!' 하는 패기가 있었다. 하지만 혼자의 힘으로는 할 수 없는 것들이 너무나 많았다. 나도 모르게 점점 내가 싫어하는 선배들의 모습을 닮아가고 있었다. 나는 더 물들어 진짜 내가 없어지기 전에 이곳을 빠져나가야겠다고 생각했다. 나의 소중한 시간을 더 이상 낭비할 수 없었다. 내가 더 높은 연봉을 좇아 이직한다고 해도 결국 나의 시간과 돈을 교환하는 삶을 살아야 했다.

유튜브에서 본 재미있는 이야기가 있다. 시간여행을 하던 조선 시대 선비가 현대 시대로 오게 된 것이다. 그가 지나가던 사람을 붙잡고 물었다.

"당신 지금 어디 가오?"

"저 회사 가요!"

"회사가 무얼 하는 곳이요?"

"일하러 가요, 일!!"

"당신 신분이 무엇이오."

"저 차장이에요!"

"아, 그럼 노비로구먼."

이 이야기를 통해서 알 수 있듯이 시간과 돈을 바꾸는 일은 과거부터 현재까지 이어져온 일이다. 현대판 노예인 것이다. 이 시스템을 스스로 깨부수지 않는 한 앞으로의 인생도 똑같을 것이다. 업무를 처리하느라 집중하는 시간에 사랑하는 가족, 친구, 연인과 소중한 추억을 쌓을 수도 있지 않은가! 나는 더 이상 온종일 일만 하며 살기 싫었다. 꽃이 피면 꽃 구경하고, 여름이면 물놀이를 가고, 가을이면 단풍 구경을 가는 삶을 살고 싶었다. 그래서 나는 벗어나기 위해 내가 원하는 삶에 대해 곰곰이 생각하기 시작했다.

구세주 김도사의 저서 『150억 부자의 부의 추월차선』에서는 "성공은 위치를 바꾸는 데서 시작된다."라고 말한다. 어쩌면 "당신도 자유를 사기 위해 자유를 팔고 있지 않은가?" 나 또한 그랬다. 친구들이 생일파티에 초대했다. 이번에 빠지면 정말 절교라고 했다. 친구들이 이렇게까지 애기한 배경에는 그만큼 야근이 많고 일이 바빠서 친구들의 약속을 거절해야 하는 날들이 많았다. 심지어 정말 일하고 있는 게 맞냐며 커피를 사들고 밤 11시에 회사 앞에 찾아온 친구도 있었다. 친구는 나에게 물었다.

"도대체 사람들이 왜 안 가?"
"나도 모르겠다. 사람들이 도대체 왜 안 가는지!!"

나는 한숨을 쉬며 대답했다.

지금 생각해보면 굳이 그렇게 살지 않아도 됐었는데 왜 그렇게 힘들면서까지 직장을 다녔는지 모르겠다. 하지만 좋은 점도 있다. 그런 힘든 시간이 지금 나의 좋은 책쓰기 소재가 된다. 역시 인생은 참 알다가도 모를 일이다.

스물아홉 살 나의 버킷리스트에는 1년에 책 100권 읽기라는 항목이 적혀 있었다. 나는 더 잘살고 싶었고 더 지혜롭게 살고 싶었다. 그래서 책을 통해 공부하는 것이 정답이라고 생각했고 더 빨리 속독을 하며 많은 책을 읽었다. 어떤 날은 너무 정신없이 읽어치우는 데만 집중하다 보니 무슨 내용인지 생각이 안 날 때도 있었다. 그래서 그때부터는 사진을 찍고 SNS에 올리기도 했다. 1년, 2년 시간이 지날수록 더 많은 책을 읽었지만 내 인생은 더 나아지기는커녕 더 혼란스러워지기만 했다. 결국 내가 변하지 않고 실천하지 않으면 책은 무용지물이었다.

하지만 책쓰기는 달랐다. 내가 책쓰기를 배우고 난 뒤 나의 인생 전체가 책쓰기의 소재가 됐다. 낭비하는 시간이 없어진 것이다. 주변의 모든 것이 살아 숨 쉬는 것만 같았다. 커피숍에서 수다를 떠는 옆 테이블의 이야기는 좋은 사례가 되었고, 친구들의 일상 이야기는 깨달음과 지혜를 얻을 기회가 되었다.

책을 쓰면서 나의 의식에 많은 변화가 있었다. '내가 책을 쓸 수 있을까?' 하고 생각했던 지극히 평범했던 내가 책을 쓰면서 작가로, 1인 기업가로, 전문직 여성으로 성장하는 인생을 살게 되었다. 첫 번째는 지금까지 두루뭉술하기만 했고 막연히 잘 살고 싶었던, 보이지 않던 내 꿈이 훨씬 더 명확해졌다. 과거에는 '집을 사고 싶다'가 꿈이었다면 지금은 '어느 지역에 어떤 아파트에 시세가 얼마인 집을 갖고 싶다'라고 구체적으로 변했다. 이렇게 꿈이 명확해지다 보니 모든 걸 다 하면서 꿈을 이룰 수는 없었다.

그래서 두 번째로 삶의 우선순위를 정해 집중해서 하나를 먼저 이룬 뒤 다음 계획을 실천하기로 했다. 예를 들면 친구들을 만나는 시간을 줄이고 그 시간에 책을 쓰기 시작했다. 그 시간마저도 부족해서 잠을 줄였다. 처음엔 잠을 못 자고 일상생활을 하다 보니 죽을 것처럼 힘들었지만, 그래도 죽지 않는다는 사실을 깨달았다. 오히려 저절로 다이어트가 되는 1석 2조의 효과를 얻었다. 세 번째는 나를 믿지 못하고 '될까?'라고 생각했던 의식이 '안 돼도 되게 만들자'라는 생각으로 바뀌었다. 나도 평생 책을 보기만 하는 독자였다. 그런데 우연한 기회에 김도사님을 만나 책쓰기를 배우고 책을 출간하면서 독자에서 저자로 신분 상승을 하였다. 앞의 이야기처럼 노비에서 선비로 출세한 것이다.

이제 더 이상 노동과 돈을 바꾸지 않아도 된다. 내가 원하는 곳에서 원할 때 즐겁게 일할 수 있다. 바빠서 책을 못 쓴다는 얘기는 하지 말길 바란다. 매일 바쁘다고 말하는 사람의 시간과 징말 바쁜 사람들의 시간의 농도는 다르다. 명확한 목표를 가지고 우선순위를 정해 안 돼도 되게 만들자는 생각으로 추진하면 된다. 그러면 같은 시간 안에 더 많은 것을 처리할 수 있다. 만약 여러분 마음 한편에 나처럼 '책을 쓰고 싶다'는 생각이 있는 사람이라면 과감하게 핑계를 버리고 지금 당장 책쓰기에 도전하길 바란다. 자신을 믿고 도전한다면 당신도 나처럼 빨리 신분 상승을 하게 될 것이다.

02

성공해서 책을 쓰는 것이 아니라
책을 써야 성공한다

당신의 인생에서 당신의 가슴이 쿵쾅쿵쾅 뛰었던 일이 있는지 생각해
보라. 아니면 어떤 순간에 가장 기뻤는지 기억을 더듬어보자. 나는 친해
지고 싶은 사람이 있으면 좋아하는 것 세 가지를 3초 안에 이야기해보라
고 한다. 그러면 대부분 사람은 머뭇거리다 결국 아무 말도 하지 못한다.
그러면서 나에게 "뭘 좋아하는지 정확히 물어봐야지!"라며 볼멘소리를
한다. 나는 "물어봤잖아." 하고 맞받아친다. 그러면 상대방은 "무슨 음식
을 좋아하는지, 무슨 꽃을 좋아하는지, 무슨 색깔을 좋아하는지 이렇게
물어봐야지."라고 지지 않고 대답한다. 나는 이 질문을 통해서 그 사람의
성향을 어느 정도 파악할 수 있다. 자신이 좋아하는 것을 정확하게 아는

사람은 본인이 좋아하는 일을 하기 위해 그리고 그 일을 통해 성과를 달성하기 위해 더 큰 노력과 행동을 한다는 사실을 알게 됐다. 반면 대답하지 못한 대부분 사람은 본인이 무엇을 좋아하는지 생각조차 해보지 않은 경우가 많았다.

나는 20대에는 영어 강사로, 30대에는 공무원으로 평범한 삶을 사는 여성이었다. 하지만 뭔가 이대로 살다가는 그저 그런 삶을 살게 될 것만 같아 불안했다. '멋지게 사는 삶' 상상만 해도 짜릿했다. 하지만 공무원은 지금부터 최소 30년은 더 일해야 연금이라는 것을 받을 수 있었고, 그 30년간 나는 꼼짝없이 시간과 돈을 바꾸며 창살 없는 감옥에 갇혀 일해야만 했다. 그래서 나는 둘 중 하나를 선택해야 했다. 가늘고 길게 안정적으로 살 것인가! 아니면 짧고 굵게 멋지게 살 것인가! 쉽지 않은 결정이었다. 왜냐하면 두 가지 선택 모두 장단점이 있었기 때문이었다. 나는 결국 나를 믿어보기로 했다. 내가 퇴사를 결정하고 사표를 가슴에 품고 다니던 한 달이 너무나 행복했다. 상사가 나를 괴롭혀도 품속에 사표가 곧 나를 해방시켜 줄 것만 같았다. 내가 사표를 제출하던 날 옆 팀 계장님께서 나에게 이런 말씀을 하셨다.

"너는 사표를 쓸 수 있다는 것만으로 공무원에게 맞지 않는 사람이야! 더 넓은 곳으로 가서 살아." 스쳐가면서 하신 짧은 말씀이셨지만 내가 옳은 선택을 했다는 생각이 드는 강력한 한마디였다.

나는 꼭 '성공'을 하고 싶었다. 그래서 공무원이라는 직업을 버리는 배수진을 쳤다. 매몰 비용이 많이 들었기 때문에 누구보다 빨리 원하는 것을 모두 이뤄야만 했다. 그래서 소자본으로 시작하면서 시스템이 갖춰진 네트워크 사업에 뛰어들었다. 나는 더 이상 물러설 곳이 없었다. 잠을 줄여가며 3년간 누구보다 미친 듯이 배우고 행동으로 실천하기 시작했다. 보통 '성공'이라는 단어를 떠올리면 가장 먼저 떠오르는 이미지가 무엇인가? 멋진 수트? 별 모양이 그려진 외제차? 사람들 앞에서 멋진 발표를 하는 모습? 아마 성공의 기준은 사람마다 각각 다를 것이다. 내가 네트워크 사업을 처음 시작하면서 생각했던 성공은 바로 최고 직급이었다. 네트워크 사업을 시작하는 대부분의 사람들이 바라는 바일 것이다. 나는 포기하지 않고 도전한 끝에 3년 만에 최고 직급이라는 자리에 오를 수 있었다. 그래서 나는 내가 성공한 줄로만 알고 착각하며 살아왔다.

하지만 나는 여기서 세상의 잣대를 또 한 번 뛰어넘어야 했다. 사회의 기준에서 내가 선택한 직업은 모든 사람이 선망하는 직업은 아니었기 때문이다. 공무원일 때 하루가 멀다고 들어오던 소개팅은 사라진 지 오래고, 부모님 친구분들이 나이가 꽉 찬 나를 보시며 "큰딸은 뭐해?"라고 물어오시기라도 하면 부모님은 내 직업을 뭐라고 소개해야 할지 난감해하는 눈치셨다. 심지어 카드를 발급받을 때나 은행에서 대출을 받을 때도 직업란엔 항상 '기타'로 적어야만 했다. 월급은 공무원을 할 때보다 훨씬 많고 세금도 몇 배나 많이 내는데 금융 거래를 할 때나 직업을 적는 데 있어서만큼은 늘 움츠러들 수밖에 없었다. 나는 스스로 이 문제를 극복해야 했다. 어떻게 해야 좋을지 방황하고 있을 때쯤 우연히 보낸 DM(인스타그램 다이렉트 메시지)을 통해 권동희 작가님과 인연이 닿게 되었다. 먼 미래에 작가가 되고 싶다는 나에게 책쓰기 일일 특강을 소개해주셨고, 나는 이 기회를 놓치지 않고 김도사님을 만나 책쓰기 방법을 배우게 되었다.

처음에는 '에이, 책 한 권 쓴다고 여기서 뭐 얼마나 달라지겠어?'라고 생각했다. 하지만 〈한책협〉의 책쓰기 과정을 수강하면서 『세상에 지지 않을 용기』라는 책 제목이 나오고 목차가 나오고 책이 한 장 한 장이 완성되면서 내 생각은 점차 달라지기 시작했다. 책을 쓰기 전에도 네트워크 마케팅을 하기 전에도 나는 성공하기 위해 열심히 살아왔다. 직장에 다니며 하루에 8시간 이상씩 꼬박꼬박 업무에 성실히 임하고 더 인정받기 위해서 전전긍긍하며 퇴근 후에는 자기계발을 위해 독서와 운동 그리고 또다시 배우는 일을 게을리하지 않았다.

하지만 생각처럼 성공이라는 결승점은 가깝지 않았다. SNS를 보면 친구들은 다들 성공해 잘살고 있는데 나만 뒤처지는 느낌이었다. 어떻게든 성공했다는 느낌이라도 느껴보고 싶어서 여행 가서 즐거운 사진, 쇼핑하는 사진, 책을 읽는 사진 같은 허세 가득한 사진 위주로 올리기 시작했다. 겉으로라도 그럴듯해 보이고 싶었기 때문이다. 하지만 그곳에 진짜 '나'는 없었다. 시간이 지날수록 마음은 더 불안하고 허전해져만 갔다. 점점 어떻게 살아가는 것이 성공한 삶인지 혼란스러워지기 시작했다. 주변에 그렇다 할 만큼 성공한 사람들이 없어서 딱히 물을 곳도 없었다. 그저 티브이와 구독 중인 유튜브 채널에서 추천한 책을 읽는 것이 전부였다. 하지만 그중 어떤 것도 나의 인생을 바꾸지는 못했다.

지금 생각해보면 나뿐만 아니라 그 당시 친구들의 대화 주제도 비슷했던 것 같다.

"아, 나 이번에 주식이 삼백만 원 올랐어."

"아, 진짜? 나는 집이 살 때보다 2억 올라가지고 다행이지 뭐!"

"나, 이번에 명품 가방 사러 갔는데 글쎄 품절인 거 있지?"

"나, 이번에 아버님이 용돈 주셨는데, 아 용돈 말고 빨리 집이나 물려주시지."

이런 대화 내용을 듣고 있으면 나는 점점 할 말이 없어졌다. 뉴스에서는 경기가 어렵고 가계부채가 증가하고 있다는데 친구들은 모두 잘살고 있는 것만 같았다. 그렇다면 도대체 누가 거짓말을 하는 것일까? 뉴스일까? 그녀들일까?

처음에 나는 책을 쓰는 사람들은 모두 유명하거나 그 분야의 전문가들인 줄만 알았다. 아니면 단 한 줄로 사람들을 감동하게 할 수 있는 엄청난 재능이 있는 천재들만 작가가 되는 줄 알았다. 내가 책을 쓰기 전 나도 책을 보는 독자, 강의를 듣는 청중의 한 명이었다. 나는 김미경 강사와 김창옥 교수님의 강의를 들은 경험이 있다. 두 강사님 모두 너무 유명한 강사님들이고, 우리 일상의 경험을 재미있게 들려주시며 공감을 끌어내고 사람들에게 위로와 희망을 전한다. 나도 내 이야기를 적기 시작하면서 정말 사소한 내 경험들이 누군가에게는 새롭고 누군가에게는 위로와 용기가 된다는 사실을 깨달았다. 모든 사람은 그들의 고유한 경험과 노하우를 가지고 있다. 빵을 만드는 사람은 빵에 대해서만큼은 전문가이다. 아이들을 가르치는 선생님은 학급 관리와 아이들을 훈육하는 데 능숙하다. 엄마들도 누구보다 맛있는 반찬을 만들고 육아에도 능숙하다. 다만 누군가는 책을 통해 그 에너지를 결과로 만들어내고, 누군가는 계속 주변 사람들에게 잔소리하듯 수다로 끝내버리곤 한다.

성공의 끝은 결국 수많은 부동산도 인기와 명예도 아닌 바로 책이다. 대통령도 책을 쓰고, 대기업 총수도 책을 쓰고, 유명한 배우도 성공하면 책을 쓰고, 성공한 강연가도 책을 쓴다. 왜 그들은 책을 쓰는 것일까? 그렇다면 대통령처럼, 재벌 총수처럼, 연예인처럼 성공하기 위해서는 무엇을 해야 할까? 그렇다. 내가 먼저 책을 써버리는 것이다. 책을 쓰고 난 뒤 연락이 없던 친구들에게도 연락이 오기 시작했다. 사람들이 나의 이야기를 읽기 시작하면서 어떻게 책을 쓰게 되었는지, 왜 책을 썼는지에 대해 궁금해하기 시작했다. 그리고 그들이 먼저 나를 만나고 싶어 했다. 나는 다년간의 네트워크 사업의 경험을 통해 진정한 성공은 다른 사람들이 인정해주는 것이라는 것을 깨달았다. 가장 가까운 부모님에게 하루가 멀다고 연락이 온다. 벌써 책이 다 팔리고 또다시 30권을 사인해서 보내라는 명령이었다. 책을 쓰고 내가 그토록 바라던 부모님의 자랑스러운 자식이 되었다.

세상은 혼자 살아갈 수 없다. 많은 사람에게 영향을 끼치고 그들에게 선한 영향력을 발휘하는 사람이 결국 '성공'이라는 타이틀을 거머쥐게 된다. 누구나 쓸 수 있는 것이 책이라고 하지만 또 아무나 쓸 수 없는 것도 책이다. 이 가장 큰 성공의 비밀을 알려줘도 괜찮냐고? 물론 괜찮다. 어차피 말해줘도 바로 따라 하지 않기 때문이다. 성공은 가장 쉽지만 아무도 하지 않는 것이다. 성공해서 책을 쓰는 것이 아니라, 책을 써야 성공한다. 만약 당신이 성공하고 싶다면 이 말을 명심하길 바란다. 당신의 성공은 지금 이 순간 당신이 선택할 수 있다.

03

지금 당신에게 필요한 것은
책을 쓰는 용기다

나의 첫 번째 책 제목은 『세상에 지지 않을 용기』이다. 용기의 사전적인 의미는 '씩씩하고 굳센 기운. 또는 사물을 겁내지 아니하는 기개'라고 정의된다. 아마 누구나 자신이 살아오면서 경험하고 느낀 이야기를 책으로 남기고 싶다는 욕망이 있을 것이다. 과거의 나처럼 말이다. 하지만 대부분의 사람은 작가는 대단한 사람들만 되는 것으로 생각한다. 나 역시 그랬다. 작가는 나에게 늘 동경의 대상이었다. 글을 써서 누군가의 마음을 움직이고 위로를 할 수 있다는 사실이 굉장히 멋있어 보였다. 죽기 전에 내 이름으로 된 책 한 권쯤 남길 수 있다면 그래도 멋진 인생을 산 것처럼 느껴질 것 같았다. 그래서 그 비밀스러웠던 내 꿈은 지금이 아닌, 먼

훗날 언젠가 꺼내게 될 줄만 알았다.

　나는 몇 년 전, 우근철 작가의 『어느 젊은 광대 이야기』를 읽고 SNS로 책 리뷰를 하면서 작가님과 인연이 닿게 되었다. 저자는 평범한 직장인이었다. 퇴근길 지하철에서 우연히 집어 든 신문광고의 프랑스 사진을 보고 그길로 가진 것을 모두 팔아 프랑스행 왕복 항공권을 산다. 그는 구체적인 계획도 없이 떠나 배낭 하나만 메고 산티아고 순례길을 걸으며 힘겹게 자신과의 싸움을 한다. 여행길에 돈이 없으면 얼굴에 분칠하고 대학 때 잠깐 배운 팬터마임을 하며 여행 경비를 벌었다. 40일간의 뜨거운 여행기를 읽고, '나라면 그렇게 할 수 있을까?'라고 생각했다. 그때까지 그냥 모든 것을 적당히 꾹꾹 억누르며 살아온 나는 그의 '모든 것을 버리고 떠날 수 있는 용기'가 대단하고 부러웠던 것 같다.

　그래서 책에 대해 궁금한 것도 물어보고 근황을 살펴보다 우근철 작가가 진행하고 있는 봉사활동 프로젝트에 동참하기도 했다. 우근철 작가는 그 당시 자전거로 전국을 여행하며 팬터마임으로 모금 활동했다. 자동차나 대중교통을 이용하지 않고 자전거를 타고 서울에서 전남 순천까지 온 것이었다. 나는 주변 동료 선생님들과 지인들에게 이 프로젝트에 함께하기를 권유했고, 그 결과 열악한 환경의 어린이들에게 자전거와 학용품을 선물할 수 있었다. 그전까지만 해도 작가는 글을 창작하고 생각을 글로 옮기는 사람이라고만 생각했었는데, 우근철 작가를 보면서 작가는 책만 쓰는 것이 아니라 '다양한 방면으로 많은 사람에게 선한 영향력을 끼치고 다양한 활동을 할 수 있구나.' 하는 사실도 깨닫게 되었다. 작가라는 직업이 나에게 훨씬 더 매력적으로 다가오는 순간이었다.

나는 식사를 하며 책 출간에 관해 궁금한 것을 물어보았다. 그 당시 여행에 관한 에세이나 책들이 유행이던 시절이었다. 많은 경쟁자 사이에서 어떤 전략으로 출판사의 선택을 받았는지 궁금했다. 그는 원고를 50여 곳 이상의 출판사에 보내 모두 거절당했다고 했다. 심지어 원고를 읽어보지도 않고 휴지통에 넣는 출판사들도 있을 정도였다고 한다. 하지만 그는 포기하지 않았다. 그가 책을 출판하고 싶은 이유가 분명했기 때문이다. 그는 대학을 졸업하고 평범한 직장인에서 스페인 여행을 통해 다양한 문화를 접했다. 그리고 다양한 친구들을 만나면서 꼭 세상이 정해 놓은 대로 살 필요는 없다는 것을 깨달았고, 이 교훈을 젊은 친구들에게 꼭 전하고 싶었다고 했다. 본인이 돌고 돌아 깨달은 인생의 진리를 조금이라도 더 빨리 알려주고 싶은 마음이 컸던 것 같다.

그의 진실한 마음이 통한 것일까? 원고와 함께 보낸 사진을 본 뒤 한 출판사에서 연락이 와서 미팅을 할 수 있었다고 했다. 좋으신 대표님을 만나서 다행히 『어느 젊은 광대 이야기』가 세상에 빛을 볼 수 있었다. 그리고 책이 출간된 후 사람들에게 많은 인기를 얻어 강연도 상담도 하면서 두 번째 책까지 출간하였다. 지금 생각해보면 아마 나는 이때부터 작가가 되고 싶었는지도 모르겠다.

우근철 작가가 내가 아는 사람 중에 책 써서 인생을 바꾼 첫 번째 지인이었다. 그리고 어쩌면 내 인생을 바꾸어준 사람이기도 하다. 내가 공무원 시절 몹시 힘들어하면서 작가님에게 도움의 손길을 뻗쳤던 적이 있었다. 그 사실을 아셨는지 모르셨는지 나에게 이런 말씀을 해주셨다. "너, 거기 계속 있으면 암 걸려. 네가 올바른 방향으로 살아가려고 마음먹었으면 다른 사람 눈치 보지 말고 그냥 네 길을 가면 돼!" 그때 당시 나의 상황은 차 트렁크에는 가스 활명수 두 박스와 암에 걸릴 것처럼 심장이 조여오는 통증을 느끼고 있었던 때였다. 그 말을 듣고 나도 모르게 눈물이 주룩 흘렀다. 내 주변 사람들은 모두 좋은 직장을 왜 그만두냐는 말만 하는데, 유일하게 '네가 생각하는 길로 가도 돼'라고 나의 소신을 지지해준 사람이었다.

처음부터 어른으로 태어나는 사람은 없다. 작가도 마찬가지이다. 태어날 때부터 '나는 작가다'라고 이마에 써 붙이고 나오는 사람은 없을 것이다. 결국 작가도 책쓰기도 다르지 않다. 아이가 태어나 걷고 말하고 어른이 되는 과정이 필요하듯, 책쓰기도 결국 '시작'이 필요한 것이다. 결국 책을 쓰고 싶은 마음과 할 수 있다는 자신감만 있으면 여러분은 이미 작가이다. 내가 쓴 글이 부족하면 어쩌지? 이 글을 읽고 다른 사람들이 수준이 낮다고 손가락질하면 어쩌지? 하는 따위의 말은 잊어버려라. 그 사람들이 당신의 인생을 대신 살아주지 않는다. 여러분의 성공을 진심으로 빌어주는 친구 한 명만 있다면 여러분은 무조건 책을 쓸 수 있다. 당신이 친구와 있었던 재미있는 에피소드, 자라면서 겪었던 감정과 경험들이 모두 책쓰기의 소재가 될 수 있다. 누구나 작가가 될 수 있다. 내가 해냈듯이 여러분도 할 수 있다. 누구나 고유한 인생을 살아왔고 여러분의 인생이 누군가에게는 분명 지혜가 될 것이다.

내가 만약 살아온 대로만 살았다면 나의 삶은 아무것도 변하지 않았을 것이다. 나는 고통에서 벗어나 행복하게 살고 싶다고 생각했고, 방법을 찾기 시작했다. 처절한 삶이 던져준 고통 속에서 내 삶의 의미를 찾고 행복하기를 간절하게 바랐다. 그런 힘들었던 경험들이 지금은 나의 글쓰기의 소재가 되어 나처럼 힘들었던 사람들에게 위로가 되고, 다른 삶에 도전하고자 하는 사람들에게 용기가 된다. 아직도 책은 특별한 사람만 쓰는 것으로 생각하고 있다면 진지하게 자신의 삶에 대해서 다시 생각해보아야 한다.

어쩌면 다른 사람이 내 머릿속으로 흘러들어와 내 생각인 것처럼 왕

노릇을 하고 앉아 있을지도 모르니 말이다. 똑같은 삶을 살고, 똑같은 경험을 한 사람은 세상에 단 한 명도 없다. 모두 다른 환경에서 다른 자극을 받고 다른 경험을 하며 살아간다. 모든 사람은 그 고유한 경험을 본인만이 가지고 있는 생각과 본인의 손을 통해 글을 씀으로 인해 누구도 대체 불가능한 글을 만들어낸다. 그렇기 때문에 누구나 작가가 될 수 있는 것이다. 그렇기 때문에 걱정하지 않아도 되는 것이다. 나는 자신의 소중한 경험과 깨달음이 사라지기 전에 책을 통해서 그리고 글을 통해서 누군가에게 그 지혜가 전달되는 특별한 경험을 많은 사람들이 했으면 하는 바람에서 이 글을 쓰고 있다.

"말하는 대로 이루어진다"라는 말이 있지 않은가! 글도 마찬가지이다. 프랑스의 철학자 롤랑 바르트도 "글쓰기의 실천은 기본적으로 망설임으로 꾸며진다."라고 말했다. 우리가 천재 작가라고 생각했던 작가들도 수없이 망설이다 끝까지 밀어붙여 쓴 글들이 명작이 되는 것이다. 한국의 유명한 작가 박완서는 이렇게 말했다. "난 아무것도 쓰지 않고 그냥 살아왔던 시간도 중요하다고 말해주고 싶다."라고 말이다. 박완서 작가님의 말처럼 지금 우리가 살아왔던 모든 삶이 소중하고 아름답다. 인생을 살아온 모든 이야기가 책쓰기의 재료가 되기 때문이다. 이제 이 재료들을 한데 넣고 물을 붓고 끓이기만 하면 된다. 당신 개인의 역사를 이대로 흘려보내기는 너무 아깝지 않은가! 당신이 지나온 과거는 그냥 지나간 것이 아니다. 온몸을 스쳐 그리고 온 마음을 스쳐 내 몸 곳곳에 세월의 흔적이 남아 있는 것이다. 그 가치를 예술작품으로 만들어낼 수 있는 사람은 오로지 자신뿐이다.

나 또한 나의 힘들었던 과거들을 글로 쓰면서 상처가 치료되는 신기한 경험을 했다. 글로 써내야 했기 때문에 나 스스로 질문할 수밖에 없었다. 나는 왜 그런 감정을 느꼈을까? 나는 왜 회사에 가기 싫었을까? 나는 어떤 사람인가? 나는 무엇을 할 때 가장 즐거운가? 나는 왜 여기에서 이 일을 하는 것일까? 나는 어제 왜 그렇게 술을 많이 마셨을까? 이렇게 본인에게 질문을 던지다 보면 나 스스로 깨달음을 얻는다. 그리고 다 이유가 있어서 나에게 그런 시련이 왔다고 하는 생각을 하며 어려움을 극복한 나 자신을 위로하고 넘어져도 다시 일어날 힘을 기르게 된다.

작가가 되는 것은 어렵지 않다. 여러분이 하루 중 겪는 일을 일단 메모하면 된다. 한 줄, 한 줄 써내려가다 보면 글쓰기도 근육이 커지듯 힘이 커지게 된다. 무거웠던 덤벨이 어느 순간 가벼워지고 체력이 향상되는 것과 같이 처음엔 힘들었던 글쓰기가 재미있어지기 시작한다. 친구들과 재밌게 수다 떨었던 내용들도 적고 싶어지고 엄마와 오늘 아침에 싸운 것들도 모두 좋은 소재가 된다. 5년 후 당신의 모습을 상상하는 것은 더할 나위 없는 글쓰기 재료이다.

모든 사람에게는 두 가지 선택권이 있다. 하나는 책을 쓰지 않고 살던 대로 사는 삶, 두 번째는 당장 책쓰기를 시작해 멋진 작가로서의 삶을 사는 삶이다. 사람은 나이가 들면 누구나 세상을 떠나지만, 당신의 글은 새로운 생명이 되어 불멸의 인생을 살아간다. 프루스트는 이렇게 말했다. 대단한 역사적 사건만이 글감이 되는 것은 아니다. 평범하고 익숙한 일상도 어제와 다른 눈으로 들여다보면 낯선 세상으로 다가온다. 매일 반복해서 돌아가는 나의 삶을 어제와 다른 시선으로 바라보아야 하는 이유다. 같은 일상도 작가의 눈으로 바라보면 다르다. 슬프고 고통스럽고 지루한 일상도 나를 통해 글로 쓰이는 순간 그 장면이 아름다운 순간이 된다. 지금 당신에게 필요한 것은 책을 쓰는 '용기'이다.

04

나 대신 책이 일하게 하라

우리가 과거에 삶을 영위해가는 방식은 바로 농사였다. 그렇기 때문에 힘이 센 남자들이 필요했고 힘이 세면 유능함을 인정받았다. 반면 나이가 많거나 힘이 약한 여자들은 농사에 직접적으로 참여하기보다 집에서 살림을 하거나 육아를 하고 농사의 지혜를 전수해주며 일평생을 보냈다. 하지만 지금은 어떠한가? 이제 더 이상 농사를 짓지 않고 살아간다. 즉, 더 이상 힘이 센 남자들만 경제활동을 할 수 있다는 편견을 버려야 한다는 것이다.

우리는 손도 대지 않고 음성만으로 에어컨을 켜고 자동차를 운전할 수

이러다 정말 죽을 것 같아서 책쓰기를 시작했다

있는 시대에 살고 있다. 그러면서도 우리의 인식이나 생각은 윈도98처럼 하고 있는 것이다. 앞으로는 여자들의 경제활동이 왕성해지고 노인들의 사회활동 비중이 높아질 것이다. 그렇다면 어떤 일을 하고 어떤 활동을 하면서 남은 삶을 살아갈지에 대해 진지하게 고민해보아야 한다. 노동을 하지 않고 수익을 창출하고 부와 명예를 함께 가질 수 있는 일, 바로 책 쓰기이다.

나는 네트워크 사업을 진행하면서 최고 직급이 되면서 가장 좋은 점이 한 가지 있다. 이 장점은 내가 초급 사업자일 때는 알지 못했던 것이다. 나는 보통 직장인들이 8시간을 일해서 버는 돈을 1시간만 일하고도 벌 수 있다. 때로는 완전히 일하지 않고도 가능할 때도 있다. 그 이유는 바로 내 팀원들 덕분이다. 팀 매출을 공유해 보너스를 받는 네트워크 보상 플랜은 쉽게 말하면 8명의 팀원이 동시에 한 시간씩 일하면 나는 총 8시간 일한 결과가 나타나는 것이다.

즉, 아바타 시스템을 구축하는 것이다. 이런 시스템을 구축해가다 보면, 시간과 돈을 바꾸어 소득을 창출하는 것이 아니라 한 시간을 일해도 100시간, 1,000시간, 10,000시간 일한 효과를 낼 수 있다. 나는 책이 이와 같은 일을 할 수 있다고 생각한다. 내가 한 명 한 명에게 나의 과거와 왜 공무원을 그만두었는지, 어떻게 사업을 시작하게 되었는지를 일일이 설명하는 일은 한계가 있다. 하지만 내가 나의 이야기를 책을 쓰고 그 책이 누군가에게 읽힘으로써 책이 나 대신 일을 하게 되는 시스템을 구축한다면, 내가 자고 있는 동안에도 수익이 창출될 수 있는 것이다.

실제로 내가 책을 쓰고 난 뒤 많은 것이 달라졌다. 그동안 연락이 없던 지인들에게 "잘 지내지?" 하면서 연락이 오기 시작했다. 다들 "어떻게 책 쓸 생각을 했어?", "정말 대단하다", "그래. 네 인생의 굴곡이 그냥 흘려보내기에는 아까워! 책 한 권 정도는 내야지!!"라는 격려와 응원의 이야기도 듣게 되었다. 내가 살아온 지난날들이 실패가 아니라 성공의 발판이라는 것을 인정받는 느낌이 들기도 했다.

지인들의 중요한 행사에 초대되는 일도 잦았다. 그들에게 내가 필요한 존재가 된 것이다. 기념일이나 생일파티에 초대하기도 하고, 결혼식에 꼭 와달라고 부탁받기도 했다. 그리고 강연 요청이 들어와 내가 꿈꾸던 강연가의 꿈도 이루고 실제로 수익 창출이 되기도 했다. 학교에서 책쓰기에 관련해 강의를 할 기회도 얻었다. 어린 학생들에게 좋은 독서법을 소개하고 독서를 하는 것뿐만 아니라 책을 쓰는 작가가 될 수 있다고 이야기해줄 수 있는 것만으로도 몹시 영광스러운 자리였다.

그동안 무대에서 멋지게 활동하는 강연가들을 보며 나도 언젠가 무대에서 사람들에게 내 이야기를 들려주고 싶다는 생각을 했었는데 그 꿈이 이렇게 빨리 이루어질 줄이야!! 모두 책을 써서 시간을 단축시킨 결과이다. 내가 만약 책을 쓰지 않고 이 모든 것을 이루기 위해서는 많은 시간이 걸렸을 것이다. 책쓰고 좋아진 것은 이뿐만이 아니다.

나는 네트워크 사업을 하고 있었기 때문에 책을 쓰자마자 수익 증대의 효과를 보았다. 내가 하는 일이 훨씬 쉬워지고 편해졌다. 첫째, 내가 연락하지 않아도 먼저 연락이 오는 경우가 늘어났다. 책이 출간되고 홍보가 되면서 그동안 나를 지켜보던 사람들이 내 사업에 신뢰를 갖게 되고 나와 일하고 싶어 하는 사람들이 늘어났다. 그래서 SNS를 통해 먼저 연락을 해오고 상담을 받겠다는 요청이 많아졌다. 그동안은 코로나를 핑계로 만남을 꺼려 하던 사람들도 영광이라며 나를 먼저 만나고 싶어 했다. 놀라운 결과가 아닐 수 없다. 그래서 나는 영업을 하는 사람들이나 사람을 만나는 직업, 명예가 필요한 직업군에게 꼭 책을 쓰라고 추천하고 싶다.

둘째, 저절로 홍보가 된다. 즉 자랑하기 편하다. 누군가에게 먼저 말을 꺼낼 때 나를 거창하게 드러낼 필요가 없다. "뭐 하세요?"라고 물으면 "저 책쓰는 사람이에요."라고 말하면 대부분의 사람들이 "우와, 정말요! 너무 멋있어요. 사인해주세요."라는 반응을 보인다. 병원에 가도 식당에

281

가도 늘 대접받는 기분이 든다.

셋째, 내가 모르는 사람들에게 내 이야기가 입소문으로 전달이 되면서 개인 브랜딩이 확실하게 된다. 그리고 이것은 곧 마케팅으로 연결이 된다. 결과적으로 책이 나 대신 일하면서 가장 좋은 점은 바로 빠른 수익 창출이다. 처음에 내가 책쓰기를 망설였던 이유는 바로 '시간이 없어서'였다. 직업이 있었기 때문에 한 가지 일로만도 너무 벅찬 상태였다. 책한 권을 쓰려면 A4 100여 장을 써야 한다는데 덜컥 겁이 났다. '내가 책쓰기에 시간을 투자할 수 있을까?', '그러다 내 매출이 떨어지면 어떻게하지?', '월급이 줄면 안 되는데…', '내 팀원들은 어떻게 후원하지?' 등 많은 생각들이 들었다.

하지만 어차피 2년, 3년이 지난다고 해서 없는 시간이 생길 것 같지 않았고 나는 과감히 빠른 결정을 했다. 빠른 결정이 최고가 아닐지는 몰라도 '일단 도전해보고 수습하자'라는 가치관을 가지고 있었기 때문이었다. 그리고 시간을 만들기 위해서는 다른 부분을 포기해야 된다는 것을 너무나 잘 알고 있었다. '그래, 잠자는 시간을 줄이자!!' 나는 일정을 마치고 12시부터 책을 쓰기 시작했다. 책쓰기 강의를 듣고 쉽게 책을 쓰는 방법을 배우고 나서 쓰니 책을 쓰는 것이 재미있어졌다. 잠자는 시간을 조금 줄이기는 했지만 책쓰는 동안 수입에도 크게 지장이 있지는 않았다. 그리고 더 놀라운 결과는 책을 쓰고 난 뒤, 책을 쓰기 전보다 매출액이 증가한 것이다.

요즘은 지출 중 가장 많이 차지하는 비용이 바로 광고 마케팅 비용이다. 책쓰기는 나를 홍보하고 광고하는 가장 빠르고 저렴한 수단이라고 자부한다. 책이 나오는 순간 사람들이 "뭐지?"라고 관심을 보이기 시작하고 책을 읽고 난 뒤 긍정적인 피드백들이 더욱 많이 쏟아지기 시작한다. 요즘은 개인 브랜딩을 해서 자신의 가치를 높이는 것이 수입으로 연결되는 시대이다. 송혜교가 올린 피드 하나가 1억 원을 호가한다고 한다. 소도시 아파트 1채와 맞먹는 가격이다. 하루 8시간 일해서 버는 평균 근로소득보다 광고 마케팅을 잘해서 버는 소득이 더 큰 경우도 많다.

인지도 부분에서도 많은 도움이 된다. 책을 출간하는 것은 인지도를 높이는 데 가장 좋은 수단이 된다. 이 인지도를 높이기 위해 기업들은 페이스북과 구글 광고에 90%가 넘는 광고비를 사용한다고 한다. 책을 쓰고 책과 함께 올려놓은 나의 피드들이 내가 잠자는 시간에도 누군가에게 광고되어지고 있다고 생각하면 책을 써서 인세를 받음으로써 통장 하나를 늘리고, 책을 광고하면서 다른 방향으로의 수익 창출도 기대해볼 수 있는 것이다.

이제는 월급통장 한 개만으로는 살아가기 힘든 세상이 왔다. 코로나 바이러스로 인해 이러한 과정은 더 빨리 우리에게 다가왔다. 오프라인의 자본과 수요가 대부분 온라인으로 이동하였다. 이 흐름을 빠르게 타는 사람만이 시대를 앞서갈 수 있다. 나는 책을 쓰는 것을 시작으로 나를 브랜딩하고, 강연가로서의 삶을 살고, SNS로 광고를 하며 사람들과 소통하고, 개인 상담도 하고, 책 내용을 유튜브로 찍어올리기도 한다. 처음에는 귀찮다고 생각했던 이런 일들이 쌓이고 쌓이면서 모두 나의 자산이 되고 건물이 되는 것이다.

책 온라인 마케팅의 장점은 내가 자는 동안에도 돈이 들어오는 시스템이라는 것이다. 깨어 있는 누군가는 내가 생산해놓은 정보에 관심을 보인다. '누가 내 피드를 보겠어?', '누가 내 채널을 구독하겠어?'라는 생각은 버리길 바란다. 세상엔 우리의 상상을 뛰어넘는 수의 사람들이 있고 그중에 나를 지지해주고 나를 사랑해주는 사람들이 분명 많으니 말이다.

책을 쓰고 난 후 나의 자존감은 더욱 견고해졌다. 그 이유는 가족들이 나를 인정해주는 느낌을 받았기 때문이다. 엄마는 내 책을 친척들에게 선물하신다. 선물하시면서 어깨가 으쓱해질 엄마를 생각하면 내 입꼬리도 저절로 올라간다. 아빠는 아침부터 독서를 하신다. 평생 책을 가까이 하시지 않던 아빠가 내 책을 시작으로 책에 관심을 가지시기 시작했다.

가장 가까운 사람들에게 좋은 영향을 끼칠 수 있어서 나의 자존감 또한 높아진다. 내가 아무리 책쓰기가 좋다고 이야기를 하고 당장 시작해야 된다고 해도 대부분은 그냥 흘려들을 것이다. 절반은 '그래, 나도 언젠가는'이라는 생각을 하며 또다시 귀한 시간을 흘려보낼 것이다.

나중에라도 '쓰고 싶다'라는 생각이 드는 사람은 지금 당장 쓰라고 말하고 싶다. 즉시 결정하지 못하면 모든 조건이 갖추어져 있어도 절대 시작하지 못한다. 책을 쓰고 그 책이 나 대신 일할 수 있는 시스템을 만들어야 한다. 책을 통해 선한 영향력을 끼치며 더불어 추가 소득도 창출하는 삶을 살아야 한다. 평범하다 못해 애매한 학창 시절을 보낸 나도 작가가 되었다. 지금 당장 핸드폰에 본인의 이름을 써라. 그리고 책이 나 대신 일하는 꿈을 꾸자.

05

책을 쓰기 시작한 후의 인생은
차원이 다르다

비행기 퍼스트 클래스를 타본 적이 있는가? 경험해보지 않는 사람은 절대 알 수 없는 것들이 있다. 내가 7급 공무원 시절 미국 동부로 출장을 갔을 때 이야기이다. 그 당시 1급 공무원이셨던 청장님은 비즈니스클래스를 타시고 나머지 직원들은 이코노미석을 탔다. 12시간 비행을 마친 뒤 비행기에서 내려서 나는 청장님과 짧은 대화를 나눴다.

"그래도 국적기라서 기내식이 너무 맛있었어요."

"특히 갓 담은 김치가 아주 맛있었어."

"네? 꼬마김치 아니었어요?"

나는 비즈니스에서는 포기김치가 나오는 줄 몰랐다. 그때 나는 깨달았다. 내가 경험해보지 못한 것들은 상상조차 하지 못하고 있다는 사실을.

다른 예로 내가 중국 청도로 출장을 갔을 때 이야기이다. 한 중국인이 한국에서 중국으로 가는 항공권을 구하다가 퍼스트클래스만 딱 한 자리 남아서 어쩔 수 없이 비싼 티켓으로 중국에 오게 되었다고 했다. 고향에 돌아와서 친구들이 장거리 여행에 피곤하지 않느냐 물었다. 퍼스트클래스를 타고 온 친구는 "비행기에서 누워서 왔더니 하나도 안 피곤해."라고 대답했다. 한 친구가 "말도 안 돼! 누워서 오는 비행기가 세상에 어디 있어?"라고 면박을 줬다. 옆에 있던 친구들도 비아냥거리며 웅성댔다. "야, 얘가 거짓말을 한다. 비행기에 누워서 왔다니." 비행기에서 진짜 누워서 온 그 친구들의 등쌀에 못 이겨 결국 "그래, 내가 거짓말을 했어."라고 인정할 수밖에 없었다. 많은 사람들이 우긴다고 해서 퍼스트클래스가 정말 없는 것은 아니다. 우리가 경험해보지 못한 천국 같은 세상은 분명히 존재한다.

책을 쓰고 난 삶이 그랬다. 책을 쓰기 전까지는 선배 작가님들이 인생이 달라진다고 해도 믿지 않았다. '에이, 달라져봤자 얼마나 달라지겠어.' 하는 생각을 내심 할 때도 있었다. 하지만 내가 책을 출간하고 예약구매 포스팅을 올리자 어마어마한 '좋아요'와 '댓글'들이 달리기 시작했다. 모두 '대단하다'라는 반응이었다. 사람들은 본인이 해내지 못한 일을 한 사람에게 '대단하다'라는 표현을 한다. 그 말 속에는 '나도 하고 싶은데 이루지 못했지만 니가 이뤘구나.'라는 뜻이 내포되어 있지 않을까?

　사람들은 책을 쓴 작가의 스토리를 궁금해하고 나랑 비슷하지만 뭔가 다른 것 같은 그 사람에게 끌리기 시작한다. 나폴레온 힐의 『결국 당신은 이길 것이다』에서 성공한 사람들과 성공의 문턱까지 갔지만 실패한 사람들을 인터뷰했다. 결과는 놀라웠다. 대다수 실패자들은 스스로가 마음속에 심어놓은 한계 때문에 실패했다는 사실을 발견했다. 부정적인 마음과 자기 의심이 성공을 가로막는 주요 장애물인 것이다. 최근 경제 침체로 그동안 성실하게 살아왔던 수많은 사람들은 평생 처음으로 심각한 경제적 난국에 직면했다. 이들이 위기를 극복하는 데 가장 큰 장벽은 바로 그들 스스로 심어놓은 두려움과 자기 의심이다.

　최근의 경제 침체가 당신을 힘들게 하지는 않았는가? 두려움과 자기 의심이 당신의 꿈을 가로막지는 않았는가? 당신에게 최악의 적은 당신 자신일지도 모른다. 코로나 바이러스를 통해 좌절하고 무너지며 고통받는 사람들이 너무나 많다. 반면 위기를 기회로 배달 서비스를 시작하거나 오프라인에서 과감히 온라인 사업으로 사업체를 옮겨 대박이 난 사람들도 있다. 어쩌면 우리는 성공을 눈앞에 두고도 섣부른 체념 때문에 내 것으로 만들지 못하고 있는 것은 아닐까?

　나도 책을 쓰기 전에는 네트워크 사업을 한다고 이야기하면 무시를 하는 사람도 있고 심지어 전화를 피하거나 불편하다고 이야기하는 사람들도 있었다. 몇 년 전 내가 직업을 물어왔을 때 "공무원이에요."라고 답했던 시절과는 확연한 온도 차이가 있었다. 하지만 그런 과정을 겪으면서 나의 내면은 더욱 성장했다. '나'라는 사람은 변함이 없었지만 내 겉모습에 따라 주변에서 바라보는 시선은 많이 달라졌다. 직업을 바꾸면서 인간관계도 많이 정리가 되었다. 나는 직장에 다닐 때보다 훨씬 행복하고 경제적 수입도 많아졌지만 사람들은 여전히 차가운 눈초리로 나를 바라보았다. 그래서 나는 나를 더욱 드러내서 보여줄 수밖에 없었다. 지금 나의 SNS를 보면 화려하고 내가 다른 사람들 앞에 나서는 것을 좋아한다고 생각할 수도 있다. 하지만 원래 나의 성향은 책을 읽고 내적으로 성장하는 것을 더 선호하는 편이다.

　'말하지 않아도 보여주지 않아도 알아봐주겠지.' 하고 생각했던 것은 나의 착각이었다. 사람들은 눈으로 보여주고, 입으로 말해야만 안다. 그래서 나는 나의 성공을 증명하기 위해 항상 더 많은 돈이 필요했다. 하지만 내가 책을 쓰고 작가가 되고 난 뒤 사람들은 나에게 '정말 성공했다'라는 칭찬을 해주었다. 내가 그렇게 갈구했던 '타인으로부터의 인정'을 받게 된 것이다. 가장 뭉클했던 게 부모님이었다. 나는 늘 부모님의 걱정거리와 애물단지였다. "딸은 시집갔어?", "큰딸은 요즘 뭐해?"라고 물어오면 부모님은 항상 작아질 수밖에 없었다. 그리고 심지어 그 흔하게 들어오던 선마저 들어오지 않았다. 그리고 나는 직업 때문에 만남을 거절당했던 경험도 있다. 사람들의 시선과 편견은 나에게 상처가 되었다. 그래서 더 열심히 책을 쓰기 시작했다. 내가 스스로 내 인생을 틀리지 않았음을 증명해내야 했기 때문이다.

책을 쓰고 난 후 인생은 네트워크 사업에서 파이프라인을 완성했을 때와 같았다. 내가 그렇게 노력해서 얻고 싶었던 것들이 자연스럽게 해결이 되었다.

첫 번째, 경제적인 부분이었다.

나는 네트워크 사업을 하면서 사업을 소개하고 리크루팅 하는 일을 한다. 대부분의 사람은 투자를 하지 않고 큰돈을 벌려고 한다. 그러면서도 어리석게 코인이나 도박에는 많은 돈을 투기한다. 사람들을 만날 때 내가 책을 쓴 작가라고 이야기하면 갑자기 나를 바라보는 눈빛이 달라지기 시작한다. 사람들은 나를 더욱 신뢰하게 되고 사업을 쉽게 결정하게 되면서 책을 쓰고 난 뒤, 세 배가 넘는 매출액을 달성할 수 있었다.

두 번째는 조직 관리가 쉬워졌다.

팀원들이 내가 쓴 책을 읽음으로써 마인드를 확장시킬 수 있는 계기가 되었다. 조직 관리가 훨씬 편해진 것이다. 팀들이 사업을 할 때 내 책을 활용해 자랑하기도 하고 책 내용을 전달하기도 하면서 팀들도 나처럼 훨씬 편하게 리크루팅을 한다. 심지어 다른 팀들도 나와 함께 일하기를 원한다. 전에는 내가 사람들을 만나러 찾아갔다면 이제는 사람들이 나에게 상담을 요청해온다. 공급보다 수요가 많아진 것이다. 수요가 늘어나면 가격이 오르는 것이 시장의 원리이다. 그냥 가만히 앉아 있어도 상담이 넘쳐나는 것이다. 이 말은 확률을 높일 수 있다는 이야기이다. 이미 내 책을 보고 이 사업을 하고 싶다는 마음가짐으로 와서 나를 만났을 때, 사업을 결정할 확률이 높아지는 것이다. 즉 책을 쓰고 나의 위치가 바뀌기 시작하면서 그동안 열심히 노력했을 때보다 더 많은 돈을 더 편하게 벌게 되었다. 더 기쁜 사실은 나의 팀원들도 나와 내 책을 활용해 더 쉽게 수익을 창출한다. 처음에 책을 쓸 때는 내 본업에 방해가 되지는 않을까 하고 걱정했었는데, 내 걱정과는 반대로 책이 나오고 난 뒤 나의 삶은 시간적으로 경제적으로 더욱 풍요로워졌다.

세 번째, 주변의 시선이 달라졌다.

그동안 나를 편견 어린 시선으로 바라봤던 사람들이 나의 스토리를 알게 되면서 나를 격려해주고 응원해주는 완전한 내편으로 돌아선 것이다.

나는 그분들과 대화를 하면서 깨닫게 된 것이 있다. 누구나 가슴속에 남들에게 말하지 못한 꿈들이 꼭꼭 숨어 있다는 것이었다. 꿈은 있는데 그것을 꺼내어 이룰 용기는 부족한 것이다. 나는 그런 사람들에게 소리치고 싶다. "너는 못 할 거야. 말도 안 되는 소리 하지 마. 그냥 하던 거나 해."라는 주위의 말은 밀어내버리라고. 타인의 말 때문에 자신의 한계를 미리 정해버리지 말라고 말이다.

돋보기로 종이를 태울 때 목표물을 정확히 조준하지 않으면 불이 붙지 않는다. 내 목표 이외에 다른 것들에 대한 신경은 차단하자. 그리고 오로지 불이 붙을 때까지 돋보기에 집중하다 보면 비록 과정은 힘들지라도 내 목표는 이루어지게 되어 있다. 강한 믿음으로 시작하고 나는 할 수 있다는 사실을 믿어야 한다. 당신에게 하고 싶은 것이 생겼다면 이미 주사위는 던져진 것이다. 이제 우리에게 남은 것은 그 숫자만큼 앞으로 나아가는 일이다.

이제까지 늘 그저 그렇게만 살아왔던 나는 태어나 처음으로 제대로 된 진짜 성공자가 되어보기로 했다. 나는 베스트셀러를 목표로 삼고 나의 생각과 경험을 평생 책을 쓰며 살아갈 것이다. 그냥 흘러갈 수도 있는 나의 인생을 글로 종이로 누군가의 상상력으로 영원히 살아 숨 쉬는 기억으로 만들고 싶다. 처음엔 다들 터무니없는 꿈이라고 비웃었지만 나는

이러다 정말 죽을 것 같아서 책쓰기를 시작했다

신경 쓰지 않는다. 나의 꿈을 비웃는 그 사람들이 내 소중한 인생을 대신 살아주지는 않기 때문이다. 몸이 고단할 때면 나는 커다란 무대에서 사람들에게 강연하는 생각을 한다. 그곳이 미국일 수도 있고, 중국일 수도 있다. 나는 더 큰 꿈을 꾸고 더 커다란 세상을 무대로 반드시 성공할 것이다. 책을 쓰기 시작한 후의 인생은 차원이 다르다. 출발이 늦어도 괜찮다. 당신의 꿈은 반드시 실현될 테니까!!

06

지금 당장 책을 써서 가슴 뛰는
인생 2막을 준비하라

5년 뒤 당신의 인생을 상상해본 적이 있는가? 만약 지금과 똑같거나 당신이 원하는 인생을 살 수 없다면 당장 책을 쓰기를 바란다. 여러분의 인생은 무한하지 않다. 만약 당신에게 주어진 시간이 일주일뿐이라면 당신은 지금 하고 있는 일을 계속할 것인가? 아니라면 무엇을 망설이는가? 지금 하는 일을 하면서 당신은 행복하지 않은 것이다. 당신에게 시간이 영원히 있다면 지금 하고 있는 일을 계속하다가 실패한 뒤 그다음 하고 싶은 것을 한 가지씩 다시 해보면 될 것이다. 하지만 우리에게는 그럴 만한 시간이 없다. 그렇기 때문에 당신의 소중한 시간을 아껴주기 위한 우선순위를 정해야 하는 것이다.

이러다 정말 죽을 것 같아서 책쓰기를 시작했다

당신은 앞으로 어떻게 살아갈 것인지 선택할 수 있다. 경제적으로 여유가 있고 더 많은 경험을 한 뒤 70살쯤 책을 쓸 수도 있다. 그리고 지금 조금은 벅차지만 시간이 없지만 무리해서 책쓰기를 시작할 수도 있다. 자 두 가지 선택으로 여러분의 인생은 어떻게 달라져 있을까? 나도 처음에는 그냥 책만 나왔으면 좋겠다는 생각을 했다. 하지만 책이 출간된 지금은 평생 책을 쓰면서 살아야지 하는 생각을 한다.

불과 3개월 전까지만 해도 책쓰기에 아무 생각도 없이 살았던 내가 왜 이런 생각이 들었는지 곰곰이 생각해보았다. 그 이유는 책을 쓰는 동안 무엇보다 내가 가장 많이 성장할 수 있었기 때문이다. 책을 쓰는 주제에 대해 곰곰이 생각해보고 여러 가지 사례를 찾는 과정에서 내가 가장 많이 공부를 하게 된다. 나의 삶을 돌아보고 어떤 사례에 대해 깊이 생각을 하고 그 생각을 정리하면서 나는 엄청난 삶의 지혜를 배운다. 그리고 그 지혜를 내 것으로 만든 다음 나는 더 발전된 모습으로 내 생각을 확장하는 과정을 반복한다.

책을 쓰면서 생긴 새로운 습관은 좋은 책은 꼭 두 권씩 산다는 것이다. 내가 같은 책을 두 권 사는 걸 보고 친구들은 하나는 자기를 달라고 하거나 왜 같은 책을 두 권씩 사느냐고 묻는다. 나는 책에 밑줄을 긋고 형광펜으로 색칠도 하고 메모도 하면서 본다. 이것도 책을 쓰면서 변한 나의 독서법이다. 와닿는 글귀가 있으면 접어두기도 하고 포스트잇을 붙여 다음 책쓰기를 할 때 참고하기도 한다. 이렇게 표시를 하면서 책을 보다 보면 첫 번째 읽었을 때 와닿았던 글귀와 두 번째 읽었을 때 와닿은 문구가 다르다. 그러고 나서 새로운 책을 보면 어느새 내가 많이 성장했다는 느낌을 받는다.

고작 한 권의 책쓰기를 마쳤지만 나는 책을 쓰기 전과는 전혀 다른 모습으로 세상 앞에 서 있는 느낌이다. 그리고 전혀 다른 관점으로 세상을 바라보게 되었다. 글쓰기를 통해 어떤 일이 일어난 원인을 찾아보기도 하고, 지혜롭게 미래를 대비하는 현안을 찾아내기도 한다. 아직도 '내가 책을 쓸 수 있을까?' 하고 생각하는 사람이 있을 것이다. 결론부터 말하자면 "그렇다." 이 세상에 책을 쓰지 못할 사람은 아무도 없다. 그리고 인생을 살아가면서 누구나 자신만이 가지고 있는 노하우가 분명히 존재한다. 그리고 이것을 대중들에게 전달함으로써 그 가치를 인정받고 그 과정에서 성취감과 보람도 느끼게 된다. 그러니 책을 안 쓸 이유가 없는 것이다.

책을 쓰기 전 나는 독서를 좋아하는 독서광이었다. 책을 사는 데는 죄책감 없이 비용을 지출했고 주로 제목이 마음에 들어서 사기도 하고 부에 관련된 책과 자기계발서를 많이 읽었다. 하지만 대부분의 책은 제목으로 사람들을 현혹시키고 내용은 보잘것없어 읽고 난 후에 돈이 아깝다는 느낌을 받는 경우가 많았다. 그래서 SNS나 유튜브에 올라온 추천된 책 위주로 읽기 시작했는데 이마저도 결국 뒤 광고 논란이 일어나 실망하기도 했다. 부자에 관한 책이나 돈에 관한 책들도 유행처럼 번지기 시작하는데 책대로만 된다면 모두 다 상위 1%가 되어 있어야 했다. 하지만 결국 모두 자신이 실천하지 않으면 아무것도 이루어지지 않는다는 사실을 깨달았다.

아무리 독서를 많이 해도 세상이 나를 바라보는 눈은 바뀌지 않았고, 나 또한 크게 바뀌지 않았다. 그러던 어느 날 책쓰기 수업을 듣게 되었고 내가 경험한 것이 누군가에게 도움이 된다면 책쓰기를 마다할 이유가 없다고 생각하고 집필을 시작하게 됐다. 나는 수년간의 영어강사 생활을 통해 학생들을 가르치는 일을 했다. 누군가를 가르치고 그들의 인생을 올바른 방향으로 갈 수 있도록 영향을 미치는 일은 참 위대하다고 생각했다. 하지만 세상에 나와보니 세상은 경쟁만이 가득했다. 서로 잡아먹지 못해 안달이고 '내가 잘 되지 못하면 너도 잘될 수 없어.'라는 물귀신 작전으로 서로를 끌어내리려고 안간힘을 쓰는 것 같아 보였다. 나는 사람들이 책을 쓰는 취미 활동을 통해 조금 더 세상을 아름답게 보는 눈을 길렀으면 좋겠다.

우리의 인생 2막은 결과를 만들어내는 삶이다. 인생에서 허무해질 때 '아, 나는 뭐 하고 살았지?'라는 생각이 들 때 몹시 허무해질 것이다. 하루하루를 열심히 살아도 딱히 이렇다 할 결과물이 없다. 물론 우리 부모님만 봐도 평생을 성실히 사신 분들이다. 지금 이 글을 읽는 당신은 자신의 미래를 지금 당장 바꿀 수 있다. 바로 책쓰기를 통해서 말이다. 만약 당신이 70세에 저서 10권이 있는 작가이고 인세를 받으며 아직도 무언가를 쓰고 세상에 영향력을 미치는 사람이라면 정말 품위 있고 멋지게 늙어갈 수 있지 않을까?

사람은 누구나 죽기 전에 꼭 이루고 싶은 소망이 하나씩은 있다. 어떤 사람은 세계를 움직이는 원대한 꿈이 있을 것이고, 어떤 사람은 지역사회를 발전시키는 일, 대부분의 사람은 자신이나 가정을 위한 각자의 개성 넘치는 꿈들을 가지고 있을 것이다. 우리는 이것을 버킷리스트라고 부른다. 나의 버킷리스트를 살펴보면 20대와는 많이 달라져 있었다. 20대 버킷리스트를 보면 절반은 여행 가기이다. 그리고 나머지 절반은 무언가를 배우고 도전하는 일이었다. 하지만 30대 후반을 달리고 있는 지금은 조금 더 안정적이고 현실적인 소망들로 바뀌어 있었다.

*풍요로운 삶을 유지하며 선한 영향력 전파하기
*1년 중 6개월은 해외에서 일하기

*테라스와 드레스 룸이 있는 예쁜 집 구입하기

*사람들 앞에서 멋지게 강연하는 강연가 되기

*1년에 베스트셀러 한 권씩 출간하는 작가로 살기

*젊고 건강한 외모 관리하기

*끊임없이 성장하며 결과를 만드는 자기계발 하기

    새로운 나의 버킷리스트의 일부이다. 꿈을 적어보는 것만으로도 가슴이 너무 벅차다. 이 목록 이외에도 일과 관련된 버킷리스트들도 한가득이다. 목표를 세우고 하나씩 지워가는 것도 너무나 보람되고 멋진 일이다. 나는 불특정 다수의 사람들을 만나는 것이 일이다. 대부분 중년 이후의 여성들을 만나 그들이 살아온 삶을 듣게 된다. 부산에 사시는 70대 파트너 한 분이 계셨는데 부산 5성급 호텔에서 1박 2일 행사가 있어서 마침 부산 분들을 초대하게 되었다. 70대 여성 세 분이 한 방을 쓰게 되었는데 세 분이 옹기종기 호텔 문 앞에 한참을 서 계신 것이었다. 무슨 일인지 궁금해서 그쪽으로 발걸음을 옮겼다. 그런데 카드 키로 열리는 문을 처음 보셨는지 문을 못 열고 계신 것이 아닌가! 나는 문을 열어드리고 방 안까지 모셔다드렸다. 옆에 계신 친구분이 부산 사투리를 맛깔스럽게 쓰시며 "너는 호텔도 안 와봤나? 문도 못 여나?" 하며 장난을 치셨다. 얼굴이 빨개지시며 "내 이런데 안 와봤다!"라고 대답하셨다.

그분은 나중에 조용히 말씀하시며 눈물을 훔치셨는데 어릴 적 어머님께서 여자가 무슨 돈을 버냐며 여자는 그냥 조용히 살림만 하고 남편 말을 잘 들어야 한다고 가르치셨다고 한다. 한번은 학창 시절 본인의 의견을 냈다가 그길로 며칠을 쫓겨나 호되게 혼난 이후로 부모님의 말씀을 거스를 생각을 한 번도 해보신 적이 없다고 했다. 18살에 지금 남편을 만나 두 아들을 낳고 평생을 가족을 위해 희생하며 사셨다고 한다. 집에 먹을 게 없어서 아들들만 누룽지 끓여주고 본인은 배가 고파서 학교 운동장에서 수돗물로 배를 채우셨다고 했다. 아이들 한참 키울 때는 손을 잡고 길을 가다가 붕어빵 냄새가 너무 맛있게 나서 먹고 싶었는데도 그 천원짜리 붕어빵 한 번 사 먹을 줄 모르고 멍청하게 살았다면서 신세 한탄을 하셨다. 그러다 결국 나이가 들어 유방암을 얻으시고 혼자 외롭게 수술을 하고 몸조리를 하셨다고 했다. 그렇게 애지중지 키웠던 아들 둘과 남편은 정작 본인이 아플 때 돌봐주지 않았다고 하셨다. 화려한 회사 행사를 보시고는 이런 새로운 세상도 있었는데 평생을 모르고 사셨다면서 억울해하신 모습을 본 적이 있다.

아마 어릴 적 호된 가르침으로 본인이 하고 싶은 것, 먹고 싶은 것을 희생하시며 가족에게 인생을 다 쏟으신 분들은 비단 부산 파트너님만은 아닐 것이다. 하지만 이제는 지나간 과거는 과감히 비워야 한다. 비워야 채울 수 있다. 앞으로는 하고 싶은 것, 먹고 싶은 것, 가고 싶은 곳에 마음껏 가며 살 수 있다. 책을 쓰는 작가가 되면 공간적인 자유까지 얻을 수 있다. 글은 언제 어디서나 쓸 수 있기 때문이다. 코로나 바이러스로 세상이 바뀌면서 인터넷만 있으면 시간과 공간의 제약을 받지 않고 일할 수 있는 '디지털 노마드'로 살아갈 수 있다.

글을 쓰는 일은 재미있지만 에너지를 요하는 일임은 분명하다. 때문에 나는 하루라도 젊은 나이에 책을 쓰는 것을 추천한다. 건강관리, 피부 관리와 같이 한 살이라도 더 젊을 때 시작하는 것이 여러모로 유리하다. 처음 쓰는 글은 만족스럽지는 않을지 몰라도 계속 쓰다 보면 필력도 좋아지고 스토리도 재밌고 간결해질 것이다. 매년 한 권씩 쓰다 보면 나이가 들수록 나의 책의 깊이는 더욱 깊고 진해질 것이다. 하지만 아무 준비 없이 노년에 본인의 자서전을 쓰려고 하면 아무도 읽고 싶지 않은 재미없는 책이 될 수도 있다. 제주도까지 배 타고 가는 것보다 비행기가 빠르다. 뭐든 빠른 것이 좋지 않은가! 지금 당장 책을 써서 가슴 뛰는 인생 2막을 준비하길 바란다. 지금 시작한다면 10년 뒤면 아마 엄청난 완성도가 높은 책을 쓰는 작가가 되어 있을 것이다. 주위를 둘러보라. 지금 주변에 책을 쓰는 사람이 몇 명이나 있는가? 없다면 더욱 빨리 쓰길 바란다. 그 멋진 주인공의 자리가 아직 비어 있으니 말이다.

07

지금부터 빛나는 인생이 시작된다

아침에 눈을 뜨자마자 당신이 하는 일은 무엇인가? 그리고 당신의 기분은 어떠한가? 나는 요즘 눈뜨자마자 '1분 모닝 루틴'으로 하루를 연다. 휴대폰 알람을 끄면서 〈한책협〉 카페에서 '필사'를 검색한다. 밤새 카페 회원들이 올려놓은 동기 부여 필사들을 읽으면 책 한 권을 다 읽은 것만큼 얻는 것이 많다. 인터넷에 성공 글귀를 검색해보아도 좋다. 자신에게 동기 부여가 되는 글을 읽으며 스스로 기분을 좋게 만들면서 하루를 시작하는 것이 그날 하루의 기분을 결정하는 중요한 습관이 된다. 만약 글을 읽는 것이 싫다면 좋아하는 연예인 사진이나 아이 사진을 붙여두어도 효과가 있다. 기지개를 켜고 일어나서는 나의 반려 가전제품인 AI 스

이러다 정말 죽을 것 같아서 책쓰기를 시작했다

피커 샐리의 이름을 부르며 내가 좋아하는 플레이리스트를 듣는다. 그리고 커피를 내리며 소파에 앉아 책을 펼친다. 물론 책을 처음부터 읽지는 않는다. 목차부터 살펴보며 그날 나에게 와닿는 페이지를 펼치고 가슴에 와닿는 한 줄을 내 삶에 적용시킨다.

내가 이런 모닝 루틴을 갖게 된 이유는 유튜브 채널 〈김도사 TV〉를 시청하다가 김도사님께서 추천해주신 남경홍 작가의 『허공의 놀라운 비밀』이란 책을 알게 되면서이다. 이 책에서 저자는 "마음이야말로 나를 지배하고 세상을 움직이는 진정한 힘이다. 즐거움과 행복, 성공의 관건은 마음에 있다."라고 말씀하셨다. 마음이 행복과 성공의 결정자인 이유는 다음과 같다. 뇌의 작동 방식에서 매우 특이한 점은 뇌는 상상과 현실 경험을 구분하지 못한다는 것이다. 이것은 인간의 감정과 생각을 컨트롤함으로써 현상을 바꿀 수 있음을 얘기한다.

즉, 생각을 바꿈으로써 시냅스를 자극하게 되고 그러면 바뀐 생각의 전달물질이 발사되어 뇌를 증폭시키게 된다. 나는 이 글을 읽고 깜짝 놀라지 않을 수 없었다. '뇌가 상상과 현실을 구분하지 못한다고?', '그럼 내가 상상하는 대로 움직인다는 말 아니야!' 나는 엄청난 비밀을 알아버린 것 같았다. 즉 내가 아침 시간을 어떻게 보내느냐에 따라서 그날 하루의 행복과 성공이 결정되기 때문에 일부러 좋은 글을 보고 좋은 음악을 들으며 내 기분 관리를 하는 것이다. 마음이 행복하면 몸도 덩달아 상쾌해진다.

기분 좋은 상태로 예쁘게 화장도 하고 머리에 웨이브도 넣어본다. 오늘은 최고 모임이 있는 날이니 특별히 평소에 입지 않던 핑크색 정장도 꺼내 입어본다. 진주알이 2mm는 족히 되는 커다란 귀걸이도 착용하고 나니 100m 밖에서도 쳐다볼 수밖에 없는 여성이 되었다. 오늘 고른 가방은 내가 첫 번째 책을 완성하고 기념으로 구입한 명품 가방이다. 직장인이었을 때 나는 명품 가방을 구입하는 여성들을 보며 허황되고 사치가 심한 사람들이라고 생각했다. 지금 생각해보면 그런 생각을 가지고 있었던 나 자체가 가난한 사고방식을 가지고 있었던 것이었다. 돈은 항상 아껴 써야 하고, 노동을 해서 벌어야 하고, 빚은 지면 큰일 나고, 꼬박꼬박 저축을 해서 인생 설계를 해나가야 한다고 배웠다.

하지만 책을 쓰고 부에 관한 공부를 하고 있는 지금은 돈에 관한 나의 태도가 많이 달라졌다. 돈은 가치 있게 쓰는 것이 중요하고 '나의 가치를 높이는 데 돈을 아끼지 말자.'가 나의 변화된 가치관이다. 나의 가치를 높이기 위해 열심히 노력하고 노력한 보상으로 나에게 필요했던 큰 사이즈의 가방을 선물한 것이다. 나는 나의 노력으로 구매한 이 가방을 들 때마다 몹시 기분이 좋아졌다. 그리고 이런 감정은 더 많은 것, 더 좋은 것을 갖기 위해 더 열심히 노력하는 동기 부여가 되기도 한다. 이런 좋은 에너지들이 모여 더 좋은 에너지들을 끌어당긴다.

예쁜 옷도 입고 가방도 들었으니 마지막으로 패션의 완성 예쁜 하이힐을 고르기 위해 신발장 문을 열어본다. 나의 20대에 열렬히 사랑했던 미국 드라마 〈섹스 앤 더시티〉에서 성공한 여성의 상징으로 나왔던 한 브랜드의 구두를 꺼냈다. 누군가에게는 사치이고 그저 비싼 구두일 수 있지만 드라마에서 비춰지는 그 구두의 의미는 자존감이고, 성공의 상징이고, 아름다움이고, 자기 관리이다. 나가기 전 거울을 보니 내 스스로의 모습이 몹시 만족스러웠다. '역시 여자는 꾸며야 돼.'라고 생각하며 휴대폰을 들어 셀프카메라를 찍는다. 이제는 나의 일하는 모습을 찍고 기록하는 것이 일상이 되었다. 사진을 단체 카톡방에 올리며 나의 하루 시작을 알렸다. "예쁘다", "멋지다"라는 댓글들과 화려한 이모티콘들이 쉴 새없이 울려댄다. 사람들의 댓글이 또 다른 동기 부여가 되고 내 사진과 도전이 또 누군가에게 비전이 되기도 한다.

또각또각 소리를 내며 지하주차장으로 내려갔다. 저 멀리 새하얀 나의 애마가 반짝이며 나를 반겨준다. 내가 몇 년 전부터 타고 싶었던 드림카였다. 이름도 벨붕이라고 지어주었다. 이름을 지어주니 정말 살아 있는 친구처럼 안전하게 나를 지켜줄 것만 같았다. 즐거운 마음으로 신나는 노래를 들으며 운전을 한다. 몇 년 전까지만 해도 운전대만 잡으면 등에서 땀이 나고 내가 차를 타고 다니는 것인지, 차가 나를 타고 다니는 것인지 궁금할 정도로 운전이 부담스러웠다. 그런데 시간이 지나고 익숙해지고 숙련이 되다 보니 지금은 손과 발이 저절로 운전을 하고 있는 내 모습을 발견하게 됐다. 뭐든 처음은 어렵지만 한 단계 한 단계 올라가다 보면 전문가가 되는 것과 같다.

나는 본사에 도착해 사업설명 준비를 한다. 이제 막 사업을 시작하려는 신규 사업자들 앞에서 멋지게 비즈니스를 전달하는 것이 나의 일이다. 나를 소개하는 멘트가 하나 더 늘어났다. 바로 '작가'이다. 아직 작가라는 타이틀이 부끄럽지만 제법 알아보시는 분들이 많아 사인도 하고 사진도 같이 찍는다. 누군가에게 호감 가는 존재가 된다는 것은 참 기분 좋은 일인 것 같다. 내 책이 있음으로 인해 누군가에게 나를 알리기가 너무 쉬워졌다. 명함 대신 책을 내밀면 그 어떤 선물보다도 좋아해주신다. 나의 책을 통해 누군가가 더 용기를 가지고 세상을 살아갔으면 하는 바람도 크다.

이런 놀라운 변화는 단 3개월 만에 일어난 일이다. "성공은 하루아침에 하는 것이다."라는 말이 실감이 났다. 연예인들도 자고 일어나 보니 세상이 바뀌었다고 한 이야기를 들은 것 같다. 꾸준히 노력하고 성공을 위해 열심히 살다 보면 기회는 분명히 온다. 하지만 그 방향이 맞는 것인지는 꼭 점검을 받아봐야 한다고 생각한다. 내가 성공이라고 알고 시간 투자를 해서 간 방향이 때로는 방향이 달라서 진짜 성공과 더 멀어지는 경우도 있기 때문이다.

　그래서 나는 책쓰기를 처음 시작할 때 김도사님을 만나 제대로 배운 것을 정말 감사하게 생각한다. 진짜와 가짜를 구분할 수 없었던 시절 운이 좋아 진짜 스승님을 만나 가슴속에만 있던 나의 열정과 작가라는 꿈이 세상에 빛을 보게 되었다. 우리는 항상 시간과 비용 때문에 많은 고민을 하게 되고 속이 상하게 되기도 한다. 돈이 문제가 되지 않는다면 선택하는 시간은 당연히 짧아진다. 가장 좋은 것을 고르게 될 것이기 때문이다. 그 시간에 내가 더 발전하기 위해 집중하고 내가 좋아하고 행복한 일을 하며 보낼 수 있다. 그리고 나면 인생은 더욱 풍요롭고 깊이 있어진다. 나도 책쓰기를 배운 뒤 혼자 있는 시간이 너무 행복해졌다. 늘 휴대용 키보드만 있으면 핸드폰을 켜고 글을 쓴다. 그날그날 있었던 재밌었던 에피소드나 나의 생각을 글로 적는 것만 해도 많은 도움이 된다. 글을 쓰면서 내가 왜 이런 감정을 느꼈을까? 더 발전하기 위해서 어떻게 하면 좋을까 하는 생각도 해보게 된다. 인생의 모든 순간이 가치 있게 느껴지고 깨달음을 얻을 수 있게 된다.

내가 처음부터 이렇게 화려한 인생을 살았던 것은 아니다. 나는 지지리 공부를 못하는 아이도, 영화 〈써니〉에 나오는 언니들처럼 놀았던 아이도 아니었다. 좋게 말하면 평범했지만 지금 생각해보면 참 애매한 아이였던 것 같다. 공부를 잘하는 것도 아니었고 그렇다 할 재능이 있었던 것도 아니었기 때문에 어릴 적부터 '나는 커서 어떤 직업을 가져야 할까?' 엄청나게 많은 생각을 했었던 것 같다. 드라마에 나오는 멋진 직업은 다 해보고 싶은데 현실의 나의 능력으로는 턱없이 부족했다. 현실과 이상의 차이가 꽤나 큰 그런 난감한 상황이었던 것이다.

몇 년 전 JTBC 예능 프로그램 〈한끼줍쇼〉에 이효리가 출연한 적이 있다. 길을 걷다 만난 초등학생 아이가 "커서 훌륭한 사람이 되겠다."라고 말하자 이효리는 동네 아이에게 "무슨 훌륭한 사람이 돼, 그냥 아무나 돼."라고 말해 큰 화제가 된 적이 있다. 이 짧은 한마디는 전국 시청자에게 큰 울림과 충격을 동시에 안겨줬다. 나이가 들수록 무언가를 성취하고 이루어내야 한다는 부담감이 커지기 마련이다. 세상의 기대와는 달리 평범하기 짝이 없는 나 자신의 모습이 부끄러워지기도 한다.

하지만 정말로, 내가 남들이 존경할 만한 무언가가 되어야 하는 걸까? 지금 생각해보면 무엇(What)이 되는 것보다 왜(Why) 되는지, 어떤(How) 사람이 되는지가 더 중요한 것 같다. '아무나 돼'라는 말에 위로받은 사람이

나뿐만이 아닐 것이다. 아마 한 번도 그런 생각을 해본 적이 없다는 사람도 많았을 것이다. 심지어 10살만 되어도 세상에 기준에 뭔가 훌륭한 사람이 되어야 강박을 가지고 있을 것이다. 이제 사회에서 말하는 성공한 삶, 교수, 의사, 판사가 되기 위해 힘들게 경쟁하는 것을 그만두자. 고정관념을 벗어던지고 자유롭게 있는 그대로 살 수 있는 권리를 쟁취하자.

지금 당신 안에 무언가 꿈틀거리거나 내가 사라져버린 느낌이라면 우리는 스스로 그것을 끄집어내서 다시 찾아주어야 하지 않을까? 다신 없을 내 소중한 인생이기 때문이다. 나도 직장 생활을 할 때는 나만 힘든 게 아니고 모두가 힘드니 함께 힘을 내자는 위로를 주는 책과 영화를 좋아했다. 어린이들뿐만 아니라 어른들도 좋아하는 애니매이션 〈겨울왕국〉도 모두 '너의 미래는 니가 원하는 대로 만들 수 있다. 너 스스로 너의 길을 포기하지 말라'는 메시지를 담고 있다. 정말 빛나는 삶이란 세상에서 돋보이는 삶이 아니라 내 스스로 만족하며 내면에서 차오르는 벅참이 있는 삶이다. 타인을 배려하고 희생하는 삶은 이제 그만해도 좋다.

우리 모두 타인으로부터 주어진 삶, 의무로 시작된 삶, 남들에게 잘 보이려는 삶의 길을 벗어나 정말 내가 원하는 나만의 길을 가도 괜찮다는 용기를 전하고 싶다. 나도 전직 영어강사, 7급 공무원의 껍데기를 벗어던지고 아무도 가지 않은 길에 나만의 내비게이션을 만들어 멋지게 나의 발자취를 남기는 중이다. 나는 아직 목적지에 도착하지 않았다. 수많은 경유지를 들리며 여행 중이다. 앞으로 더 근사해지고 멋져질 것이다. 나의 빛나는 인생은 지금부터 시작이다!

08

죽을 것 같아서 시작한
책쓰기가 나를 살렸다

요즘 취직하기 위해 고군분투하며 자신과 싸우는 젊은 친구들이 많다. 나는 남들이 다 선호하는 7급 공무원이었다. 세상의 기준으로는 좋은 직업을 가진 셈이었다. 하지만 나의 하루하루는 지옥이었다. 특히 내가 힘들었던 가장 큰 이유는 바로 팀장님이었다. 상사라는 이유만으로 부당한 대우를 해도 '그래, 오늘도 잘 버티자.'라는 생각으로 매일 출근을 했다. 하루는 비행기를 타고 서울 출장을 가야 했다. "11시 비행기 끊어."라고 해서 11시 비행기를 예매했다. 그런데 이틀 뒤 "몇 시 비행기야?" 하고 물으시는 것이었다. 나는 "팀장님이 11시 비행기 끊으라고 하셔서 11시로 끊었어요."라고 말씀드렸다. 그런데 갑자기 "네가 나랑 같이 가면 어떡

해? 먼저 가서 준비하고 있어야지." 하시는 것이었다. 나는 조용히 "네, 알겠습니다." 하고 내 비행기 표를 10시로 변경했다. 내 옆에 계신 주사님이 조용히 내 어깨를 다독여주셨다.

그리고 출장 가기 하루 전날이 됐다. 팀장님이 또다시 질문하셨다, "우리 내일 공항까지 어떻게 가? 데리러올 거야?" 나는 대답했다. "저는 일찍 가라고 하셔서 10시 비행기로 바꿨는데요?" 팀장님은 갑자기 화를 내시며 "나 짐도 있는데 데리러 와야지. 무슨 소리야." 하시며 소리를 지르셨다. 속에서는 너무 화가 났다. 도대체 어느 장단에 맞추란 말인가! 더욱 화가 나는 것은 나에게 부당하게 대하는 그녀에게 아무 대항도 할 수 없었다는 사실이다. 아무리 팀장님이 잘못했어도 이제 들어온 신입이 팀장님한테 불만을 제기한다면 아무도 내 편을 들어주지 않을 것임을 알기 때문이었다. 지금처럼 건강한 정신이었다면 혼자여도 굳세게 싸웠을 것이다. 하지만 모든 것이 낯설고 익숙하지 않았던 나는 그렇게 혼자 조용히 스스로를 병들게 만들었다.

점심을 먹고 자리에 앉아 있는데 갑자기 내 미래가 궁금해졌다. 갑자기 모든 것이 슬로우모션처럼 보이면서 나의 세상만 느리게 흘러가는 것 같았다. 분주하게 움직이는 사람들 사이에서 '나는 왜 여기에 앉아 있을까?' 하는 생각이 들었다. 행복하지 않은 하루하루를 살아가며 월급을 위해서 내 인생을 낭비하며 살아갈 수는 없었다. 5년 뒤 팀장님이 곧 나의 미래였고, 30년 뒤 부장님이 곧 나의 노후였다. 나는 그들처럼 되고 싶지 않았다. 그곳에 나의 롤 모델은 없었다. 롤 모델이 없는 삶은 비전이 없다는 생각이 들었다.

그래서 나는 공무원을 박차고 나왔다. 이러지도 저러지도 못하는 갑갑한 현실에 파묻혀 희미해져버린 내 꿈을 다시 찾기 위해서이다. 아직까지 후회는 없다. 나는 나만의 길을 만들어가며 살고 있기 때문이다. 다만 지금 공무원을 준비하고 있는 친구들에게 꼭 당부하고 싶다. 만약 안정적이라는 이유만으로 공무원을 선택하려고 한다면 더욱 신중히 생각해보라고 말이다. 시행착오를 겪어본 선배로서 그렇게 인생을 낭비하기에 당신은 너무나 귀한 존재이다.

헤르만 헤세의 작품『데미안』의 구절 중 다음과 같은 문구가 있다.
"새는 알을 깨고 나온다. 알은 하나의 세계이다.
하지만 태어나려고 하는 생명은 하나의 세계를 파괴하지 않으면 안 된다."

더 큰 세계로 도약하기 위해서 힘이 드는 것은 당연한 일이다. 그래서 내가 알을 깨면 병아리가 되고 남이 알을 깨면 후라이가 된다는 말도 있지 않은가!

　여성이 자수성가해서 성공한 경우는 극히 드물다. 비율로 따지면 1% 정도밖에 되지 않는다고 한다. 특히 책으로 큰돈을 벌어들인 작가도 그렇게 많지 않다. 대부분 기업인으로 성공해서 책을 낸 경우들이 많다. 성공한 여성 작가라고 하면 나는 『해리포터』의 조앤 롤링이 가장 먼저 생각난다. 그녀는 가난한 싱글맘에서 처음으로 억만장자가 된 여성 작가이다. 그녀는 영국에서 노숙자 다음으로 가난한 삶을 살았다. 글을 읽고 쓰는 것 이외에는 아무런 재주가 없었다. 평소 상상력이 풍부해 망상가라는 소리를 들었던 그녀는 절대 꿈을 포기하지 않았다. 딸에게 들려주고 싶다는 목적으로 계속 글을 써내려가기 시작했고 마침내 『해리포터』라는 엄청난 작품이 탄생했다. 그녀의 삶도 그녀의 글도 모두 엄청난 동화이다.

　죽을 것같이 힘이 들 때 자신의 감정을 글로 써보길 추천한다. 나도 내 삶이 지옥일 때는 이 시간이 영원히 끝나지 않을 것만 같아서 스스로 삶을 포기할 생각까지 했었다. 어떤 사람에게는 '뭐 그 정도 가지고 힘들어 해?'라고 생각할 수 있지만 고통의 크기는 모두 개인차가 있기 마련이다. 그렇게 힘들었던 순간들이 글쓰기를 통해서 모두 나의 소중한 사례들이 될 줄이야. 인생이 참 재미있다는 생각이 든다. 나를 괴롭혔던 사람들에 대한 가장 큰 복수는 내가 즐겁고 행복하게 사는 것이라고 생각한다. 그때 그 힘들었던 감정들을 책쓰기로 극복하면서 더욱 성장하는 삶을 살아간다. 사람들을 부를 때 앞에 항상 호칭이 붙는다. 선생님, 사장님, 대표님. 나는 이중에서도 작가님이라는 말이 참 좋다. 아무나 할 수 없는 글을 쓰는 일을 한다는 것이 너무 자랑스럽고 행복하다.

내가 책을 쓰면서 가장 으뜸으로 꼽는 장점은 세상을 바라보는 눈이 달라졌다는 것이다. 전에는 젊은 여성이 외제차를 타고 가면 "남편 잘 만나서 좋은 차 타고 다니네."라는 생각을 했다. 하지만 지금은 "우와, 너무 멋진데! 저 여성분은 어떤 일을 해서 성공하셨을까?"라는 생각이 든다. 세상에는 두 부류의 사람들이 있다. 첫 번째는 본인의 꿈을 찾아 힘들지만 열심히 버티며 도전하고 실패하기를 반복하다 결국엔 성공하는 사람, 두 번째는 꿈도 없고 애초에 시작조차 하지 않고 그냥 안주하고 사는 사람이다. 시작조차 하지 않는 사람은 도전하는 삶을 사는 사람들이 얻는 성취감과 짜릿함을 절대 경험할 수 없다.

꿈이 없이 직장을 다니던 시절에 나는 죽은 것이나 다름없었다. 왜 살아가는지, 어떻게 살아야 하는지도 몰랐다. 그저 꼭두각시처럼 출근해서 사무실에 앉아서 시키는 일을 하고 퇴근했다. 비슷한 친구들끼리 만나서 도토리 키 재기처럼 서로 잘 사는 척하는 일상이 전부였다. 하지만 지금의 삶은 180도 달라졌다. 매일이 살아 있는 삶이고 하고 싶은 일, 해야 할 일들이 너무 많다. 스스로에게 솔직하고 나를 사랑할 수 있는 힘이 생겼다. 나의 가치를 증명할 수 있는 글 쓰는 능력도 갖게 되었다. 평생 함께 할 수 있는 좋은 취미가 생겼다. 내가 죽어도 나를 세상에 남겨줄 내 책도 갖게 되었다.

아직도 망설이는 사람들에게 내가 감동 깊게 보았던 '솔개 이야기'를 들려주고 싶다. 유튜브에 '솔개 이야기'라고 검색하면 음악과 함께 시청할 수 있다. 솔개는 최고 약 70년의 수명을 누릴 수 있다. 이렇게 오래 살려면 약 40살이 되었을 때 매우 고통스럽고 중요한 결심을 해야만 한다. 솔개가 약 40살이 되면 발톱이 마모되어 사냥감을 잡아챌 수 없게 된다. 부리도 길게 자라고 구부러져 가슴에 닿을 정도가 되고, 깃털이 짙고 두껍게 자라서 날개가 매우 무거워 하늘로 날아오르기도 힘들어진다. 이때 솔개는 중요한 선택의 갈림길에 서게 된다. 그대로 죽을 날을 기다리든지, 아니면 6개월에 걸친 아주 고통스러운 새 삶의 과정을 수행할지를 선택해야 한다.

새로운 삶을 선택한 솔개는 먼저 산 정상 부근으로 높이 날아올라 그곳에 둥지를 틀고 고통스런 수행을 시작한다. 먼저 부리로 바위를 쪼아 부리가 깨져서 빠지게 만든다. 그러면 서서히 새로운 부리가 돋아나게 된다. 그런 다음 새로 돋은 부리로 고통을 참고 발톱을 하나씩 뽑아낸다. 그리고 그 자리에서 새로 발톱이 돋아나면 이번에는 날개의 깃털을 하나하나 뽑아낸다. 이렇게 반년이 지나 새 깃털이 돋아난 솔개는 완전히 새로운 모습으로 변신하게 되는 것이다. 그리고 다시 힘차게 하늘로 날아올라 30년의 수명을 더 누리게 된다. 솔개 이야기처럼 우리에게 고통 없이 얻어지는 것은 아무것도 없다. 하지만 그 시간이 지나면 더욱 멋지게 날아오를 수 있는 힘이 생기는 것이다.

나의 책쓰기 스승님 김도사님은 이런 말씀을 하셨다.

"책은 가장 가치 있는 성공의 결과물이다. 사람들에게 자신의 가치를 알리면서 인정받을 수 있는 방법은 책을 쓰는 것뿐이다. 책을 쓴 사람들은 인정받고 존중받는다. 당신은 세상에서 가장 특별한 사람이 된다. 아직 자신의 책이 없다면 만사를 제쳐놓고 책을 써야 한다." 사람들은 자신이 하고 싶어 하는 일을 해야 되는 수백 가지의 이유를 찾으려고 한다. 하지만 정작 필요한 건 정말 해야 하는 한 가지 이유이다.

만약 당신이 인생의 가치를 찾고, 자존감을 높이고, 다른 사람들에게 인정받고, 성공을 증명하고 싶다면 지금 당장 책쓰기를 시작하라. 이제 더 이상 독서만 하는 것을 멈추길 바란다. 독서를 만 권 하는 사람보다 책을 한 권 쓰는 사람이 승자다. 책을 쓰게 되면 독서하는 방법, 책을 바라보는 관점, 세상을 바라보는 시선이 모두 달라진다. 더 넓고 더 깊은 세상에서 살아가게 된다. 삶의 레벨이 달라지는 것이다. 이제 여러분은 선택해야 한다. 6개월의 과정을 견디고 새 삶을 얻은 솔개처럼 그대로 노화되어 죽을 것인가, 아니면 둥지를 틀고 새로운 30년을 살아갈 것인가. 죽을 것 같아서 시작한 책쓰기가 나를 살렸다. 여러분에게도 새 생명을 선물하고 싶다. 지금 당장 망설이지 말고 시작하라.